불교연구총서 1

섭대승론 증상혜학분 연구

김성철 저

도서출판 씨·아이·알

본 불교연구총서는 사단법인 불교학연구지원사업회에서 추진하는 교육불사의 일환으로 불교학의 학문적 발전을 위한 시도로 기획된 것입니다. 사단법인 불교학연구지원사업회는 불교를 연구하는 소장 학자들을 지원하기 위해 스님들과 신도들이 뜻을 한데 모아 설립한 단체입니다.

'불교연구총서' 시리즈를 발간하며

우리 불교계는 그동안 인재양성에 대한 관심이 다른 분야에 비하여 부족하였으며, 그 결과 사회의 변화에 적절히 대응하지 못하는 어려움을 겪고 있습니다.

불교계가 시대의 변화에 적응하고 그 단계를 넘어서 사회의 정신적 지주 역할을 담당하기 위해 절실히 필요한 것은 인재양성을 위한 교육불사에 대한 관심입니다.

사단법인 불교학연구지원사업회는 교육불사의 일환으로 불교학을 전공하는 소장학자들을 지원하기 위해 설립되었습니다.

인재양성을 위해서는 멀리 내다볼 수 있는 안목과 인내가 필요하므로 저희 법인은 사부대중의 뜻을 한데 모아 오랜 세월 동안 꾸준히 사업을 전개하기 위한 계획을 수립하고 집행하려고 합니다.

현재 불교계에서는 부처님의 가르침과 관련된 여러 가지 논의들이 이루어지고 있습니다. 그리고 이런 논의들을 통해 기존의 신행체계에 대한 점검과 재해석을 시도하고 있습니다.

만약 학계에 대한 지원을 발판으로 학문적인 발전이 이루어진다면 위와 같은 논의들뿐만 아니라 다양한 분야에 대한 부처님 말씀의 적용과 응용이 이루어질 수 있을 것이라고 생각합니다. 그리고 그런 적용과 응용을 통해 불교가 사회를 변화시키고 이끌어 나갈 수 있을 것입니다.

이제 그러한 시도의 결과물이 '불교연구총서' 라는 형태로 세상에 선을 보이게 되었습니다.

이런 결과가 나오기까지 따뜻한 마음으로 후원해 주신 회원스님, 후원자님들과 이 기쁨을 함께 하고자 합니다.

또한 불사란 돈을 모아서 하는 것이 아니라 마음을 모아서 하는 것이라고 말씀하시며 교육불사에 대해 지대한 관심을 보여주셨던 정일큰스님께 심심한 사의를 표하는 바입니다.

사단법인 불교학연구지원사업회

이사장 **법 상** 합장

저자의 글

굽은 나무가 선산을 지킨다고 한다. 굳이 거창하게 노장의 글을 인용하지 않아도 좋다. 경주 남산의 나무들을 보라. 천년 도읍지 경주의 남산. 곧은 소나무는 모두 베어 나가 버리고, 거기 남은 것은 재목으로는 쓸 수 없는 굽을 대로 굽은 나무들뿐이다. 그 나무들이 지켜 온 불상과 탑이 함께 어우러져 불국토를 이루고 있다.

불교를 혹은 불교학을 평생의 업으로 삼기로 결심한지 십수여 년이 흘렀다. 그 무렵 주위는 온통 고시 열풍이었다. 같은 법과 율을 다루어도 권력과 부가 보장되는 쪽으로만 불나방처럼 몰려갔다. 함께 공부하던 동학과 선후배들 중에서도 뛰어난 재목들은 유학을 떠나거나, 다른 분야를 찾아가곤 했다. 국내의 불교학은 굽은 나무가 지킨다는 푸념을 농담반 진담반으로 내뱉곤 하던 때였다.

이 책은 굽은 나무가 지킨 선산의 한 모퉁이이자, 굽은 나무만이 될 수 있는 길맛가지다. 본디 박사학위 청구논문으로 구상했던 연구였지만, 실제 학위논문에는 본서의 2부인 텍스트 교정과 역주는 들어 있지 않다. 선학원에서 발족한 불교학연구기금(현 사단법인 불교학연구지원사업회)에서 주관하는 불교소장학자 지원사업의 번역 부문에 채택되었기 때문이다. 대신 박사학위 청구논문은 가행무분별지의 성립과정을 추가해, 『섭대승론』「입소지상분」에 나타난 유식관의 형성과정을 추적해 재구성하고자 했다.

불교학연구지원사업회의 소장불교학자 지원사업의 결과물을 제출할 무렵에 이르자 새로운 고민에 빠졌다. 원래는 텍스트 교정과 역주와 관련된 많은 연구와 설명들이 박사학위 청구논문의 내용을 구성하고 있었기 때문이다. 고심 끝에 박사학위 청구논문의 일부를 텍스트 교정과 역주 앞에 연구형식으로 넣기로 하고 불교학연구지원사업회 측의 허락을 받았다. 이로써 사실상 처음에 구상한 박사학위 청구논문의 형식이 갖춰진 결과가 되었다.

여타 사정을 차치하면, 이 책은 서구에서 발달한 현대의 문헌학적 불교연구의 전형적인 형식을 갖추고 있다. 일견 국내에서는 낯선, 텍스트에 대한 교정과 역주 그리고 개론적 연구로 구성되어 있는 것이다. 현대 불교학의 공과에 대해, 특히 문헌학적 방법론의 성격과 한계에 대해서는 이미 많은 논의가 있었다. 개중에는 식민지 불교학이나 훼불의 불교학이라는 비판이 가슴을 찌른다. 하지만 물이 그렇듯이 문화 또한 높은 곳에서 낮은 곳으로 흐르는 것은 자연의 당연한 이치(dharmatā)이고, 훼불의 불교학을 살불살조의 불교학으로 만드는 것은 우리의 몫이다. 이 한 권의 책이 그 역할을 다했다고는 자신할 수 없지만 최선을 다했다고는 감히 말할 수 있다. 이 책의 성과와 한계는 현대 불교학적 방법론 수용의 현 단계를 보여줄 수 있을 것이다.

박사학위 논문과 이 책이 나오기까지 수많은 분들의 도움을 잊을 수 없다. 삼세의 불보살이 그와 같이 현현하고 있었던 것이다. 일일이 그 모든 분들을 한분한분 거명하지 못하는 것이 안타까울 따름이다. 먼저 처음 학문의 길로 들어선 초학자를 이끌어 주신 이지수 교수님, 법경스님, 정승석 교수님과 현대 불교학의 새로운 영역을 보여주신 안성두 교수님께 깊이 감사드린다. 소장불교학자에 대한 지원을 아끼지 않으신 보광사 고 정일큰스님과, 수년 동안 물심 양면으로 도움을 주신 전현수, 이무혁, 김영중, 김태효 네 분 선생님들을 빼놓을 수 없다. 아직도 자식걱정에 여념이 없으신 칠십 노구의 부모님들과, 묵묵히 옆에서 지켜봐 준 아내, 늘 바쁜 아버지를 두고도 건강하게 자라주는 아이들이 없었더라면 이 책도 없었을 것이다. 마지막으로 이 책의 출판을 허락해 주신 씨아이알의 김성배 사장님과 난삽한 글을 책모양으로 만들어 주신 출판부 박현주 선생님께 감사드린다.

2008. 3. 14

김 성 철

CONTENTS

제1부 | 연구

제2부 | 텍스트와 역주

제1부 연 구

| 서 론 |

Ⅰ 解脫智의 초기 양상

Ⅱ 근본무분별지의 형성 과정

Ⅲ 三性說의 변화와 무분별지 개념의 발전

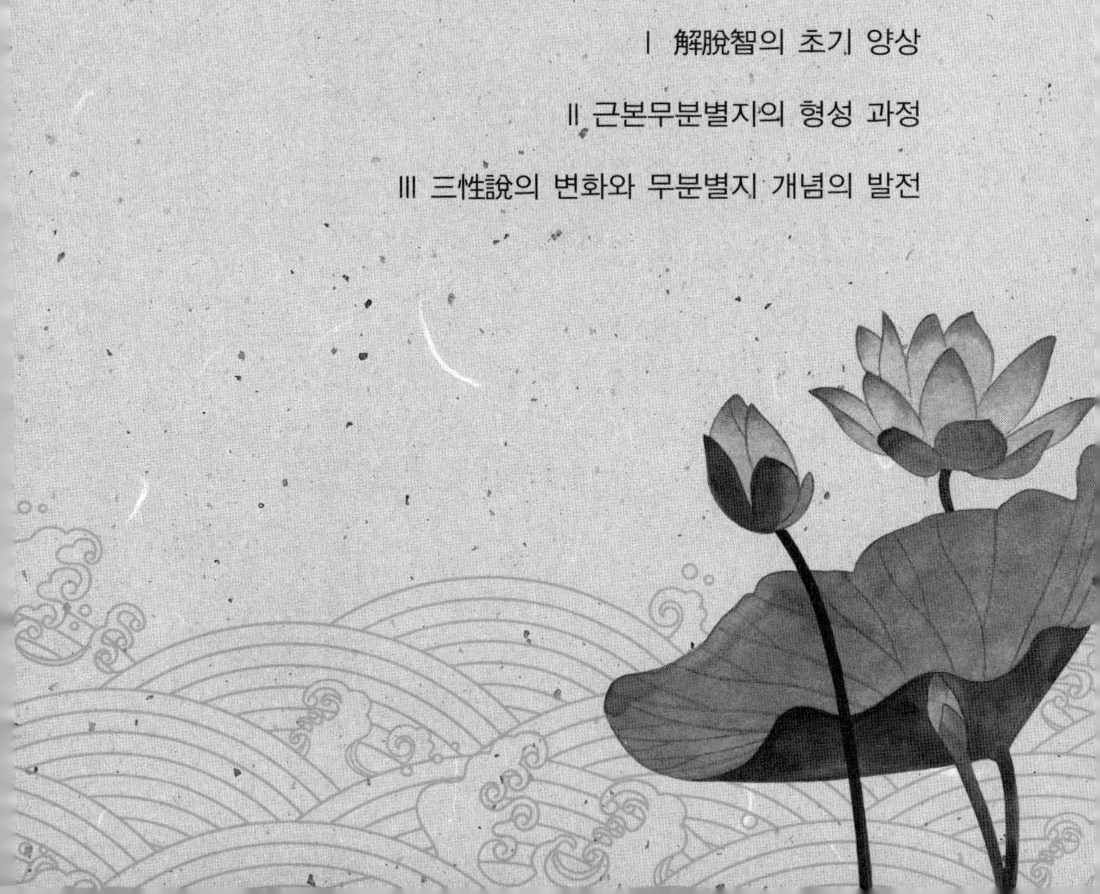

서 론

1. 연구의 주제와 의의

불교사상의 중심부에는 궁극적인 진리의 인식을 통해 번뇌로부터 벗어나고, 나아가 윤회와 고통의 세계로부터 해탈하고자 하는 실천적 목표가 있다. 석가모니 붓다 자신부터 4제라는 궁극적 진리에 대한 인식[漏盡明]을 통해 이와 같은 목표를 이루었다는 것은 거의 모든 불교 전통에서 인정하고 있는 사실이다. 붓다 자신이 4제에 대한 인식을 통해 깨달음을 얻었다는 전승의 사실 여부에 대한 검토는 잠시 미뤄 두더라도[1)], 붓다의 깨달음을 자신의 것으로 재생산하고 추체험하고자 하는, 대승불교도를 포함한, 제자들의 해탈체험에 대한 기술과 이론은 이를 크게 벗어나지 않는 것으로 보인다. 비록 궁극적 진리의 지위를 차지하는 것이 역사적 전개에 따라 4제에서 12연기 그리고 무아성으로 보완되거나 대체되고, 대승불교에서는 공성과 진여, 법계 등이 그 자리를 차지하지만 그 기본적인 구조는 의연히 유지된다[2)].

1) 이에 대해서는 제1장 解脫智의 초기 양상에서 다룰 것이다.

본 연구에서는 궁극적 진리에 대한 인식과 그 결과로 초래되는 번뇌의 단절과 고통으로부터의 해탈 사이에 대한 심리적 인과관계를 중점적으로 다루지는 않는다. 또한 궁극적 진리나 실재라는 객관적 측면을 중심적으로 고찰하기보다는, 오히려 그것을 인식하는 주관의 심리적 메커니즘과 성격, 그러한 인식을 야기하는 심리적 과정 등 주로 주관적인 측면을 집중적으로 다룰 것이다[3]. 물론 두 측면은 동전의 앞뒷면처럼 상호 분리될 수 없는 것이어서 전자에 대한 고찰 또한 필수 불가결하다. 그러나 궁극적 진리관이나 실재관의 변화에도 불구하고 그것에 대한 인식이 번뇌의 소멸이나 고통으로부터의 해탈이라는 동일한 결과를 야기한다면, 그러한 결과를 주도적으로 야기하는 역할은 주관 측이 쥐고 있다고 해야 할 것이다. 아니 오히려 그렇기 때문에 객관적 측면을 이루는 궁극적 진리관이나 실재관이 변화의 여지를 가질 수 있었을 것이다. 이러한 主心論[4]적 입장은 초기불교 이래 전 불교사상을 관통하는 것이다. 한편 궁극적 진리관이나 실재관의 변화는 그것을 인식하는 주관의 성격을 규정한다. 4제나 12연기와 같은 언어적·개념적 대상에 대한 인식과, 열반 혹은 진여와 같은 언어를 넘어선 대상에 대한 인식이 동일한 성격을 가진 것이라고 보기는 힘들기 때문이다.

『유가사지론』을 효시로 하는 유가행파 문헌은 이러한 궁극적 진

---

2) Schmithausen[1981: 209-212] 참조.

3) 이 경우에도 체험 그 자체보다는 그것이 언어화된 기술과 이론의 영역에 국한된다. 이는 체험 그 자체를 그것이 언어화된 것을 통해 이해할 수 있는가 하는 보다 근본적인 문제를 제기한다. 하지만 Schmithausen[1981: 200f]이 초기 경전을 분석하면서 제기한 대로, 체험 그 자체와 그것에 대한 기술이 근본적으로 이분화되지 않는다는 것이 초기 유가행파 문헌에도 적용될 수 있다면, 문헌을 통한 언어적 이해가 반드시 불가능한 것은 아닐 것이다.

4) 일반적으로 이러한 경향을 표현하기 위해 사용되는 唯心論이라는 개념은 다양한 의미를 가짐에도 불구하고, 즉각적으로 유물론에 대립하는 관념론이라는 오해를 불러일으키므로 적절하지 않아 보인다. 唯心論이라는 개념이 다양한 의미를 가진다는 것은 '唯'라는 말이 배제하는 것이 자아 혹은 심소 혹은 외계의 대상 혹은 자아와 외계의 대상 양자 모두가 될 수 있기 때문이다.

리나 실재에 대한 인식을 다양한 명칭으로 개념화하고 있다. 예를 들어 『유가사지론』 본지분에서는 出世間智, 善淸淨智見, 所緣能緣平等平等智, 無分別決定智現見智, 法無我智, 인식 대상에 대해 진실을 깨닫고 통달하기 위한 혜(於所知眞實隨覺通達慧), 微細慧, 妙聖智, 眞如無分別平等性出離慧, 眞如無分別慧, 入一切法第一義智 등의 개념이 궁극적 실재를 대상으로 하는 인식으로 설명된다. 초기 유가행파 사상의 체계화에 기반을 닦은 것으로 평가되는 『섭대승론』은 이러한 궁극적인 진리 혹은 실재에 대한 최초의 解脫智를 根本無分別智라고 명명한다. 그리고 그것의 발생을 야기하는 심리적 과정 또한 加行無分別智라는 명칭 아래 무분별지의 범주에 포함시킨다. 보살은 근본무분별지를 획득한 이후에도 2아승지겁이라는 무한한 시간 동안 수행을 계속한다. 이때 보살은 근본무분별지와 함께 그 이후에 획득하는 後得無分別智로써 이타행을 행하는 것으로 설명된다.

이와 같이 『섭대승론』은 解脫智를 획득하기 위한 노력과 그것의 획득 및 확대 과정을 加行無分別智 ⇒ 根本無分別智 ⇒ 後得無分別智라는 3중 구조로 확립한다. 무분별지라는 상위 개념 아래 가행지와 후득지를 더해 3중 구조를 확립하고 체계적으로 고찰하는 것은 이전 문헌에서는 볼 수 없던 『섭대승론』의 독창적인 사상이다. 그리고, 적어도 지혜론에 관해 필자가 아는 한, 이후의 유가행파 문헌에서 이러한 3중 구조를 근본적으로 변화시킬 만한 사상적 발전은 이루어지지 않은 것으로 보인다[5]. 따라서 『섭대승론』 「증상혜학분」

5) 道種智, 一切智, 一切種智라는 『반야경』에서 『현관장엄론』 계통으로 이어지는 3종의 지혜론은 다른 전통에 속하는 것으로서 3종 무분별지를 축으로 하는 전통과의 관계에 대해서는 별도의 연구가 필요할 것이다.

을 정점으로 하는 무분별지 개념의 연구는 전체 유가행파의 지혜론을 이해하기 위한 바탕이 된다.

본 연구는 크게 두 부분으로 이루어져 있다. 첫째는, 초기 유가행파 문헌에 나타난 궁극적 진리에 대한 인식을 표현하는 다양한 명칭과 개념이 『섭대승론』에 이르러 3종 무분별지, 특히 근본무분별지로 정립되는 과정을 추적하여 묘사하는 것이다. 이는 무분별지 개념의 형성사라고 할 수 있을 것이다. 둘째는, 『섭대승론』「증상혜학분」의 티벳역을 세친 및 무성의 주석과 함께 번역하는 것이다.

본 연구는 또한 유가행파의 무분별지의 성립 과정에 대한 단순한 묘사에 그치지 않고, 이를 불교사상사의 주요한 문제 중 하나인 解脫智의 성격 문제라는 관점에서 다루고자 했다.

解脫智의 본질에 관한 견해차에 대해 잘 알려진 것 중 하나가 티벳 삼예사의 논쟁이다. 삼예 논쟁의 핵심 중 하나는 무분별지를 얻기 위해서 반드시 개별관찰(pratyavekṣaṇā)의 지혜가 필요한가 하는 문제이다. 분별망상을 떠나기만 하면 즉시 대지혜를 저절로 성취한다는 不思不觀을 주장하는 중국 선승 摩訶衍에 대해, 인도불교를 대표하는 카말라쉴라(Kamalaśīla, 740~795)는 개별관찰의 지혜가 필요함을 적극 옹호하고 있다. 대체로 점오적 입장에 서 있는 인도불교는 이와 같은 입장을 공유하고 있다.

그러나 解脫智에 대한 이와 같은 상이한 입장은 비단 인도불교와 중국불교 사이에만 나타나는 것이 아니다. 같은 인도불교 내에서도, 예를 들면 青辯(Bhāviveka[6], 490~570)의 유가행파 비판[7]과 같이, 끊

6) Bhāviveka라는 명칭에 대해서는 江島慧教[1990] 참조.

임없이 제기되어 온 문제인 것이다. 심지어 이러한 대립은 아함과 니카야와 같은 초기불교경전에서도 발견된다.

여러 현대 학자들에 의해 이러한 대립의 양상은 다음과 같이 지적되었다. 첫째는 이성적인 것과 신비적인 것 사이의 긴장이다.8) 둘째는 지적인 방법과 정려의 방법 사이의 긴장으로서 이것은 각각 觀과 止로 등치될 수 있다9). 셋째는 통찰적 명상과 집중적 명상 사이의 긴장이다10). 넷째 보다 지적인 '부정적-지적' 전통과 보다 명상적인 '긍정적-신비적' 흐름으로 표현되는 수행과 해탈에 관한 이론 사이의 긴장이다.11) 각각의 학자가 표현은 달리 하지만, 핵심을 이루는 것은 解脫智의 본질이 과연 사물에 대한 바른 인식을 의미하는가 혹은 모든 정신적 기능이 사라진 적멸의 상태를 의미하는가, 그리고 그러한 상태를 획득하기 위한 방법은 무엇인가 하는 점이다. 비록 유가행파 문헌에서는 이와 같은 결정적인 견해 차이는 나타나지 않지만, 역사적으로 혹은 문헌별로 미묘하게 강조점을 달리하는 것은 확인할 수 있다. 본 연구의 제1장은 유가행파의 무분별지 개념을 이러한 문제의식하에서 살펴볼 수 있는 단초와 방법론을 제공해 준 현대 학자들의 선행 연구를 정리해 소개하고자 했다. 이는 본 연구의 핵심인 제2장을 이해하기 위한 전제조건이 되는 것이다.

---

7) 袴谷憲昭[1985: 247f] 참조. 이에 대한 유가행파의 반비판에 대해서는 池田道浩[1999: 246-247] 참조.

8) Possin[1936-37] 참조.

9) 西義雄[1957] 참조.

10) Griffiths[1981] 참조.

11) Schmithausen[1981] 참조.

2. 연구의 자료와 방법

본 연구를 위한 기초자료는 초기 유가행파의 문헌으로 한정한다. 초기 유가행파 문헌에 대해서는 티벳의 역사학자 부퇸(Bu ston, C.E. 1290~1364)의 분류가 유익하다. 그는 彌勒(Maitreyanātha)의 저작으로 『대승장엄경론송』, 『변중변론송』, 『법법성분별론송』, 『보성론』, 『현관장엄론』 등 소위 5법을, 無著(Asaṅga, C.E. 395~470)의 저작으로는 '地의 5부' 곧 『유가사지론』 전체를 구성하는 5부와 『대승아비달마집론』 및 『섭대승론』 이라는 두 강요서를, 그리고 世親(Vasubandhu, C.E. 400~480)의 저작으로는 『유식삼십송』, 『유식이십송』, 『오온론』, 『석궤론』, 『성업론』, 『대승장엄경론』, 『연기경석』, 『변중변론』[12] 등 8부를 들고 있다.[13]

본 연구에서는 우선 미륵의 5법 중에서는 한역의 전승과 일치하는 『대승장엄경론』과 『변중변론』 및 그에 대한 주석만을 주요한 고찰 대상으로 삼는다[14]. 나머지 세 논서는 성립연대상 후대이거나[15] 계통이 다른 문헌으로 간주되기 때문이다[16]. 또한 『대승장엄경론』과 『변중변론』에 대한 주석이 아닌 세친의 독자적인 저술은 고찰 대상에서 제외한다. 본 연구가 세친 이전의 미륵과 무착에 나타난 무분별지 개념이 『섭대승론』의 3종 무분별지로 정립되는 과정에 초점을 두고 있기 때문이다.

---

12) 『대승장엄경론』과 『변중변론』을 제외한 나머지 여섯 저작은, 세친 1인설과 2인설의 대립에도 불구하고 『구사론』의 저자인 세친 한 사람의 작품이라는 데 현대 학자들도 대체로 일치하고 있다 (Krizter [2005: xxvi]).

13) 袴谷憲昭[1982: 46f] 참조. 이들 논서에 대한 자세한 정보는 『梵語佛典の研究』 317-373와 袴谷憲昭[1982] 참조.

14) 본고에서 넓게는 미륵의 5법, 좁게는 『대승장엄경론』과 『변중변론』을 미륵 논서라고 통칭한다.

15) 일반적으로 DhDhv는 후대의 문헌으로 간주한다. 舟橋尚哉[1989: 14], 袴谷憲昭[1985: 224], 勝呂信靜[1990: 186], 松田和信[1996: 365] 참조. 이에 비해 荒牧典俊[2002: 6]은 MSA 이전으로 간주하는 듯하다. 필자는 후대 문헌이라는 설을 따른다.

16) 현대 학자들은 『보성론』은 여래장 계통의 논서로, 『현관장엄론』은 반야경 주석서로 간주해서 유가행파 문헌에서 제외하는 것이 일반적이다.

한편 위의 자료 목록에 포함되지는 않았지만, 『섭대승론』에 대한 세친과 無性(Asvabhāva, C.E. 550년경)의 주석도 주요한 고찰 대상에 포함시킨다. 무분별지 개념을 가장 체계적으로 다루는 『섭대승론』 「증상혜학분」은 대부분이 게송으로 이루어져 주석의 도움 없이는 이해하기 어렵기 때문이다.

본 논문에서 다루는 자료는 다행히도, 『유가사지론』의 일부와 『섭대승론』 및 그 주석을 제외하면, 대부분 산스크리트 원전이 출판되어 있다. 본 논문은 가능한 한 산스크리트 원전을 중심으로 티벳역 및 한역과 대조하는 방식으로 자료를 취급한다. 『유가사지론』 <섭결택분>과 『섭대승론』 및 그 주석과 같이 산스크리트 원전이 없을 경우는 티벳어역을 위주로 하여 한역과 대조하여 고찰할 것이다. 대부분의 경우 한역은 현장역을 중심으로 했다.

위의 자료들은 각각의 전승에 따라 특정 인물에 귀속되지만 본 연구에서는 기본적으로 그것을 익명의 문헌으로 간주해서 다룬다. 『유가사지론』은 티벳역에서는 무착의 저작으로 간주하지만 한역에서는 미륵에게 귀속시킨다. 현대 학자들은 여러 세대에 걸쳐 점차로 편찬된 학파적인 작품으로 보거나[17], 복수편찬설[18]을 채택하고 있다.[19] 미륵의 5법 중 『대승장엄경론송』과 『변중변론송』의 저자 문제에 대해서도 아직까지 정설이 없는 상황이다. 나아가 무착에게 귀속되는 『대승아비달마집론』 조차 무착의 저작이라기보다는, 무착 단독으로 혹은 무착을 중심으로 하는 그룹에 의해 편집되었을 가능성이 제기되어 있다[20]. 『대승장엄경론송』과 『변중변론송』, 그리고 『섭대승론』에 대한 주석의 저자

17) Schmithausen[1969: 822-823] 참조

18) 勝呂信靜[1976: 31] 참조

19) 이에 비해 宇井伯壽의 『瑜伽論研究』나 向井亮[1981: 684]는 사적 인물로서의 미륵 혹은 무착의 단일 저작설을 취하고 있다.

20) Schmithausen[1987: 189], Kritzer[1999: 5-7] 참조

와 관련해서는 문제가 더욱 복잡해진다. 거기에는 세친 2인설이라는 본 논문의 한계를 벗어나는 난제가 도사리고 있기 때문이다[21].

이러한 상황에서는 각각의 논서를 한 개인의 저술로 간주하기보다는 익명의 문헌으로 취급하고 텍스트 상호간의 동일성과 차이성, 변화와 발전과정을 살피는 것이 보다 안전한 접근방법이 될 것이다.

이와 같은 전제 아래 본 연구는, 개념의 발전 과정을 다루는 사상사적 방법을 위주로 하지만, 어디까지나 문헌사적인 범위 안에서 그것을 다루는 것을 기본적인 원칙으로 한다. 만약 동일한 문헌 안에서도 서로 이질적인 요소가 발견된다면 가능한 한 문헌학적인 방법을 적용하여 서로 이질적인 요소의 층위를 구별하여 역사적인 변화와 발전의 양상으로 그것을 설명하려 노력할 것이다. 그러나 각 문헌의 성립 순서조차 많은 이견이 존재하는 현 상황은 본 논문의 서술에 근본적인 제약으로 작용한다. 이 경우 본 논문은 가장 개연성 있고 정설로 인정받고 있는 설에 준해 서술해 나갈 것이다.

위에서도 언급했지만 본 연구의 번역 대상인 『섭대승론』과 그 주석은 현재까지는 산스크리트본이 발견되지 않고, 티벳역 및 한역으로만 남아 있다.

먼저 티벳역은 다음과 같다.

(1) Theg pa chen po bsdus pa(Mahāyānasaṃgraha), by Asaṅga, trans. by Jinamitra, Śīlendrabodhi, Ye shes sde(P No.5549, D No.4048)

21) 세친 2인설을 둘러싼 현대 학자들의 논의를 간략히 정리한 것으로 Krizter[2005: xxii-xxvi, 및 xxii, n.31] 참조. 보다 자세한 논의와 일본 학계의 경향에 대해서는 이종철[2001: 3-61] 참조.

(2) Theg pa chen po bsdus pa'i 'grel pa(Mahāyānasaṃgrahabh āṣya), by Vasubhandhu, trans. by Dīpaṃkaraśrijñāna, Tshul Khrims rgyal ba(P No.5551, D No.4050)

(3) Theg pa chen po bsdus pa'i bshad sbyar(Mahāyānasaṃgraho panibandhana), by Asvabhāva, trans. by Jinamitra, Śīlendrabodhi, Ye shes sde(P No.5552, D No.4051)

(4) Don gsang ba rnam par phye ba bsdus te bshad pa(Vivṛta guhyārthapiṇḍavyākhyā)(D No.4052)

이 중 (1)과 (3)은 같은 역자가 번역한 것으로 번역이 양호하다. 그에 비해 (2)는 번역 연대가 늦고 착간(錯簡)과 결락(缺落)이 있어서 자료적 가치가 양호하다고는 할 수 없다. 다만 거기에 인용된 본문은 대개의 경우 (1)과 일치하고 있다. 마지막 (4)는 티벳역만 있고 한역은 없으며, 저자와 역자도 알려져 있지 않다. 제1장의 약 4분의 3까지만 주석이 되어 있다. 본문은 (1)과 거의 일치하고 상세한 주석에 아비달마적인 요소가 많으면서 난해하다.

한역은 다음과 같다.

(5) 『攝大乘論』(2권) 阿僧伽作, 後魏 佛陀扇多譯, 大正31, No. 1592.

(6) 『攝大乘論』(3권) 無着菩薩造, 陣 眞諦譯, 大正31, No. 1593.

(7) 『攝大乘論本』(3권) 無着菩薩造, 唐 玄奘譯, 大正31, No. 1594.

(8) 『攝大乘論釋』(15권 혹은 18권) 世親菩薩造, 陳 眞諦譯, 大正31, No. 1595.

(9) 『攝大乘論釋論』(10권) 世親菩薩造, 隨 笈多共行矩等譯, 大正31, No. 1596.

(10) 『攝大乘論釋』(10권) 世親菩薩造, 唐 玄奘譯, 大正31, No. 1597.

(11) 『攝大乘論釋』(10권) 無性菩薩造, 唐 玄奘譯, 大正31, No. 1598.

이 중에서 (5)~(7)은 본론이고 (8)~(10)은 본론에 대해 세친이 주석한 세친석(世親釋), 그리고 (11)은 무성이 주석한 무성석(無性釋)이다. (9)의 달마급다와 행거 등의 번역에서 본론을 추출할 수 있기 때문에 본론은 모두 4종류이다. 번역 연대는 (5)가 가장 오래되었고, (6)-(9)-(7)의 순서로 번역되었다. 불타선다역은 가장 고역(古譯)으로서 의미가 불명료하여 본론의 의미를 해명하는 데는 별다른 역할을 하지 못한다. 다만 원 범어에 대한 힌트를 주는 등 미세한 점에서는 나름대로의 가치가 있다. 진제역은, 특히 세친석에서, 역자 자신의 사상을 가미하여 다른 번역본에 비해 양이 많다. 그의 번역은 섭론종의 소의 논서가 되는 등 지대한 영향을 미쳤다. 달마급다역은 원문의 원래 형태에 가장 충실하고, 티벳역과도 가장 일치한다. 현장역 또한 원문에 충실한, 정확하고 신뢰할 수 있는 번역이다. 특히 역어의 정비가 현저해서, 그것이 이후의 기본적인 개념이나 역어가 된 것이 적지 않다. 본 번역에서도 전문술어는 대체로 현장의 한역에 따랐다[22].

『섭대승론』은 범본이 발견되지 않아 현대의 연구방법은 각각의 이역본을 대조 연구하는 방식이 활발하다. 이 중 가장 대표적인 것이 사사키 겟쇼(佐々木月樵)의 『漢譯四本對照 攝大乘論』이다. 이는 위의 (5)~(7)과 함께 (9)에서 추출한 본문 등 한역 4종류를 나란히 싣고 뒤에는 야마구치 스스무(山口益)가 교정한 티벳역을 부기했다. 벨기에의 라모트(É. Lamotte) 교수도 티벳역을 교정하고 한역본을

22) 이상은 長尾雅人, 『攝大乘論 - 和譯と註解』 上, 講談社, 1982. pp.48-55. 참조

대조해 프랑스어로 번역했다. 『*La Somme de la Grand Véhicule d'Asaṅga*』 tome 1, 2(Publications de l'Institut Orientaliste, Louvain-la-Neuve, 1938)가 그의 역작이다. 이 중 1권은 티벳역 교정본이고 2권은 그것을 불역한 것으로, 1973년에 재간행되었다. 최근에는 일본의 나가오 가진(長尾雅人)이 티벳역 교정본과 그것을 범어로 환역하고 일본어로 번역한 것이 『攝大乘論 - 和譯と註解』 上下(講談社, 1982-1987, reprint 2000)로 출간되었다. 본 번역에서 『섭대승론』 본문 자료는 나가오 가진 교수가 교정한 티벳역을 저본으로 하고, 번역 또한 라모트 교수의 불역과 나가오 가진(長尾雅人) 교수의 일역을 늘 참고했다.

세친석과 무성석은 현재 전체가 교정 출판된 것은 존재하지 않고, 각 장별로 부분적으로만 교정 출판되었다. 그 중 대표적인 것은 다음과 같다.

(1) 上田義文, 『攝大乘論講讀』, 講談社, 1981.
(2) 片野 道雄, 『唯識思想の研究』, 京都, 文榮堂, 1975.
(3) 片野 道雄, 『インド唯識說の研究』, 京都, 文榮堂, 1998.
(4) 袴谷憲昭, 「Mahāyānasaṃgrahaにおける心意識說」, 『東洋文化研究所紀要』 76, 197-307, 1978.
(5) É. Lamotte, L'ālayavijñāna(La Réceptacle) dans la Mahāyāna saṃgraha(Chapitre II), Asaṅga et ses commentateurs, MCB 3, 169-255, 1935.
(6) John P. Keenan, Paul J. Griffiths, Noriaki Hakamaya, The Realm of Awakening : a translation and study of the tenth chapter of Asaṅga's Mahāyānasaṅgraha, New York, Oxford University Press, 1989.

이 중 먼저 (1)은 「소지상분」을 중심으로 한 초역과 강의로 이루어져 있다. (2)는 「소지상분」 본문과 그에 대한 무성석을 일역하고 주해한 것이다. 같은 저자에 의한 (3)은 모두 3부로 이루어져 있는데, 그 중 제3부가 『섭대승론』 「서장」에 대한 무성석의 티벳역을 교정하고 일역한 것이다. (4)는 「소지의분」의 앞 부분을 세친석과 무성석 그리고 『비의분별섭소』를 일역하고 연구한 것이다. (5)는 「소지의분」의 본문과 세친석 그리고 무성석의 불역이다. (6)은 「피과단분」의 티벳역에 대한 교정 및 영역과 연구이다.

I 解脫智의 초기 양상

인도불교사에서 붓다의 正覺(saṃbodhi)과 붓다를 포함한 제자들의 解脫智(añña/ājñā)[1]의 성격에 관해 다양한 견해, 심지어는 대립적이기까지 한 견해가 발견된다는 것은 더 이상 낯선 사실이 아니다. 解脫智의 본질에 관해서, 그것이 사물의 본질에 관한 바른 인식, 곧 如實智見을 불가결한 구성요소로 하고 있다는 견해와 세간 [및 출세간]의 모든 정신적 기능이 정지한 완전한 無念無想의 경지라는 견해가 긴장관계를 이루는 것은 잘 알려진 사실이다. 더불어 解脫智를 얻기 위한 수단인 修行道 또한 解脫智의 성격에 따라 그 형태와 과정 및 대상을 달리한다는 것도 이미 잘 알려진 사실이다.

이러한 사실은 초기불교의 정전으로서 역사적 붓다의 육성에 가장 가깝다고 일반적으로 인정되는 아함과 니카야에서도 예외일 수 없다. 이를 무실라와 나라다라는 두 비구를 대비시켜 보여준 학자로 루이 드 라 발레 푸생(Louis de La Vallée Poussin)[1936-37]을 빠뜨릴 수 없다. 그는 말한다.

---

1) saṃbodhi와 añña/ājñā를 이와 같이 규정하는데 대해서는 Schmithausen[1981: 199, n.2] 참조.

무실라와 나라다(SN II, 115)는 각각 '합리주의(le rationnalisme)'와 '신비주의(la mystique)'를 매우 잘 반영하고 있다. 무실라는 아라한과를 획득하였는데 그것은 그가 '지식을 갖추고' 있기 때문이고, 또 '알기' 때문이다. 반면에 나라다는 아라한으로 간주되지 않는다. 그는 몸으로 열반에 접촉하지 못했기 때문이다.[2)]

곧 이어서 푸셍은 이러한 대립이 『바가바드기타』가 '상캬'와 '요가'라는 이름으로 구별했던 이론과 일치한다고 부연한다. 그는 이러한 대립의 발전 양상을 설일체유부의 교리와 하리바르만의 『성실론』 그리고 滅盡定에 관한 아비달마의 교리를 통해 추적하고 설명한다.

또 다른 일례로, 수행도와 解脫智의 성격과 밀접하게 연관된, 초기경전에 설해진 교리상의 불일치를 지적하고 그것을 개연성 있게 설명한 학자가 에리히 프라우발너(Erich Frauwallner)이다. 프라우발너[1953: 196f, 213f]는 초기경전에서 오랫동안 잘 알려진 교리상의 불일치점 하나를 다루고, 이를 붓다 자신의 사상적 발전으로 설명했다. 문제의 요지는 다음과 같다. 일반적으로 4제설에서는 재생과 고통은 渴愛(tṛṣṇā/taṇhā)로부터 발생하는 것으로 간주된다. 그러나 12연기설에 따르면 재생과 고통의 근본원인은 無明(avidyā/avijjā)으로서 갈애는 2차적 원인일 뿐이다. 두 이론의 성립 이래 양자 간의 사상적 차이를 통합하고 일관성 있는 체계로 구축하고자 하는 시도가 끊임없이 이루어졌다. 프라우발너는 12연기설이 붓다가 4제를 처음 발견하고 설한 지 얼마 후에 발견되고 밝혀진 것이라고 결론내린다.

이 두 학자의 뒤를 이어 앙드레 바로(Andre Bareau)[1963, 1970, 1971], 람버트 슈미트하우젠(Lambert Schmithausen)[1981], 틸만 페터(Tillmann

---

2) Poussin[1936-37: 189] 참조

Vetter)[1988] 등이 각자의 영역에서 초기경전상에 나타난 불일치 점을 지적하고 해명했다. 바로는 붓다의 전기를, 슈미트하우젠은 초기경전에 나타난 解脫智의 문제를, 페터는 붓다의 정각과 초전법륜에 초점을 맞추고 있다.

여기에서 필자는 먼저 역사적 붓다의 정각을 기술했다고 간주되는 『초전법륜경』을 분석한 페터의 논의를 요약 소개하고자 한다. 슈미트하우젠[1981: 209]의 지적대로 이념사의 관점에서는 붓다의 정각이 최초의 출발점이 되어야 하기 때문이다. 그 후 필자는 주로 슈미트하우젠[1981]을 중심으로 하여, 초기경전에서 수행도와 解脫智의 성격에 대한 두 가지 대립되는 견해가 어떻게 성립되었으며 그 내용은 무엇인지 서술하기로 한다. 다음으로 이 두 가지 대립되는 견해가 어떻게 상대방을 포괄해 나갔는지 살펴본 후 학파의 성립과 함께 체계화된 수행도와 解脫智의 성격을 간략하게 요약하고자 한다.

1. 초기경전에서 解脫智의 성격

페터는 우선 슈미트하우젠[1981]을 간략히 요약하는 것으로부터 논의를 시작한다. 초기경전에 나타난 붓다의 정각과 제자들의 解脫智의 양상은 다음과 같이 요약할 수 있다.

첫째, 4정려를 차례로 획득한 후, 제4정려에서 3明 혹은 적어도 漏盡明, 곧 4제에 대한 인식을 획득한 후 모든 漏로부터 나아가 재생 및 고로부터 해탈한다.

둘째, 4정려를 차례로 획득하고, 나아가 4무색정을 획득한 후 최후로 想受滅(saññā-vedayita-nirodha)을 획득했을 때 모든 漏로부터 나아가 재생 및 고로부터 해탈한다.

셋째, 慧(prajñā)로써 자기 자신을 5온으로 분해하고 각각의 요소가 무상하고 고이며 무아라는 것을 인식한 후 모든 욕망, 나아가 재생과 고로부터 해탈한다.

페터는 여기서 한 가지 의문을 제기한다. 불교에서는 해탈에 이르는 길을 다양한 것으로 간주한다. 심지어 다양한 유형의 사람에게 각기 다른 형태의 해탈도가 설해졌다는 것 자체가 붓다의 위대한 성취 중 하나로 간주되기도 한다. 그러나 과연 이러한 세 가지 해탈도 중 어느 것이 가장 오래된 것인가, 이들 해탈도가 원래 붓다 자신에 의해 설해졌던 것인가.

페터는 먼저 두 번째 해탈도는 붓다에 의해 설해지지 않은 것으로서 제외되어야 한다고 주장한다. 바로[1963: 13-27]는 붓다가 출가 후에 알라라 칼라마와 웃다카 라마푸타를 만나 각각 무소유처와 비상비비상처를 닦았다는 것은 역사적 사실이 아니라는 것을 보여주었다. 한편 요하네스 브롱코스트(Johannes Bronkhorst)[1985]는 4정려 뒤에 4무색정이 뒤따르는 형태는 가장 오래된 아비달마 리스트[論母]에서는 발견되지 않는다는 것을 밝히고 있다. 이들 리스트는 여러 학파의 아비달마 논장보다 오래되었으며 경전에도 나타나는 것들이다. 4無色定을 경과하지 않고서는 이 해탈도의 핵심인 想受滅을 획득할 수 없다. 그러므로 두 번째 해탈도는 가장 오래된 형태는 아닌 것으로 보인다. 하지만 어느 시점에서 붓다 자신에 의해 해탈도를 위한 하나의 수단으로서 수용되었을 가능성은 여전히 남아 있다.

페터는 이어서 나머지 두 해탈도를 검토한다. 첫 번째 해탈도는 4정려와 3明 혹은 적어도 3明 중 마지막인 漏盡明을 획득함으로써 모든 漏에서 벗어나고 나아가 재생과 고통으로부터 벗어나는 것이다. 여기에서 정려는 계를 기반으로 하는 것으로 묘사된다. 세 번째 해탈도는 혜를 통해 자기 자신을 5온으로 분해하고 각각의 요소가 무상이고 고이며 무아라고 인식한 후 모든 욕망, 나아가 재생과 고통으로부터 해탈하는 것이다. 여기에서는 정려나 다른 어떤 형태의 선정도 언급되지 않는다. 계를 반드시 지켜야 한다는 점 또한 언급되지 않는다.

그는 이 두 가지 해탈도 중 어느 것이 선행하는가를 결정하는 것에 대한 어려움을 토로하고 있다. 이에 비해 슈미트하우젠[1981: 219, n.69]은 세 번째 해탈도가 일반적으로 첫 번째 해탈도를 서술할 때 발견되는 전형적인 문장을 포함하고 있다는 점에서 명백히 첫 번째 해탈도가 선행하는 것이라고 결론내린다. 곧 세 번째 해탈도를 설명하는 부분에서는 항상 '해탈한 [사람]에게 다음과 같은 인식이 발생한다. 그것은 해탈되었다(vimutt*am* iti). 재생은 파괴되었다'는 문장이 나타난다.[3] 그러나 이 맥락에서 중성형인 vimutt*am*이 지시하는 것이 앞 문장에서는 나타나지 않는다. 반면 첫 번째 해탈도에서 이 문장이 나타날 때 그것은 명백히 중성명사 citt*am*을 가리키는 것이다. 그러므로 이 문장은 첫 번째 해탈도를 설명하는 문장에서 가져온 것이며, 따라서 첫 번째 해탈도가 세 번째 해탈도에 비해 더 먼저 성립된 것이라는 주장이다.

반면 페터는 세 번째 해탈도에 대한 서술에서 윗 문장은 본질적인 부분이 아니라는 이유로 결론을 유보하고 있다.[4]

---

3) Schmithausen[1981: 219, n.69] 참조. Vin Ⅰ 14,9ff외에, MN Nos 74, 109, 147, 148; SN Nos 12.70(Ⅱ 124 f); 18.1-20, 22.12-20; 23.13-22; 24.71-96; 35.1-6, 28-29; 44.2 등에서는 "evaṃ passaṃ … ariyasāvako… nibbindaṃ virajjati, virāgā vimuccati, vimuttasmiṃ vimutt*am* iti ñāṇaṃ hoti, khīṇā jāti, … 'ti pajānātīti."로 끝이 난다.

4) Vetter[1988: xxiii]는 이 문장 앞에 나오는 "nibbindati, nibbindaṃ virajjati, virāgā vimuccati"를 이 맥락에서는 보다 본질적인 부분으로 보고 있다.

이어서 페터는 첫 번째 해탈도에 나타난 3명에 대해 검토한다. 3명은 전생을 아는 지인 宿命明과 내세를 아는 지인 天眼明, 그리고 4제에 대한 인식인 漏盡明을 일컫는다. 그는 여기서 다시 한 번 의문을 제기한다. 과연 경전상에 최후의 누진명만 나타나는 곳이 있는가[5], 그리고 그것이 3명이 모두 나타나는 곳에 비해 더 오래된 것인가. 그는 다시 한 번 슈미트하우젠의 견해를 빌린다. 슈미트하우젠[1981: 221, n.75]은 4정려와 3明에 의한 해탈도를 설명하는 문장에서 宿命明과 天眼明을 서술하는 문장의 시제가 현재형인 데 비해, 나머지는 모두 아오리스트형을 취하고 있다고 지적한다. 이를 근거로 그는 숙명명과 천안명이 후대에 부가된 것이라고 결론내린다.

그렇다면 남은 문제는 매우 이해하기 어려운 한 가지 문제뿐이다. 제4정려에서 이루어지는 나머지 한 가지 인식은 누진명이다. 그것은 다시 말하면 4제에 대한 인식으로서 이에 의해 갈애가 멸한다. 4제에 대한 인식은 '이것은 고제다, 이것은 집제다, 이것은 멸제다, 이것은 도제다' 하는 식으로 명확히 언어적 인식으로 이루어져 있다. 문제는 이미 제2정려에서 언어적 인식의 근거가 되는 尋(vitarka)과 伺(vicāra)가 사라지고 제4정려에서는 완전한(pariśuddhi) 평정(捨, upekṣā)와 念(smṛti)만이 남아 있다는 점이다. 이는 제4정려에서는 언어적 인식이 불가능하다는 것을 보여준다. 그러므로 제4정려에서 명확히 언어적으로 표현된 4제에 대한 인식은 불가능한 것으로 보인다는 결론에 이른다.[6]

---

5) Schmithausen[1981: 221, n.75]은 적어도 "해탈도의 전형적 서술" 중 하나의 완전한 판본, 곧 MN No.112(III 33ff)와 두 개의 불완전한 판본, 곧 AN Nos.5.75, 76에서 숙명명과 천안명이 누락되어 있다고 지적한다. 또한『중아함경』(대정1, 444c6f, 589c14ff, 658a7ff, 725b4ff, 734a8ff, 775a25ff, 778b14ff) 에서는 자주 나타난다고 지적한다.

6) Vetter[1988: xxvii-xxviii]는 이 상태가 마음에 떠오르는 모든 대상에 대한 높은 단계의 비식별적 인식을 산출한다고 본다. 그리하여 이 상태야말로 원래 열반체험의 유일한 기반이며, 덧붙여서 혜에 의한 수행법의 기원이기도 할 것이라고 간주한다.

페터는 이 문제를 해결하기 위해 『초전법륜경』의 분석에 착수한다. 그는 먼저 『초전법륜경』을 다섯 부분으로 구분한 후, 하나하나의 부분을 자세히 분석한다. 그가 구분한 다섯 부분은 다음과 같다[7].

1. 붓다가 다섯 비구를 만나는 장면
2. 중도에 대한 설법
3. 8정도에 대한 설법
4. 사제에 대한 설법
5. 붓다의 정각

『초전법륜경』의 첫 번째 부분에서 붓다는 5비구들에게 자신이 불사를 발견했으며(amatam adhigatam) 자신이 발견한 길을 따라가기만 하면 현세에서 최상의 종교적 삶(brahmacariya, 梵行)을 알고 실현하며 거기에 머물 수 있을 것이라고 설득한다. 비구들을 설득한 후 곧 붓다는 고행과 향락이라는 양 극단을 떠난 중도를 설한다. 눈을 만들고 앎을 만드는 중도는 적정과 신통과 정각과 열반으로 이끄는 것이다. 그렇다면 과연 중도란 무엇인가? 단지 양 극단을 떠나는 것인가, 혹은 양 극단 사이에 있는 어떤 것을 가리키는 것인가? 그는 Majjhima-nikāya 36과 Majjhima-nikāya 26을 근거로 중도란, 단지 양 극단을 피하는 것이 아니라, 다름 아닌 4정려일 것이라고 간주한다.[8]

세 번째 부분에서는 8정도야말로 중도라고 선언된다. 페터에 따르면 8정도의 원래 의미는 최후의 바른 삼매(sammā-samādhi)를 정점으로 하는 일련의 준비 과정이다. 그리고 그는 바른 삼매 또한 4정

---

7) Vetter[1988: 11] 참조.
8) Vetter[1988: xxix] 참조.

려라고 간주한다[9]. 그는, 아마도 일정 기간 첫 일곱지분은 설하지 않았고, 붓다는 양 극단을 피하는 것을 설명하는 것만으로 거의 자동적으로 초정려에 들 것이라는 전제에서 설법을 시작했을 것이라고 가정한다. 그렇다면 다음 과제는 초정려를 강화하고 변용시켜 보다 높은 단계의 정려로 나아가는 것이다. Majjhima-nikāya 26에 설명된 바와 같이 붓다는 더 이상 탁발을 나가지 않고 두세 명의 비구에 대한 지도를 계속했다. 이는 정려수행에 대한 구체적인 지도인 것으로 보인다. 교리적인 형태의 지도나 정려 단계에 대한 반복적인 설명을 계속했으리라고는 추측하기 힘들기 때문이다.

그러나 붓다의 이러한 방식은 곧 한계에 부닥치게 된다. 붓다 자신은 양 극단을 피하는 것만으로 또 어린 시절의 경험을 상기하는 것만으로[10] 거의 자동적으로 초정려에 들 수 있었지만, 이러한 방식이 모든 사람에게 적용될 수 있는 것은 아니라는 것을 자각한 것이다. 따라서 붓다는 정려수행의 예비 단계를 마련했고, 이것을 바로 바른 삼매를 정점으로 하는 8정도로 구체화한다. 이는 붓다가 실제로 행했지만 충분히 개념화하지 않았던 요소를 개념화하여 체계화한 것으로 보인다. 다시 말해 8정도는 붓다 자신의 체험을 이론화한 것이다.

그러나 '혜'에 의한 수행법이 도입된 이후, 이 수행법의 추종자들에 의해 8정도는 바른 삼매를 정점으로 하는 일련의 단계가 아니라 순수한 개념들의 집합으로 해석되게 된다. 원래 '혜'는 8정도라는 일련의 단계에 포함되어 있지 않다. 그럼에도 불구하고 8정도 중에 혜의 요소를 찾고자 한다면, 8정도 중 첫 두 지분을 그러한 방식으로

9) Vetter[1988: 10, xxvi n.9] 참조.
10) Vetter[1988: 3] 참조.

해석하지 않으면 안 될 것이다. 이미 Majjhima-nikāya 44에서 다나디나 비구니는 그와 같이 해석하고 있으며 이러한 해석방식은 오늘날까지 이어져오고 있다.11)

이어서 설법은 네 번째 단계로 넘어간다. 8정도를 통해 바른 삼매를 획득해서 재생으로부터 벗어났다는 느낌을 얻었을 때, 과연 그 느낌의 논리적인 근거는 어디에 있는가? 페터에 따르면, 바로 이 논리적 근거를 보여주는 것이 4제설을 설한 주된 이유다. 특히 정려수행의 초심자에게, 8정도를 통한 바른 삼매의 획득이 해탈을 야기한다는 사실에 대한 의심을 제거하기 위한 이론적 장치는 대단히 유용한 것이다.

한편 4제설이 다만 이론적 의심을 제거한다는 것을 넘어서는 요소가 마지막 다섯 번째 단계에서 나타난다. 그것은 4제는 이전에 알려지지 않은 것이라는 사실과 함께, 苦諦는 철저하게 인식되어야 하고, 集諦는 끊어야만 하며, 滅諦는 증득되어야만 하고, 道諦는 수습되어야만 한다는 사실, 그리고 이상의 과제가 완성되었다는 것이다. 이 때 비로소 붓다는 완전한 깨달음을 얻고 그의 心解脫은 흔들리지 않게 되었으며(akuppā), 이것이 마지막 생이어서 더 이상의 재생이 없다는 앎이 발생했다. 붓다가 4제를 이와 같이 3轉 12行相으로 알기 이전에는 정각을 얻었다고 공인되지 않았다. 이 사실은, 페터에 따르면, 붓다가 4제를 발견한 이후에 초기 정각의 개념을 변용시켰다는 것을 의미하는 것이다.12) 붓다가 최초로 해탈을 경험하고 이후 타인에게 그것을 설명하고 전달하는 과정에서, 이 길을 통해 도달하는 결과에 대한 확신을 다른 사람에게 줄 필요가 있었던

11) Vetter[1988: 13] 참조.
12) Vetter[1988: 18] 참조.

것이다. 그러므로 전통적으로 4제를 발견하고 비로소 완전한 깨달음을 최초로 얻었다는 전통적 해석은 타당해 보이지 않는다고 페터는 주장한다.

그렇다면 이러한 전통적 해석은 어디에 근거한 것일까? 그것은 아마도 진리나 지식에 의해 인간이 해탈한다고 하는 베다 이래의 믿음이 붓다 당시에도 강력한 영향을 행사하고 있던 그 당시의 정신적 환경 때문이었을 것이다.13) 거기에 더해 혜에 의한 수행법이 4제의 발견에 의한 해탈과 잘 조화를 이루기 때문이기도 하다.

이상의 분석에 따르면 앞서 제기한 의문, 곧 4정려에서 4제를 인식할 수 있는가 하는 물음은 실제로는 허구인 것이다. 그러나 위에서 언급한 두 가지 이유로 말미암아 붓다가 4정려와 3명 혹은 적어도 누진명을 획득함으로써 해탈을 이루었다는 사실은 자명한 것이 되었다.14)

슈미트하우젠의 논의는 이 지점에서 시작한다. 그는 붓다의 정각에 대해 『초전법륜경』과는 다른 방식으로 설명하는 일군의 경전의 서술에 주의를 기울인다. 그가 '해탈도의 전형적 서술'이라고 부르는 이 서술방식에서15) 정각 혹은 解脫智는, 4정려를 획득한 후 다시

---

13) Schmithausen[1981: 211]은 후대에는 연기와 무아 등으로 대체되기는 하지만, 이러한 경향은 대승불교에 이르기까지 계속된다고 지적한다.

14) 이상의 논의는 Vetter[1988: xxi-xxxvii] 참조.

15) Schmithausen[1981: 204, n.15] 참조. 이러한 서술방식은 MN(No 27. I 179ff.; No.51, I 344ff.; No.60 I 412ff. 등), DN(I 62ff., 171ff., 206ff 등), AN(3.58, 59 I 163ff.; 4.198 II 208ff.; 5.75, 76 III 92f 등)에서는 나타나지만, SN에서는 나타나지 않는다. 이러한 서술방식을 정리하면 다음과 같다: so evaṃ saṃhite citte parisuddhe pariyodāte anaṅgane vigatūpakkilese mudubhūte kammaniye ṭhite ānejjanppatte āsavānaṃ khayañāṇāya cittaṃ abhininnāmeti. so idaṃ dukkhan ti yathābhūtaṃ pajānāti, ayaṃ dukkhasamudayo ti yathābhūtaṃ pajānāti, ayaṃ dukkhanirodho ti yathābhūtaṃ pajānāti, ayaṃ dukkhanirodhagāminī paṭipadā ti yathābhūtaṃ pajānāti; ime āsavā ti yathābhūtaṃ pajānāti, ayaṃ āsavasamudayo ti yathābhūtaṃ pajānāti, ayaṃ āsavanirodho ti yathābhūtaṃ pajānāti, ayaṃ āsavanirodhagāminī paṭipadā ti yathābhūtaṃ pajānāti. tassa evaṃ jānato evaṃ passato kāmāsavā pi cittaṃ vimuccati, bhavāsavā pi cittaṃ

마음을 漏의 멸진을 인식하는 데로 향한 후에 발생한다.16) 먼저 4제에 대한, 곧 고와 그것의 기원 및 소멸 그리고 그것의 멸로 이끄는 길에 대한 통찰을 획득한다. 다음으로 漏에 관한, 곧 그것의 기원 및 소멸, 그것의 멸로 이끄는 길에 관한 통찰을 획득한다. 이 통찰은 감각적 욕망(kāma)에 대한 갈애, 윤회생존(bhava)에 대한 갈애, 그리고 무명으로 구체화한 漏로부터 마음이 해탈한다는 것을 수반한다. 마침내 이 해탈이 인식되고 더 이상의 재생은 없을 것이라는 확실성이 획득된다.

그는 여기서 각도를 달리하여 다음과 같은 의문을 던진다. 4제의 발견과 해탈, 곧 갈애의 소멸 사이에는 과연 심리적으로 개연성 있는 관계가 존재하는가? 고제의 경우는 쉽게 개연성 있는 관계가 발견된다. 모든 존재가 고통스럽다는 사실을 완전히 인식하는 것은 그러한 존재 및 그와 관련된 욕망의 대상에 대한 모든 갈애를 중지시키는 것으로 쉽게 이해할 수 있다. 그러나 나머지 3제에 대해서는 단지 인식만으로는 부족하다. 갈애가 고통의 원인이라는 집제에 대한 인식과 갈애가 멈춘다면 고통이 멈출 것이라는 멸제에 대한 인식은 사람으로 하여금 갈애를 멈추기 위해 노력하게 하는 동기가 될 수 있지만, 그 자체로 갈애를 저절로 멈추게 할 수는 없다. 이것은 도제의 경우에 더욱 명백하다. 갈애를 멈추게 하기 위해 고통의 지멸로 이끄는 길을 아는 것으로는 충분하지 않고 그것을 실천할 필요가 있다는 것은 확실하다. 그리고 그것에 대한 앎은 그것을 실천하는 것에 선행해야만 한다. 어떤 경우든 도제가 무엇인가에 대한 앎

vimuccati, avijjāsavā pi cittaṃ vimuccati, vivuttasmiṃ vimuttam iti ñānām hoti; khīṇā jāti, vusitaṃ brahmacariyaṃ, kataṃ karaṇīyaṃ, nāparaṃ ithhattāyāti pajānāti. 이상의 문장은 Frauwallner[1995: 154] 참조.

16) Vetter가 분류한 첫 번째 해탈도 참조.

이 갈애의 지멸에 대해 어떤 직접적인 심리적인 관계도 갖지 않는다는 것은 명백해 보인다. 그러므로 갈애의 지멸을 4제 전체에 대한 이해의 심리적 결과로 이해하기는 힘들다. 고제를 제외한 나머지 3제는 그러한 목적을 위해서는 불필요한 것으로 보이기 때문이다.

이상의 고찰은 4제의 인식과 漏의 소멸 사이에 심리적으로 개연성 있는 관계가 확보되지 않았다는 것을 보여준다. 슈미트하우젠은 이후의 이론적 발달이 4제의 인식과 漏의 소멸 사이에 심리적으로 개연성 있는 관계를 확보하는 과정이라고 보고 있다.

4제의 인식과 漏의 소멸 사이에 심리적으로 개연성 있는 관계를 확보하려는 시도는 이미 '해탈도의 전형적 서술'에 나타난다. 4제를 인식한 후, 4제와 같은 방식으로 漏와 그것의 원인, 그것의 지멸과 그를 위한 길에 대한 통찰을 행하는 것이 바로 그것이다. 漏에 대한 강조는 解脫智의 최종 목적인 고의 지멸에서 당면 목표인 漏의 지멸로 중점을 옮기는 것이며 이는 解脫智의 내용과 그 직접적인 결과 사이에 좀 더 직접적인 관계를 확립하려는 시도이다.

『초전법륜경』에서는 또 다른 시도를 보여주고 있다. 페터의 구분에 따르면, 『초전법륜경』의 5. 붓다의 정각 부분에서, 고제는 철저히 인식해야 하고 집제는 버려야 하며 멸제는 체득해야 하고 도제는 실천해야 한다고 설한다. 이는 앞 부분에서 4제에 대한 단순한 통찰을 설한 것에 비해 발전한 것이다[17]. 특히 집제는 버려야 한다는 것과 도제는 실천해야 한다는 것은 그것을 단순히 통찰한다는 차원을 넘어서는 것이다. 그리고 알아야 할 것은 고제와 (체득이라는 개념의 존

17) Schmithuasen[1981: 203]은 Vetter가 분류한 4. 4제에 대한 설법과 5. 붓다의 정각 두 부분이 서로 다른 기원을 가진 것으로 보고 있다.

재론적-영지주의적 양가성의 측면에서) 멸제뿐이라는 사실은 실질적으로 解脫智와 그 결과 사이에 심리적으로 개연성 있는 관계를 확립하려는 시도를 반영하는 것이다. 고제의 인식, 곧 세간적 존재의 부정적인 측면을 인식하는 것은 쉽게 그에 대한 갈애의 소멸을 가져올 수 있고, 또한 세간적 존재가 소멸된 평화롭고 행복한 성질을 인식하는 것, 곧 멸제의 인식 또한 그럴 것이기 때문이다. 이후 슈미트하우젠은 정확히 이 두 가지 형태의 인식에 대응하는 解脫智에 관해 논의한다.

이 두 가지 형태의 解脫智에 관해서는 이미 푸셍[1936~37]의 논문에 잘 나타나 있다. 푸셍은 解脫智에 관해 "합리적" 개념 외에 "신비적" 개념이 있었다는 것을 보여 주었다. "신비적" 개념에 따르면 해탈은 열반 혹은 불사계(amatā dhātu)가 몸으로 실현되거나 접촉되어야 한다(kāyena phusitvā)는 것을 요구한다. 슈미트하우젠은 이 표현이 열반의 상태를 현생에서 일시적으로 선취하는 경험을 가리키는 것으로 추측한다. 이 개념은 특히 상수멸(saṃjñāved(ay)itanirodha / saññāvedayitanirodha)과 밀접하게 연관되어 있다.

상수멸은 8해탈과 9차제정의 정점으로서, Majjhimanikāya와 Aṅguttaranikāya에서는 명백히 열반으로 이끄는 길로 설명된다.[18] 그리고 거기에는 제자 혹은 비구가 상수멸을 획득한 후 "그가 혜로써 본 후, 그의 漏는 완전히 소멸되었다."(… saññāvedayitanirodhaṃ upasaṃpajja viharati, paññāya c'assa disvā āsavā parikkhīṇā honti)라는 언급이 부가되어 있다. 하지만 이 때 혜가 어떠한 종류의 혜를 가리키는가는 이해하기 힘들다. 경전은 그 혜의 대상이나 내용을 전혀 언급하지 않

---

18) 9차제정을 해탈도로 언급하는 것은 DN과 SN에는 나타나지 않는다. Schmithausen[1981: 216, n.55] 참조.

기 때문이다. 또한 심지어 그 혜는 상수멸 중에서 발생하는 것으로 보인다. 이에 근거해 슈미트하우젠은 혜의 대상은 일시적·신비적으로 선취된 형태로 실현된 열반인 상수멸일 수밖에 없고, 그 경우 그 혜의 성격은 통상적인 분석적·개념적인 혜와는 다른 것이라고 결론내린다.

이 시점에서 우리는 "해탈도의 전형적 서술"과는 전혀 다른 견해를 발견한다. 그것은 멸제만을 대상으로 하는 '신비적-긍정적' 관점의 전형으로서 '상수멸-해탈' 이론이다. 이는 解脫智의 내용과 그 결과 사이에 개연성 있는 관계를 확립하기 위한 하나의 시도로서 형성된 것이다. 열반을 경험하는 것이 세간적 존재에 대한 갈애를 뿌리뽑기 때문이다.

解脫智와 그 결과 사이에 심리적으로 개연성 있는 관계를 확립하려는 또 다른 시도는 세간적 요소의 부정적 본질에 대한 통찰로 묘사된다. 예를 들어, 5온이 무상하고 고이며 무아라고 보는 자는, 그것으로부터 벗어나 해탈을 얻는다고 한다. MN No.22(I 138f.)에서는 5온이 무상이고 고이며 내가 아니고 내 것도 아니라는 것, 그리하여 바른 이해로써(sammappaññāya) 보아야 한다는 것, 그리고 그렇게 보는 자는 그것으로부터 벗어나 해탈을 얻는다는 것을 분명히 보여주고 있다[19]. AN No.4.41에서는 5온의 생멸을 숙고하는 것이 漏의 소멸로 이끈다고 말한다. 그리고 SN 22.95에 따르면 이욕과 해탈을 야기하는 것은 5온을 비어 있는 것(rittaka), 허무한 것(tucchaka), 정수나 실체가 없는 것(asāraka)으로서 인식하는 것이다. 놀라운 것은 이들 중 많은 경우가 선정을 요구하지 않거나 배제한다는 점이다.

---

19) 이 두 번째 방식의 해탈도는 SN에서 가장 자주 나타나며 MN에서도 발견된다. 그러나 DN과 AN에서는 발견되지 않는다. Schmihausen[1981: 219, n.69] 참조.

푸셍[1936-37: 206]에 따르면 삼매 혹은 4정려를 解脫智에 필수불가결한 것으로 간주하지 않는 이유는, 소수의 비구만이 그것에 수반하는 초세간적인 요소를 얻을 수 있기 때문이다. 그렇다면 그것을 얻지 못한 많은 비구들이 해탈을 얻지 못할 것이다. 슈미트하우젠은 여기에 더해 붓다의 정각과 제자들의 인식의 차이를 지각했기 때문이라고 보고 있다. 제자들의 解脫智가 세간적 존재의 부정적 본질과 밀접한 측면으로 좁혀졌다면, 제4정려 및 그것과 밀접하게 연관된 神通은 불필요한 것으로 쉽게 간주될 수 있기 때문이다.[20)]

이 두 가지 해탈도는 다음과 같은 과정을 거쳐 체계화되었다고 추측해 볼 수 있다. 곧 붓다 당시에 이미, 체계화되어 있었던 것은 아니지만, 해탈을 얻을 수 있는 것으로 상정된 여러 수행법이 병렬적으로 존재했던 것이 확인된다. 그런 다양한 수행법 중 하나가 나중에는 해탈의 과정에서 점차 중심적인 지위를 차지하는 방식으로 체계화하는 과정을 밟은 것이다.

이 두 가지 해탈도가 대립적이기까지 했다는 사실은 앞서 언급한 푸셍의 논문에 잘 나타나 있다. 그런 한편으로는 이 두 가지 해탈도가 서로 조화를 이루어야 한다고 설하는 경전도 발견된다. 그러나 어떤 경우 이러한 조화는 포괄주의(Inclusivism)[21)]적 방식을 보여준

---

20) 이에 더해 필자 나름대로의 이유를 하나 더 추가하고자 한다. 이미 앞서 Vetter는 제4정려에서 획득하는 완전한 평정과 念의 경험이 열반체험의 궁극적인 기반일 것이라고 추측한 바 있다. 또한 이는 혜에 의한 수행법의 근거를 이루기도 한다고 했다. 잘 알려져 있듯이 선정상태에서 발생하는 특수한 경험은 그 선정에서 나옴과 동시에 사라진다. 이는 붓다가 출가 직후 닦은 무소유처정과 비상비비상처정을 버린 이유로도 설명된다. 이러한 선정의 결함이 제4정려라고 해서 예외가 될 수는 없다. 따라서 제4정려에서 획득하는 완전한 평정과 염을 그 아래 단계의 선정이나 일상적인 상태로까지 확대해야 할 필요가 대두되었을 것이다. "혜"에 의한 수행법은 이러한 요구를 잘 만족시키는 방법 중의 하나로 고안되었을 것이다. "혜"를 통한 수행에 의해 선정에 들지 않고도 [완전한] 평정[과 염]의 상태를 유지할 수 있다면, 이는 위의 요구를 매우 잘 만족시켜 주기 때문이다.

다. 슈미트하우젠은 이하에서 각각의 해탈도가 자신을 중심으로 상대방을 포괄하고자 하는 시도를 어떤 방식으로 진행시켰는가를 몇 가지 경전의 서술을 예로 들어 보여주고 있다.

그는 우선 팔리어본 Mahāmāluṅkyasutta(MN No.64)[22]에 주목한다. 슈미트하우젠은 이 경의 解脫智에 관한 서술을 형식과 내용 두 측면에서 접근한다. 우선 형식적인 측면에서 보면, 이 경은 기본적으로는 次第住(anupūrvavihāra) 형식을 갖고 있다. 그러나 그것은 解脫智가 상수멸에서(혹은 그 이후에) 발생한다는 것을 받아들이지 않는다. 거기에는 想이 없기 때문이다[23]. 마찬가지 이유로 비상비비상처 역시 제외된다. 그렇다면 남아 있는 최고의 단계는 무소유처가 되지만 그것은 解脫智와 아무런 관련이 없다. 더구나 제4정려 또한 "부정적-지적" 경향에서든 "긍정적-신비적" 흐름에서든 解脫智와 관련한 특별한 지위를 차지하고 있지 않다. 결론적으로 이 경이 漏의 소멸을 야기하는 解脫智가 어떤 선정 단계에서도 발생할 수 있다고 진술하는 것은 쉽게 이해된다. 이 경에서 解脫智는 상수멸과 분리되고 제4선과도 연관을 갖고 있지 않지만 그럼에도 불구하고 선정 상태에 국한되어 있는 것으로 나타난다. 이 점에서 이 경은 지적인 경향을 갖고 있지만 엄격하게 지적인 경향만을 고집하지는 않는 것으로 이해할 수 있다.

---

21) 포괄주의란 '어떤 사상가가 다른 체계를 그 자신의 체계 속에 어떤 방식이든 포함된 것으로 서술하는 태도'를 가리킨다. 안성두[2002: 277. n.58] 참조.

22) MN I 435f; 『中阿含經』 제205 「五下分結經」(대정1, 778c9-780b13, 특히 779c16ff).

23) Mahāmāluṅkyasutta와 매우 유사한 Jhānasutta(AN IV, 422ff)는 명백히 "[해탈적] 인식의 획득은 想을 가진 선정에 머무는 자에게만 가능하다(AN IV, 426,9f: yāvatā saññāsamāpatti tāvatā aññāpaṭivedho)"고 진술한다. Poussin[1936-37, n.1] 참조. 이와 동일한 산스크리트 문장을 AS[P] 69,15f와 ASBh 81,21에서 확인할 수 있으며(yāvad eva saṃjñāsamāpattiḥ tāvad ājñāprativedhaḥ), 한역 문헌에서도 발견된다(『현양성교론』(대정31, 576c9f: 唯依有想三摩鉢底 領解通達)). Schmithausen [1981: 224, n.86, 229, n.106] 참조.

다음으로 解脫智의 내용과 관련해서는 각각의 선정 단계에서 발생하는 모든 물질적·정신적 요소를 무상하고, 고이며, 질병이고, 공이며, 무아라는 측면에서 관찰하거나 숙고하는 것에서 시작한다. 이 점에서는 이 경이 "부정적-지적" 경향을 따르는 것으로 이해할 수 있다. 그러나 그 직후 이 경전은 "긍정적-신비적" 전통의 중요한 요소를 통합한 것이라는 인상을 주는 두 번째 단계로 나아간다.[24] 곧 비구는 위에서 언급한 요소들의 부정적 본질을 숙고한 후, 마음을 그것으로부터 돌려 적정하고 미묘한 것으로 인지되는 不死界(amatā dhātu), 곧 열반으로 향한다.

이러한 방식으로 漏(āsava)의 소멸을 야기하는 지적 과정은 두 가지 국면을 함축한다. 본질적으로 고제(duḥkhasatya)의 이해에 대응하는 것으로 이해할 수 있는 세간적 존재의 부정적인 본질에 대한 인식과, 멸제(nirodhasatya)와 밀접히 연관된 열반이 가진 초세간적 상태의 긍정적인 본질에 대한 인식이 그것이다. 그러나 이 때 열반에 대한 인식은 "상수멸-해탈"이론에서처럼 고의 최종적인 지멸인 열반을 현생에서 일시적으로 선취하는 신비적·존재론적 경험이 아니라, 갈애가 소멸된 정신적 상태의 공덕에 대한 명상적이지만 지적인 이해이다. 이러한 인식이 想이 남아 있는 상태에서만 획득된다고 하는 것은 바로 이러한 이유에서다.

슈미트하우젠은 팔리어본 Mahāmāluṅkyasutta의 해탈도를 "부정적-지적" 경향과 "긍정적-신비적" 계통 어느 쪽에도 속하지 않은, 두

24) 이 두 번째 단계는 한역본에는 누락되어 있다. 이 점에서 한역본은 팔리어본 Aṭṭakanāgarasutta (MN No.52)와 동일하다. Aṭṭakanāgarasutta에서는 漏의 소멸 혹은 5하분결의 소멸이 초선과 무소유처 사이의 어떤 선정 단계에서도 발생한다고 하고, 그것을 발생시키는 수단은 각각의 상태를 의도적으로 발생하는 것으로서(abhisaṅkhataṃ abhisañcettitaṃ), 그리고 그것은 무상하고 소멸을 속성으로 하는 것으로서(aniccaṃ nirodhadhammaṃ) 숙고하는 것만으로 이루어져 있다. Schmithausen[1981: 225] 참조.

흐름을 잘 통합한 중도적 흐름으로 평가하고 있다. 형태상으로는 "지적"으로 보이지만 내용상으로는 신비적 흐름과 일치하기 때문이다. 그는 이와 같은 통합의 시도는 "긍정적-신비적" 계통에서 이루어졌을 것이라고 추측한다.

이어서 "긍정적-신비적" 계통에서 이루어진 또 하나의 시도로서 슈미트하우젠은 Jhānasutta(AN 9.36)를 소개한다. 이 경은 우선 解脫智가 想이 남아 있는 선정에서만 가능하다는 것을 명확히 하고 있다. 그러한 한편에서는 解脫智가 상을 결여한 선정, 곧 비상비비상처와 상수멸에서도 가능하다는 것을 설하고 있다. 그러나 경은 마지막 두 단계에서 이루어지는 漏의 소멸방법은 설명하기 어렵다고 토로하고, 그것은 그 상태를 수행하는 데 능숙한 비구들에 의해, 그 상태에 들어갔다가 나온 후에 말해져야 한다고 설명한다. 슈미트하우젠은 이 경에 대해, 팔리어본 Mahāmāluṅkyasutta에서 성취된 통합을 비상비비상처와 상수멸에 이르기까지 적용시킴으로써, "부정적-지적" 전통과 "긍정적-신비적" 전통의 통합을 보다 진전시키려는 시도로 간주한다. 그리고 Jhānasutta에서 이루어진 시도 역시 "긍정적-신비적" 입장에서 이루어진 것으로 조심스럽게 추측하고 있다.

이상의 두 경이 "긍정적-신비적" 입장에서 이루어진 통합을 보여주는 데 반해, "부정적-지적" 입장에서 이루어진 통합임을 보여주는 경전도 있다. 슈미트하우젠은 이러한 시도의 예로서 Anupadasutta(MN No.111)[25)]와 Cūḷasuññatasutta(MN No.121)[26)]를 들고 있다. 먼저 Anupadasutta는 Mahāmāluṅkyasutta와 달리 전체 9차제주 패턴 뒤

25) MN III 25ff. 『互照錄』 169에 따르면 대응하는 한역본은 없다.
26) MN III 104ff. 대응하는 한역본은 『중아함경』 제190 「小空經」(대정1, 736c27ff).

에 "paññaya c'assa …"라는 문장이 뒤따르는 "상수멸-해탈 과정"의 완벽하고 전형적인 서술을 포함한다. 다만 각각의 단계를 서술하는 문장 뒤에 명백히 "부정적" 전통에 관한 오래된 정형구를 옹호하고자 하는 의도를 가진 많은 문장들을 삽입하고 있다. 이들 문장에 따르면 선정의 각 단계에서 발생하는 모든 정신적 요소가 발생하고 지속하고 사라질 때, 즉각적으로 그것에 집중하여(anupadavavatthitā) 그것을 알아차린다. 이것은 이들 요소가 사실상 이전에 존재하지 않았던 것이 발생하고 존재한 후에 다시 사라진다는 것에 대한 이해를 수반한다. 다시 말하면 그것의 무상성을 인식하는 것이다. 이러한 인식이 각각의 선정 상태에서 발생하는 정신적 요소에 관한 무관심과 離欲으로 이끈다.

그러나 비상비비상처와 상수멸의 경우에는 想이 없기 때문에 각각의 요소와 그들의 발생 등에 관한 즉각적인 결정이 불가능하다. 그러므로 이들 상태를 구성하는 요소로부터의 離欲은 그것으로부터 나온 이후에야 가능하다. 이들 想이 없는 선정으로부터 나온 후, 수행자는 이미 과거가 되어 버린 그들 요소의 무상성을 반추할 뿐이다(samanupassati). 특히 상수멸을 다룰 때, 이 경전은 명확히 구분되는 두 개의 이질적인 문헌요소로 이루어져 있다는 점을 드러낸다. "상수멸-해탈 이론"에서 전형적인 "혜로써 보고 漏가 소멸한다"고 하는 서술 이후, 다시 상수멸에서 나와서 그것의 무상성을 반추한다는 것은 부자연스럽기 때문이다. 이 점에서 이 경은 "부정적-지적" 경향에서 "긍정적-신비적" 흐름을 통합하고자 한 시도로 읽힌다.

슈미트하우젠이 이어서 검토하는 경은 Cūḷasuññatasutta이다. 그는 Cūḷasuññatasutta가 기본적으로 Anupadasutta와 같은 사상적 흐름에 속하는 것으로 간주한다.

Cūḷasuññatasutta는 공성의 단계가 점점 더 높아지는 방향을 서술하고 있다. 첫 단계에서 비구는 마을이라는 想(gāmasaññā)과 사람이라는 想(manussasañña)으로부터 주의를 돌려 한결같이(ekatta) 숲이라는 상(araññasaññā)에 마음을 집중한다. 그리고 그는 마을과 사람이라는 想 때문에 발생하는 번민은 더 이상 없지만, 숲이라는 想에 관한 번민은 있다는 것을 이해한다. 다음 단계에서 비구는 땅의 想과 공무변처·식무변처·무소유처·비상비비상처[27]에 차례로 집중한다. 그리고 비구는 이전 단계의 想은 空이지만 현 단계의 想과 그로 인한 번민은 공이 아님을 안다.

마지막 단계에서 비구는 無相心三昧(animitto cetosamādhi)에 마음을 고정시킨다. 슈미트하우젠은 무상심삼매가 상수멸과 동일한 것은 아니지만 밀접하게 연관된 것으로 간주한다. 비구는 이 상태에서 가장 미세한 형태의 想도 소멸해 공이라는 것을 인식하지만, 여전히 명근과 여섯 감관을 포함한 신체가 남아 있기 때문에 발생하는 번민은 있다는 것을 안다.

그러나 이 경전은 여기서 멈추지 않고 무상심삼매 상태에서 다시 한 번 출발한다. 그러나 이 때 그는 무상심삼매라는 가장 높은 선정 상태조차 의도적으로 만들어진 것이고(abhisaṅkhata) 의도적으로 발생된 것이어서(abhisañcetayita), 그런 상태조차 무상하고 소멸하는 속성을 가진 것이라고 안다. 비구는 이러한 인식으로 말미암아 비로소 모든 漏로부터 벗어나고 자신이 해탈했다는 것을 자각하며, 아라한의 정형구를 설한다. 이후 경전은 이때까지의 일반적인 패턴으로 돌아간다. 비구는 그의 의식이 漏에 대해서는 공이지만, 명근과 여섯

27) 비상비비상처는 한역에서 누락되어 있다.

감관을 포함한 신체가 여전히 존재한다는 사실로 인한 번민이 있다는 것을 인식한다. 그리고 이것이 空性의 최고 형태라고 설해진다.

이상의 분석을 통해 슈미트하우젠은 이 경의 마지막 부분이 중복이라는 것을 명확히 한다. 그는 이 경전이 원래의 판본과 개정된 판본을 병치한 것이라고 설명한다. 이러한 각도에서 볼 때, 마지막 두 부분의 두 번째 판본은 명백히 상수멸 계통의 구성요소를 "지적" 경향으로 "통합"하려는 또 다른 시도로 보인다. 이 경우 "통합"은 마지막 부분의 개정된 부분을 단순히 덧붙임으로써 이루어진 것이다. 개정된 부분이 해탈을 오직 무상심삼매를 근거로 해서만 발생하는 것으로 다루는 한, "상수멸-해탈이론"을 따르는 것으로 보인다. 그러나 해탈은 무상심삼매 속에서 혹은 그것에 의해서가 아니라, 가장 고양된 형태의 명상도 무상하다는 것, 곧 부정적 본질에 대한 이해에 의해서만 획득된다. 그러한 이해는 무상심삼매 속에서는 발생하지 않고 오직 그 상태에서 나온 후에야 발생한다. Cūlasuññatasutta에서는 이러한 이해가 실재로 무상심삼매에 머무는 것을 전제로 한다는 명확한 언급이 없다. 그리고 그것은 무상심삼매 이전의 상태에 대해서도 마찬가지다. 슈미트하우젠은 이러한 통합이 특정한 "지적" 흐름의 대표자에 의해 이루어졌다고 간주한다. 만약 그렇다면, 최고의 집중 상태를 포함한 모든 것이 무상하다는 이해를 위해서는 실제로 거기에 들어갈 필요가 전혀 없으며, 또한 이런 관점에서 볼 때 특별한 태도와 많은 노력이 필수적이지 않을 것이다.

이상으로 슈미트하우젠은 "부정적-지적" 경향에서 이루어진 통합의 시도를 분석한 후 학파적 발전을 간략하게 서술한다. 그가 소개하는 학파는 설일체유부와 팔리 상좌부다. 그리고 『성실론』과 대승불교의 解脫智에 대해 매우 간략히 묘사한다. 여기서는 유가행파의 해탈도와 밀접하게 관련된 설일체유부와 『성실론』의 해탈도만 요약·소개하고 대승불교에 관한 그의 견해를 알아보기로 한다.

2. 解脫智의 전개 양상

1) 설일체유부의 解脫智

설일체유부의 解脫智는 그것이 4제의 이해를 통해 발생한다는 전통적인 견해를 충실히 계승하고 있다. 그러나 설일체유부는 4제에 대한 이해의 구조를 매우 정밀하게 체계화했다. 슈미트하우젠은 그 동기 중 하나를 앞서 요약한 여러 발전들의 본질적 국면을 통합하려는 시도로서 이해한다.

먼저 지적해야 할 것은 解脫智의 단계를 구별하는 것이다. 그것은 진리에 대한 최초의 통찰(darśanamārga, 見道)과 그에 따른 반복적 실천(bhāvanāmārga, 修道)이라는 구도다. 見道에서 발생하는 4제에 대한 최초의 통찰은 5견(有身見, 邊執見, 邪見, 見取見, 戒禁取見)과 疑만을 끊는다. 이로써 解脫智의 내용과 결과 사이에 심리적으로 개연적인 관계의 추구가 완벽하게 달성된다[28]. 5견이 진리에 대한 이성적 무지라는 성격을 갖고 있다면 진리에 대한 인식이 발생한 순간 자동적으로 그것은 사라질 것이기 때문이다. 해탈이 존재의 부정적 본질, 곧 무상·고·무아를 이해하는 것에 의해 획득된다고 하는 "부정적-지적" 경향의 설은 4제를 16행상(ṣoḍaśākāra)으로 관찰하는

---

28) 견도·수도설의 성립과 10수면설의 발달 사이의 상호연관성에 대해서는 Frauwallner[1995: 153-179] 참조.

가운데 고제의 4행상을 이해하는 것으로 통합되었다. 解脫智에 선정이 필수불가결한 것으로 요구되지 않는다는 설은, 그것을 未至定(anāgamya)에서도 획득할 수 있다는 이론으로 통합되었다. 未至定이란 일상적인 마음 상태와 선정의 가장 낮은 단계인 초선 사이에 있는 어떤 종류의 중간 상태를 일컫는다. 그렇지만 解脫智는 초정려와 제2정려의 중간인 中間定(dhyānāntara)이라 불리는 상태뿐 아니라 4정려 중 어디에서도 획득할 수 있다. "해탈도의 전형적 서술"에서와 같이 오직 제4정려에서만 解脫智가 발생한다고 하는 것은 붓다의 경우만을 가리키는 것으로 설명되었다.[29)]

다음으로 Mahāmāluṅkyasutta에서처럼 解脫智가 3무색정에서도 발생할 수 있다고 하는 설은 修道의 단계로 통합되었다. 解脫智의 내용을 열반이라고 간주하는 견해 또한 멸제를 열반과 동일시함으로써 4제에 대한 통찰을 통한 해탈이라는 이론으로 통합되었다. 그러나 설일체유부는 상수멸(=멸진정)을 통한 해탈이라는 설을 거부한다.[30)]

설일체유부에서는 견도에 도달하기 위한 예비 단계 또한 정밀하게 체계화했다. 설일체유부에서 견도에 도달하기 위한 예비 단계가 어떻게 형성되었는가 하는 점에 대해서는 프라우발너[1995: 162f, 179ff]의 분석이 매우 유익하다. 그는 法勝(Dharmaśrī 혹은 Dharmaśreṣṭhin)의 『阿毘曇心論(Abhidharmasāra 혹은 Abhidharmahṛdaya)』[31)] 「賢聖品」을 출발점으로 설일체유부의 해탈도가 형성된 과정을 분석하고 그것

---

29) 안성두[2002: 149, 2004: 75]는 설일체유부의 견도설의 특징을 다음과 같이 요약한다. 첫째, 견도의 解脫智는 단계적이다. 둘째, 解脫智는 직접지각뿐 아니라 유비적 추론으로 이루어져 있다.

30) 이상은 Schmihausen[1981: 240-241] 참조.

31) Frauwallner[1995: 152]는 『아비담심론』이 『발지론』보다 먼저 성립되었다고 간주한다. Willeman, Charles; Dessein, Bart; Cox, Collett[1998: xi, 256 n.8]은 B.C. 1C 경 박트리아에서 지은 것으로 본다.

을 '현관론(Abhisamayavāda)'으로 특징지우고 있다. 그에 따르면 설일체유부에서 견도의 예비 과정은 4념처설과 4선근설로 체계화된다.

4념처설은 초기경전에서도 매우 보편적인 예비 단계에 속하는 것이다. 일반적으로 4념처설은 간략하게 언급될 뿐이지만, 예외적으로 Mahāsatipaṭṭhānasutta(DN 22, II 290-315)와 Satipaṭṭhānasutta(MN 10, I 55-63)[32]에서는 자세히 설명된다. 이를 法勝의 서술과 비교할 때 놀라운 점은, 法勝의 서술이 매우 간결하다는 것을 고려하더라도, 양자 간에 개별적으로는 대응하는 내용이 없다는 것이다. 신념처를 행할 때, 몸을 부정하고 무상하며 고통스럽고 무아라고 관찰하는 것은 법승의 서술에서는 다음 단계를 위해 중요한 것이지만, Satipaṭṭhānasutta에서는 대응하는 서술을 찾을 수 없다. 게다가 법념처는 전혀 다르게 취급한다. Satipaṭṭhānasutta에서 법념처는 5蓋, 5취온, 12처, 7각지, 4제를 차례대로 관찰하는 것이다. 거기에는 법승의 서술에서와 같이 4념처의 대상이 되는 것 모두를 무상·고·공·무아로서 관찰한다(總觀 혹은 同觀)고 하는 문제의식은 발견되지 않는다. 그러므로 프라우발너는 法勝이 4념처를 예비 단계로 놓은 것은 단순히 자신의 이론을 초기경전에 나타난 전통적 이론과 연결하고 경전적인 출발점을 획득하기 위한 수단으로 사용한 것이라고 결론내린다.

이에 비해 4선근을 도입한 것은 전혀 다른 상황을 보여주고 있다. 4선근위의 각 단계는 엄격하게 상위 단계를 향해 체계적으로 배열되어 있다. 각 단계에서는 4제가 관찰의 대상이 되는데 이러한 과정은 견도에 이르기까지 강화된다. 프라우발너는 이 점으로 미루어 보아 4선근위는 전혀 새로운 이론적 창조물로 본다. 물론 4선근위는 초기

---

32) 『中阿含經』 제98 「念處經」(대정1, 582b7-584b29), 『增一阿含經』 「入道品」 제1(대정2, 568a1-569b12).

경전상의 전거를 갖지 않는다. 초기경전에 나타난 "해탈도의 전형적 서술"은 5蓋를 제거하고 4정려에 들어 제4정려에서 解脫智를 얻는 것으로서, 더 이상의 예비 단계를 상정하지 않기 때문이다.

그렇다면 이와 같이 4선근설을 도입한 이유는 무엇이고 무엇이 이를 이끌었을까? 이를 명확히 하기 위해 프라우발너는 다음을 고려하는 것이 불가피하다고 설명한다. 초기경전에 나타난 "해탈도의 전형적 서술"에서의 解脫智는 4정려에 드는 것을 전제로 한다. 그러나 법승의 새로운 이론에서는 그것에 대한 언급이 없다. 4념처와 4선근, 그리고 견도는 단절됨이 없이, 그리고 선정에 들어간다는 어떤 언급도 없이 이어져 있다. 다만 「현성품」 제7송과 그 주석에서 煖位와 頂位는 욕계에서도 발생할 수 있는 것으로 설명하고 忍位와 世第一法位는 未至定과 중간정, 그리고 4정려에서 발생할 수 있다고 간주한다. 未至定을 포함한 것에서 알 수 있듯이 인위와 세제일법위 역시 반드시 4정려에 들어가는 것을 전제로 하는 것은 아니다. 이는 4제에 대한 인식이 일상적인 사고 형태로 작용하는 이성적인 인식이어서, 제자들의 解脫智와 관련해서는, 반드시 신통과 연관된 제4정려에 들지 않더라도 획득가능한 것이기 때문이다. 이러한 과정은 견도에서 끊어야 하는 번뇌와 수도에서 끊어야 하는 번뇌를 분리하고, 전자를 이성적인 인식에 의해 그리고 후자를 명상에 의해 끊는다고 하는 10수면설의 발전 과정과 완전히 일치한다.

하지만 어떻게 이러한 종류의 인식을 창안해 냈는가 하는 의문은 여전히 남는다. 붓다가 정각의 과정에서 획득한 인식은 결코 일상적인 인식이 아니기 때문이다. 이러한 의문은 法勝이 서술한 해탈도를 상기함으로써 해결할 수 있다. 法勝에 따르면 4제는 4선근위에서부터 단계적으로 숙고되고, 견도에 이르기까지 그러한 숙고는 강화된다. 그리고 마침내 견도에서는 직접적인 봄(darśana)의 단계로까지 고양되면서 지극히 짧은 시간 안에 4성제 대한 확실성을 획득하는 것이다. 이것은 마치 섬광과도 같은 일종의 직관적 인식이다. 그것은 여전히 명상과는 분리되어 있지만 일상적인 인식의 범주는 넘어서는 것이다. 설일체유부의 해탈도는 오직 4제만을 관찰함으로써 수면(anuśaya)을 없애는 것이다. 4제에 대한 인식은 직관을 본질로 하기 때문에 명상은 불필요한 것으로서 배경으로 사라진다. 그러므로 천안통과 숙명통은 설일체유부의 해탈도에서는 사라지게 되는 것이다. 그러나 이러한 직관은 별개의 예비 과정을 요구하는데, 이러한 요구에 부응한 것이 4념처와 4선근위의 도입이라고 프라우발너는 설명한다.

여기에서 우리는 설일체유부의 해탈도를 규정하는 가장 큰 특징 중 하나와 만나게 된다. 그것은 바로 '현관(abhisamaya)'의 개념이다. 현관의 개념이 초기경전에 나타나지 않는 것은 아니지만 전문술어적 의미로 사용되지는 않았다. 그것은 abhisambodha, abhisameti, pajānāti 등과 유사동의어로 사용되었다. 반면에 설일체유부에서는 견도를 특징짓는 개념으로 사용되고, 특히 미륵 5법의 하나인 『현관장엄론(Abhisamayālaṃkāra)』과 그 주석서에서는 논서의 제명으로 사용될 정도로 새로운 이론의 특징적인 개념으로 자리잡는다. 이 점에서 프라우발너는 그것을 '현관론(Abhisamayavāda)'이라 규정하는 것이다.[33)]

2) 『성실론』의 解脫智

슈미트하우젠은 『성실론』의 해탈도에 대해서는 몇 가지 잠정적인

---

33) 이상은 Frauwallner[1995: 179-184] 참조.

힌트만 제시하는 데 그치고 있다.

『성실론』은 먼저 해탈이 4성제에 대한 전반적인 이해를 통해 획득된다고 하는 설일체유부의 견해를 명백히 거부한다[34]. 『성실론』에 따르면 4성제는 세속제일 뿐이기 때문이다[35]. 이는 "해탈도의 전형적 서술"에서 제기한 解脫智 이론이 거부되었음을 의미한다. 몇몇 문장에서 번뇌를 단멸하는 과정에서 결정적인 역할을 하는 것이 고제의 파악[36], 곧 5온을 무상과 고, 특히 공과 무아로 파악하는 것[37]과 일치하지만, 다른 문장에서 『성실론』은 세간적 요소의 부정적 본질에 대한 통찰이 解脫智는 아니라고 강조한다[38]. 엄격하게 말하면 번뇌는 유일한 승의제인 멸제를 통찰함에 의해서만 제거된다[39]. 5온의 무아와 밀접히 연관된, 그리고 명백히 그것에 의해 직접적으로 유발된 이 통찰[40]에는 세간적 요소에 관한 더 이상의 어떤 지각이나 개념도 없고, 마음은 무위로서의 멸제만을 대상으로 한다[41]. 모든 법이 본질적인 무아성으로 말미암아 영원히 지멸했기 때문이다. 解脫智가 멸제(곧 열반)에 대한 통찰[42]이라는 『성실론』의 견해는 "상수멸-해탈 이론"을 근저로 하는 것으로 보인다.

그러나 『성실론』에 따르면, 解脫智는 신비적 황홀상태를 요구하지 않고, 4정려 중 하나에 들어가는 것조차 요구하지 않으며, 욕계의 정상적인 정신 상태에서도 획득될 수 있다[43]. 이러한 의미에서 『성

---

34) 『성실론』(대정32, 362c5ff, 특히 362c27ff; 363a16f; 363a19ff.).
35) 『성실론』(대정32, 363a19-23).
36) 『성실론』(대정32, 372a28-b1).
37) 『성실론』(대정32, 372b2; 362b2).
38) 『성실론』(대정32, 362b2f; 332c20ff).
39) 『성실론』(대정32, 323c12f; 324c3; 372b3; 363a28; 363b13).
40) 『성실론』(대정32, 372b2f; 370b28).
41) 『성실론』(대정32, 332c11f).
42) 『성실론』(대정32, 362b1; 362c1f; 346a10f).

실론』은 解脫智가 발생할 수 있는 가장 낮은 단계로 욕계와 초선 사이에 삽입된 未至定을 인정한 설일체유부보다 더 "지적인 경향"이다. 그러므로 만약 세간적 요소의 부정적인 본성에 대한 파악이 解脫智에 대한 예비적 국면을 언급하는 것으로 해석된다면, 『성실론』의 입장은 팔리어본 Mahāmāluṅkyasutta와 가장 밀접한 것으로 보인다. 전체적으로 解脫智에 관한 『성실론』의 견해는 팔리학파와 유사한 것으로 보이지만, 가장 중요한 차이점 중 하나는 멸제와 그것에 대한 통찰이 더 지적이라는 점이다. 다른 하나는 『성실론』이 무아를 법무아의 의미에서 해석해서 세간적 존재의 부정적 본성에 관한 명상과 멸제에 대한 통찰 사이에 유기적인 연결을 획득한다는 사실이다.

이어서 그는 대승불교의 해탈도에 대해서 지극히 간략하게 언급한다. 그에 따르면 대승불교는, 비록 학파마다 강조점은 다르지만, "긍정적" 전통과 "부정적" 전통이 내적으로 융합된 것이다. 그러나 형식적인 측면에서 보면 解脫智에 관한 대승적 이론은 명백히 신비적 체험을 언급한다. 그리고 열반을 신비적·존재론적으로 선취한다고 하는 점에서 멸진정과 유사한 것이다.[44]

---

43) 『성실론』(대정32, 339a2ff).
44) 이상은 Schmithausen[1981: 244ff] 참조

II 근본무분별지의 형성 과정

『섭대승론』에서 근본무분별지는 見道에서 발생하는 최초의 解脫智다. 그것의 성격을 이해하기 위해 선행 문헌에서 견도에서 발생하는 智를 어떻게 설명하고 있는가를 계통적으로 살펴보고자 한다.

제1장에서도 보았듯이 解脫智는 궁극적 실재를 대상으로 하는 인식이다. 따라서 선행 문헌에서 반드시 견도라는 수행 단계에서 발생한다는 명확한 언급이 없더라도, 궁극적 실재를 대상으로 하는 智에 대한 서술이 나타난 부분도 고찰의 대상으로 삼는다. <보살지>와 이에 대한 <섭결택분>의 경우 견도·수도·무학도라는 수행계위설을 채택하고 있지 않고[1], 10지설에 기반을 둔 13주설 혹은 7주설을 채택하고 있다. 견도설과 결합하지 않은 10지설에서는 궁극적인 실재에 대한 인식은 제8지에서 발생하는 것으로 설명한다. 『섭대승론』의 근본무분별지 개념에 가장 직접적인 영향을 준 문헌이 <보살지>와 그에 대한 <섭결택분>이라는 사실을 고려할 때, <보살지>와 <섭결택분>에 나타난 궁극적 실재를 인식하는 智에 대한 고찰

---

1) 단 <섭결택분>에 인용된 『해심밀경』은 예외적이다.

은 불가결하다.

『유가사지론』에서는 견도에서 발생하는 智 혹은 궁극적 실재를 보는 智를 다양한 개념으로 제시하고 있다. 예를 들어 <문소성지>의 出世間智, <성문지>의 善淸淨智見, 所緣能緣平等平等智, 無分別決定智現見智, <보살지>의 法無我智, 인식 대상에 대해 진실을 깨닫고 통달하기 위한 혜(能於所知眞實隨覺通達慧), 微細慧, 妙聖智, 無分別智, 眞如無分別平等性出離慧, 眞如無分別慧, 入一切法第一義智 등이다[2]. 이 중에서 근본무분별지의 개념과 가장 깊게 관련된 것으로 보이는 <성문지> 제4유가처의 所緣能緣平等平等智와 無分別決定智現見智, 그리고 <보살지> 「진실의품」의 무분별지와 「주품」의 진여무분별혜의 개념을 고찰하기로 한다.

이어서 살펴볼 것은 『섭대승론』의 무분별지 개념 정의의 직접적인 기원으로 간주되는 <섭결택분>의 무분별혜의 5상이다. 무분별혜의 5상은 『대승아비달마집론』을 거쳐 『섭대승론』에 수용되므로 『대승아비달마집론』의 5상도 함께 고찰하며, 더불어 『대승아비달마집론』의 견도설 중 첫 번째 규정인 所取能取無所得智의 개념을 살펴보기로 한다.

『대승장엄경론』에서는 무분별지 개념이 산발적으로 설해져 있다. 본 연구에서는 「교수교계품」에 설명된, 견도에서 발생하는 智를 중심으로 살펴보고자 한다.

『섭대승론』은 「증상혜학분」에서 집중적으로 무분별지의 다양한 측면을 다루고 있다. 그 중에서도 무분별지의 본질과 인식 대상 그리고 행상을 중심으로 그 성격을 고찰하고자 한다.

---

2) 橫山紘一[1980: 211] 참조.

1. 『유가사지론』에서 解脫智

1) 〈성문지〉에서 解脫智

(1) 所緣能緣平等平等智

<성문지> 제4유가처에서는 4선근위에 해당하는 출세간도의 勝解作意에서 발생하는 智를 所緣能緣平等平等智라 부른다. 이 智가 발생하게 되는 과정을 간략히 서술하면 다음과 같다. <성문지> 제3유가처에서 제시된 준비적인 단계의 수행을 끝낸 수행자는 세간도와 출세간도 중 하나를 선택해 보다 높은 단계의 수행도로 나아간다. 출세간도를 선택한 수행자는 4제, 특히 고제에 대한 심화된 수습을 통해 苦와 集이 무한하다는 인식을 얻는다. 그 후 그는 열반에 들기를 원하지만, 열반에 들어가지 못한다. 그것은 그에게 아직도 '내가 옛부터 윤회해 왔고, 내가 앞으로도 윤회할 것이다. 나는 열반에 들고자 하며, 나는 열반에 들기 위해 선법을 수습한다. 내가 고·집·멸·도를 관찰한다. 내가 공·무원·무상을 본다'하는 형태로 거친 아만이 남아 있기 때문이다. 이 거친 아만을 제거하기 위해 수행자는 자기 자신의 마음을 대상으로 하여 4제 16행상으로 관한다. 이를 반복함으로써 수행자는 외계의 대상뿐 아니라 자기 자신의 마음 또한 4제로 관하면서 거친 아만을 끊게 된다. 그리하여 발생하는 下忍에 속하는 소연능연평등평등지를 煖으로, 中忍에 속하는 소연능연평등평등지를 頂으로, 上忍에 속하는 소연능연평등평등지를 順諦忍이라 부르는 것이다.

이 때 소연능연평등평등지란 자기 자신의 마음을 대상으로 관찰할 때 무상·고·공·무아라는 측면에서 전찰나의 마음과 후찰나의 마음

이 동일하다는 의미로 이해된다[3]. 이를 통해 거친 형태의 아만을 제거하고 계속되는 마음의 관찰을 위한 加行을 멈추고, 無加行[4]에 무분별한 심을 둔다.[5] 그때 그의 마음과 인식 대상은 소멸한 것 같지만 소멸한 것이 아니다. 또한 혼침에 빠진 것도 아니라 명료한 샤마타[6]의 행상을 하고 있다. 일부는 이 상태를 現觀(=견도)으로 착각하지만 이 상태가 견도에 들어간 것은 아니다. 이 상태가 계속 지속되어 견도가 발생하기 직전의 상태를 世第一法位라 한다.[7]

이상의 설명에서 등장하는 소연능연평등평등지라는 개념은 『아비달마집론』에서는 견도에 대한 두 번째 정의로 거론되고[8], 『섭대승론』 III-9[9]에서는 법계에 머물 때 곧 견도에서 발생하는 지로 묘사되고 있다. <성문지>에 사용된 용법을 그대로 적용한다면, 『대승아비달마집론』에서는 <성문지>와 마찬가지로 이전의 마음과 현재의 마음이 4제라는 측면에서 동일한 것이라는 인식을 의미하는 반면, 『섭대승론』에서는 智가 자기 자신을 대상으로 眞如라는 측면에서 관찰한다는 의미로 해석하는 것이 가장 타당할 것이다.[10]

이와 같이 견도를 정의할 때 사용되는 용어가 원래 4선근위에 사용되고 있는 것은 이후 유가행파의 문헌에서 4선근위를 유식성과 관련시켜 설명하는 근거가 된다[11]. 그리고 소연능연평등평등지라는 용

---

3) Schmithausen[1983: 262] 참조.
4) 무가행(anabhisaṃskāra)에 관련된 문제에 대해서는 후술한다.
5) ŚrBh 499,18-20: yo 'sāv uttarottaraś cittaparīkṣābhisaṃskāraḥ tam abhisaṃskāraṃ samutsṛjya anabhisaṃskāratāyāṃ nirvikalpaṃ cittam upanikṣipati; 이 문장에 대한 교정은 안성두[2002: 164, n.51]에 따랐다.
6) 샤마타에 속하는 상태라는 문장은 범본에는 없으며, 티벳역(ŚrBh$_t$ P Wi 230a7)과 한역(『유가사지론』(대정30, 475c17f)에 따라 보충했다.
7) 이상은 ŚrBh 499,7ff; 안성두[2003: 268f] 참조.
8) AS[P] 66,4; ASt P Li 110b2, D Ri 93a1-2; 『대승아비달마집론』(대정31, 687b16)
9) MS(下) 64,12f.
10) Schmithausen[1983: 262].

어 자체는 『수행도지경』의 직접적인 영향 아래 성립했다는 사실 또한 이미 지적되었다.[12)]

그러나 『섭대승론』에 나타난 능연소연평등평등지의 해석에 대해서는 세친과 무성의 주석 사이에 미묘한 차이가 보인다. 세친은 所緣을 眞如, 能緣을 眞智라 규정하고 이 둘이 동일하다고 주석한다.[13)] 반면 무성은 소연이 존재하지 않는 것과 같이 능연도 존재하지 않으므로 비존재라는 점에서 소연과 능연 양자가 동일하다고 주석한다.[14)] 안혜도 무성과 마찬가지 방식으로 이 용어를 사용하고 있다.[15)] 이와 같은 해석의 차이는 능연과 소연을 각각 무엇으로 규정하느냐 하는 데 기인한다. 다시 말해 세친은 능연을 智, 소연을 眞如라고 하는 긍정적인 측면으로 이해해서 '진여와 차이가 없는 인식'이라는 의미로 해석하는 반면, 무성과 안혜는 능연을 능취, 소연을 소취라고 해서 부정적인 측면으로 이해함으로써 '능취와 소취가 존재하지 않는다는 인식'이라는 의미로 해석하는 것이다.

한편, 앞서 언급했듯이, 『섭대승론』의 본문은 '법계에 직접적인 방식으로 머물 때'[16)]라고 해서 부정적인 측면보다는 긍정적인 측면에서 해석하는 것으로 보인다. 『섭대승론』 III-9가 변계소집성과 의타기성, 그리고 원성실성을 각각 어떻게 증득하는가 하는 점을 설하고 소연능연평등평등지가 그 중 원성실성에 대한 증득을 설명하는 과정에서 등장한다는 점은 이러한 해석을 뒷받침한다. 그러므로 무착과

11) 안성두[2003: 270] 참조.
12) 안성두[2003: 270] 참조.
13) 『섭대승론석』(대정31, 352a1f.) 티벳역은 Ⅲ-9에 대한 주석이 결락되어 있다.
14) MSU P Li 299b5-6, D Ri 246a1-2 ; 『섭대승론석』(대정31, 416a10f).
15) Triṃś 43,17f.
16) MS(下) 64,11f.

세친이 이 용어를 원래 용법에 맞게 구사하는 반면 무성과 안혜는 이와는 다른 방식으로 이 용어를 사용한다는 것을 확인할 수 있다.

그렇다면 무성과 안혜가 능연과 소연을 각각 능취와 소취로 간주해 부정적인 의미로 이해하는 배경은 무엇일까? 거기에는 『대승장엄경론』과 『중변분별론』에서 유래하는 '入無相方便相'이라는 수행법이 자리잡고 있는 것으로 보인다. 唯識에 입각해서 소취와 능취를 제거해 나가는 수행법인 '입무상방편상'은 『섭대승론』에서는 4尋思·4如實智에 통합되어 있지만, 미륵 계통의 논서에서는 4尋思·4如實知를 대체하는 중심적인 수행법으로 자리잡고 있기 때문이다.

(2) 無分別, 決定智·現見智

<성문지> 제4유가처에서는 가행위에 해당하는 승해작의에 이어 견도에 해당하는 遠離作意에 대한 설명에서 세제일법 직후에 4제에 대해 決定智(niścayaṃ jñānam)와 現見智(pratyakṣaṃ jñānam)가 발생한다고 서술하고 있다. 그리고 이 두 智는 무분별(nirvikalpa)로서 특징지워진다. 결정지란 드러난 [4]제, 곧 욕계의 4제에 대한 인식이고, 현견지란 드러나지 않은 [4]제, 곧 색계와 무색계의 4제에 대한 인식이다.17)

여기서 우리는 두 가지 사실에 주목해야만 한다. 첫째는 유부의 견도설에서는 유비적 인식(anvayajñāna, 類智)으로 특징지워진 상2계의 4제에 대한 智가 <성문지>에서는 직접지각으로 간주되는 점이

---

17) ŚrBh 500,16f: vicāriteṣu satyeṣu anupūrvvenaiva nirvvikalpa[ṃ] pratyakṣa[vi]parokṣeṣu niścayajñānaṃ pratyakṣajñānam utpadyate /; 텍스트의 교정은 Schmithausen[1982: 80, n.122] 및 안성두[2002: 154, n.22] 참조.

다.[18] 둘째는 이러한 결정지와 현견지가 대승적인 초세간적 인식을 특징짓는 無分別이라는 용어로 기술된다는 점이다.

먼저 유부의 설과는 달리 상2계에 대해서도 직접지각에 속하는 인식이 발생한다는 사실을 살펴보자. 상2계에 대한 인식을 직접지각으로 간주하는 이유와 관련해서, 영상의 산출과 제거의 반복을 통해 영상을 명료히 하는 止觀의 과정이 궁극에 이를 때, 영상을 넘어 인식 대상 자체에 대한 직접지각이 발생할 수 있다는 <성문지>의 독특한 수행법과 관련지어 해석해 볼 수 있다.[19]

<성문지> 제3유가처에서는, 예를 들어 부정관을 수습하는 자가 不淨의 행상을 작의하고, 작의한 후에는 인식 대상을 除遣(vibhāvanā) 하며 제견한 후에는 다시 승해를 통해 不淨의 影像을 그려 내는 것을 반복한다고 한다. 이는 마치 화가의 제자들이 처음 그림을 배울 때 그림을 그리고는 지우고 다시 그리고 지우는 행위를 반복함에 의해 명료한 그림을 그릴 수 있는 것과 같다. 마찬가지로 요가행자 또한 인식 대상의 영상을 산출만 하는 것이 아니라 산출과 제거를 반복함으로써 영상을 넘어서서 인식 대상 자체를 눈앞에서 직접지각하는 단계로까지 고양시킨다. 止와 觀을 교대로 반복해서 수습함으로써 영상을 명료히 하는 과정에서 요가행자는 心一境性과 心身輕安을 얻게 된다. 심일경성과 심신경안은 상호간에 상승작용을 일으키는데 그 궁극적인 형태가 전의로 정의된다. 그리고 전의를 획득하였을 때 인식 대상에 대한 직접지각이 발생하는 것이다[20]. 상2계에 대한 직접

18) 안성두[2002: 154f] 참조.
19) ŚrBh, 196, 12ff; 梵文聲聞地(14) 331,19ff; 안성두[2003: 154f] 참조.
20) 상2계를 유비적 인식이 아니라 직접지각의 범주에 포함시킴으로써 法智와 類智의 구별이 의미가 없어진다. 이는 AS와 ASBh에서 苦法智忍이 욕계뿐 아니라 3계에 속하는 모든 見苦所斷의 모든 번뇌를 끊는다는 이론으로 발전한다.

지각 또한 이러한 과정을 통해 획득되는 것이라고 추측할 수 있다.

다음으로 견도에서 발생하는 智에 대한 기술에서 흥미로운 점은 그것이 무분별로 특징지워진다는 데 있다. 설일체유부에서는 사제에 대한 인식이 16행상으로 이루어진다는 점에서 무분별로 정의되지 않는다.

일반적으로 분별은 언어적·개념적 인식과 연관되어 있다. 따라서 무분별이란 언어적·개념적인 인식을 초월한 것이다. 이는 특히 『십지경』과 같은 대승경전이나 『유가사지론』 <보살지>에서 두드러진다. 그러나 <성문지>의 무분별 개념은 <보살지>와는 달리 엄격하게 언어적·개념적 인식의 의미로만 사용되지는 않고, 그보다 넓은 외연을 갖는다[21]. 이와 같은 <성문지>의 무분별 개념과 관련되어 보이는 것이 제2유가처에서 설명되는 遍滿所緣 중 첫 두 번째 인식 대상, 곧 有分別影像所緣과 無分別影像所緣에 대한 설명이다. 이 때 유분별은 영상의 산출, 곧 觀과 관련되고, 무분별은 영상의 소거, 곧 止와 관련된다. 이때 무분별은 영상의 상을 취하기는 하지만 관찰하지 않는 것 등을 의미한다[22].

그렇지만 제2유가처의 무분별이 제4유가처의 무분별과 동일하다고 보기는 힘들다. 제2유가처에서 무분별은 승해와 제견의 반복을 통한 영상의 명료화라는 준비적인 성격의 것임에 반해 제4유가처의 무분별은 견도 단계의 인식으로서, 영상의 재산출을 전제하고 있는 것은 아니기 때문이다.

더욱 곤혹스러운 점은 제4유가처의 출세간도에 대한 묘사에서는 영상의 산출과 제거의 반복이라는 준비적 과정에 대한 기술이 전혀

---

21) Schmithausen[1982: 80-81] 참조.
22) ŚrBh, 193,7ff. ; 梵文聲聞地(14), 339,12ff.

보이지 않는다는 점에 있다. 이는 본래 제4유가처의 무분별 개념이 제2유가처의 무분별영상 개념과는 역사적으로 아무런 관련이 없다는 것을 암시한다.[23]

그러므로 제4유가처의 무분별 개념을 제2유가처의 무분별영상 개념과 관련시켜 해석하는 것은 제4유가처 본래의 의도와 동떨어진 것일 수 있다. 그렇다면 이에 대한 최종적인 해석은 슈미트하우젠의 지적대로 『유가론』의 통삼승적 성격에 맞게 대승적인 수행을 전통적인 수행체험의 하위 형태로 통합하고자 하는 통합주의적 맥락에서 사용된 것이라고 보는 것이 가장 타당할 것이다.[24] 무분별이라는 용어가 견도뿐 아니라 견도 이전의 세제일법에 대한 묘사에서 등장한다는 점도 이러한 해석을 뒷받침한다.

이상과 같이 <성문지>의 체계에서 무분별이란 용어는 제4유가처와 제2유가처에서 서로 다른 기원을 갖는 것으로 이해된다. 이 중 <성문지>의 독자적인 무분별 개념으로서 후대의 무분별지 개념 성립의 한 측면에 영향을 미친 것은 제2유가처의 무분별 개념인 것으로 보인다. 다음에 살펴볼 <보살지>에서 유래하는 무분별지 개념과는 달리 <성문지>의 제2유가처의 무분별 개념은 영상의 제견이라는 수행방법과 밀접하게 연관된 것이기 때문이다. 물론 <보살지>에서도 想(samjñā)의 제견이라는 수행방법이 제시되고 있고[25], 양자는 제견이라는 방식상으로는 공통점을 갖는다. 그러나 <보살지>에서 제견의 대상이 엄격하게 언어적·개념적 구상작용으로 한정되어 있는 반면 <성문지>의 그것은 보다 넓은 적용 대상을 가진다. <성문

23) Schmihausen[1982: 82] 참조.
24) Schmithausen[1982: 83] ; 안성두[2002: 147f, n.6] 참조.
25) BoBh[D] 33,22-34,18 ; BoBh[W] 49,16-50,16.

지>의 제견이라는 수행방법은 『해심밀경』의 거쳐 『대승장엄경론』에서는 '입무상방편상'으로서 발전한다. '입무상방편상'에서 제시되는 능취와 소취의 제거라는 방식이 삼매 속에서 영상의 제견이라는 수행방식과 밀접한 연관을 가진 것은 분명해 보이기 때문이다.

2) 〈보살지〉의 무분별지

(1) 「진실의품」의 무분별지

<보살지> 「진실의품」은 진실로서의 대상(tattvārtha)을 법의 전체성인 盡所有性(yāvadbhāvikatā)과 법의 진실성인 如所有性(yathāvadbhāvikatā) 두 종류로 구분한다. 진소유성과 여소유성 개념은 <성문지>에서도 나타난다. <성문지> 제2유가처에서 설하는 遍滿所緣 중 事邊際性(vastuparyantatā)이 진소유성과 여소유성으로 정의되는 것이다. 이에 따르면 진소유성이란, 有爲는 모두 5온에 포함되고 18계와 12처에 의해 일체법이 포섭되며 4성제에 의해 모든 인식 대상이 포섭된다는 사실, 곧 법의 전체성을 가리킨다. 여소유성이란 인식 대상의 진실성, 진여성이며, 4종 도리에 의해 道理性을 가진 것이다.[26] <성문지> 제3유가처에서는 비파샤나를 4種慧行으로 정의하면서, 4종혜행의 첫째인 能正思擇(vicinoti)을 진소유성이라는 측면에서 正行·善巧·淨惑所緣을 관찰하는 것으로 정의하고, 둘째인 最極思擇(pravicinoti)을 여소유성이라는 측면에서 正行·善巧·淨惑所緣을 관찰하는 것으로 정의하기도 한다[27].

---

26) ŚrBh 195,13-196,11 ; 梵文聲聞地(14) 333,16-331,12.
27) ŚrBh 5-10.

「진실의품」은 이어서 진실을 양태(paryāya)에 따라 네 가지로 재분류한다. 네 가지란 세간에서 상식적으로 인정되는 진실(lokaprasiddhatattva, 世間極成眞實), 논리에 의해 인정되는 진실(yuktiprasiddhatattva, 道理極成眞實), 번뇌장으로부터 청정해진 지의 영역인 진실(kleśāvaraṇaviśuddhijñānagocaratattva, 煩惱障淨智所行眞實), 소지장이 청정한 지의 영역인 진실(jñeyāvaraṇaviśuddhijñānagocaratattva, 所知障淨智所行眞實)이다. 이 중에서 전자 둘은 세간적인 진실이고 후자 둘은 출세간적인 진실이다. 그러므로 궁극적인 실재를 보는 智는 후자 둘에서 설명된다.

번뇌장정지소행진실은 4제를 가리킨다. 따라서 번뇌장정지란 慧에 의해 4제를 관찰해, 4제 이외에 자아라고 하는 것은 존재하지 않는다는 것을 반복해서 닦음으로써 발생하는 智이다. 번뇌장정지는 성문과 연각의 解脫智로 설명된다.28)

한편 소지장정지소행진실은 다음과 같이 정의된다.

> 그런데 그것(소지장이 청정해진 智의 영역인 진실)은 무엇인가. 모든 법이 언표 불가능성을 본질로 하는 것에 관해, 보살들과 불세존들이 법무아성을 이해하기 위한, 이해한 후에는 매우 청정한, 假說된 언어를 본질로 하는 것을 분별하지 않는 것과 동일한 智29)로 [인식하는] 영역인 대상이다.30)

---

28) Schmithausen[1983: 264]는 이러한 방식의 배열이 상호 이질적인 대승적인 해탈도와 소승적인 해탈도를 철학적으로나 교리적으로 일관된 체계로 통합시키려는 세 가지 모델 중 하나라고 지적한다.

29) BoBh[D]와 BoBh[W]는 samena앞에 jñeya가 삽입되어 있지만 티벳역(BoBht P Shi 25b7, D Wi 21b4: … rnam par mi rtog pa dang/ mtshung pas …)과 현장역(『유가사지론』(대정30, 468c20-21: … 於一切法離言自性假說自性. 平等平等無分別智所行境界…)에는 상응하는 단어가 빠져 있다. 이에 따라 jñeya를 빼고 번역했다. 高橋晃一[2005: 87,15]도 이와 같이 교정하고 있다.

30) BoBh[D] 26,12-14 ; BoBh[W] 38,22-25 ; 高橋晃一[2005: 87,13-15].

<보살지>, 특히 「진실의품」은 언어표현과 언어표현되지 않는 事(vastu)라는 이중 구조를 바탕으로 한다. 위 인용문에서 所知障淨智란 언어를 본질로 하는 것을 분별하지 않는 智와 동일한 智라고 설명한다. 이 때 그 智란 假說된 언어를 분별하지 않는 智이므로, 언어적·개념적인 것을 대상으로 하지 않는 智를 의미할 것이다. 이 智는 다음과 같이 표현되기도 한다.

> 실로 그 보살은 그 법무아(法無我)를 깊이 이해한 智에 의해, 모든 법들이 언어표현할 수 없는 것을 본질로 하는 것(離言自性)을 여실히 알고 난 후, 事일 뿐(唯事)임을, 진여일 뿐(唯眞如)임을 파악하는 것을 제외하고는 어떠한 법도 결코 분별하지 않는다. 또한 이 [보살]은 이와 같이 '이것은 事일 뿐이고 진여일 뿐'이라고 생각하지 않는다. 오히려 그 보살은 [최상의] 대상을 실천한다. 최상의 대상을 실천하면서, 그 진여와 동일한 모든 법들을 여실하게 반야로써 본다.[31]

> 그 일체법의 승의의 본질은 다름 아닌 무분별지의 대상이라고 알아야 한다.[32]

여기서 설명되는 智는 가설을 본질로 하지 않는 것, 곧 언어표현되지 않는 것을 본질로 하는 진여를 파악하는 智다. 앞선 인용문에서 '假說된 언어를 본질로 하는 것을 분별하지 않는 것과 동일한 智'란 바로 이러한 의미일 것이다. 법무아에 깊이 들어간 보살은 언어표현할 수 없는 것을 본질로 하는 진여를 결코 분별하지 않는 방식으로 파악한다. 그는 色을 色이라는 명칭으로 파악하지 않을 뿐

---

31) BoBh[D] 28,9-14 ; BoBh[W] 41,15-22 ; 高橋晃一[2005: 92,6-10].
32) BoBh [D] 30,7-8; BoBh[W] 44,7-9 ; 高橋晃一[2005: 96,10-11].

아니라, 진여조차도 진여라는 명칭으로는 파악하지 않는다. 모든 법의 언어표현 불가능성이 곧 모든 법의 승의의 본질이며, 바로 이것을 인식하는 智가 무분별지라고 규정된다. 그러므로 「진실의품」에 나타나는 무분별 개념은 앞서 살펴보았던 <성문지>와는 달리 엄격하게 언어적·개념적 인식의 배제만을 의미하는 것으로 이해할 수 있다.

(2) 「주품」의 진여무분별혜

다음으로 살펴볼 부분은 眞如無分別慧(tathatānirvikalpaprajñā)라는 표현이 나타나는 「주품」이다. 「주품」은 種姓住에서 最極如來住에 이르기까지 13주를 설명하는 부분이다. 이 중에서 종성주와 勝解行住를 제외한 제3주인 極歡喜住에서 제12주인 最上成滿菩薩住는 『십지경』에서 설하는 10지에 해당된다.

<보살지> 13주설을 간략히 요약하면, 12연기관을 정점으로 하는 전통적인 수행체계(제2지-제6지) 위에 無生法忍의 획득을 목적으로 하는 초기대승불교의 새로운 체계(제7지-제8지)를 세우고 양자를 융합하고자 시도한 『십지경』의 사상[33]을 유가행파의 입장에서 수용한 것이라고 할 수 있다.

「주품」의 13주설에서 궁극적인 실재에 대한 인식이 드러나는 부분은 10지설의 제7遠行地와 제8不動地에 해당하는 有加行有功用無相住와 無加行無功用無相住이다.[34] 전자에서 후자로 넘어가는

---

33) 荒牧典俊[1983: 109-114] 참조.

34) 「주품」에 나타나는 궁극적 실재를 인식하는 智를 살펴보기 전에 먼저 주의하지 않으면 안 되는 점은, 일반적으로 후대에 정형화된 것과 같이, BoBh에서는 초지를 견도와 동일시하는 서술이 보이지 않는다는 점이다. DśBh과 BoBh 「주품」 모두 초지에 대한 설명에서는, 견도설에서 설하는 4諦現觀에 비견할 만한 궁극적 실재를 인식하는 智에 대한 서술은 나타나지 않는다. 두 문헌에

과정은 有加行에서 無加行이라는 비약이 이루어지는 지점으로서 주목되는 것과 함께, 전자의 단계에서 진여무분별혜를 수습하여 후자의 단계에서 무생법인을 획득한다는 점에서 특기할 만하다.

> [유가행유공용무상주란] 직전의 세 가지 增上慧住를 위주로 하여 의욕 작용과 노력을 동반함에 의해, 모든 법에 대해 결함이 없이 쉬지 않고 진여를 분별하지 않는 혜를 수습하는 것과 동반하는 주이다.[35)]
> [무가행무공용무상주란] 직전의 무상주(유가행유공용무상주)의 수습을 많이 한 후, 저절로(곧 무가행·무공용으로) 결함 없고 연속하여 작용하는 道를 동반한 주이다.[36)]

전자가 가행과 노력을 동반해 진여를 분별하지 않는 혜를 수습하는 단계라면, 후자는 가행과 노력 없이 진여를 분별하지 않는 혜가 저절로 작용하는 단계이다. 이 때 加行으로 번역되는 abhisaṃskāra는 노력을 뜻하는 功用(ābhoga)과 함께 일종의 의욕작용을 의미한다고 할 수 있다. 이러한 의욕작용과 노력이 충만해서 더 이상의 노력이 필요하지 않을 때, 마치 대양으로 나간 배가 순풍을 받아 항해하듯,[37)] 저절로 진여에 대한 무분별한 인식이 발생하는 것이다. 이러한 단계에 이르러 비로소 보살은 無生法忍을 획득한다. 「주품」은 이 무생법인이 4尋思·4如實知가 완전해짐에 따라 획득되는 것임을

서술되는 초지에 관한 설명은 發心과 大願, 大悲 등의 보살행을 중심으로 한 것이다. 필자가 아는 한 유가행파의 문헌에서, 초지를 견도와 동일시한 것은 『해심밀경』 「분별유가품」(SNS 115,17-20)이 최초이며 이러한 견해가 MSA, MS 등에 수용된 것으로 보인다.

35) BoBh[D] 219,24-26; BoBh[W] 320,21-24: yas tam eva trividham apy adhiprajñavihāram adhipatiṃ kṛtvābhisaṃskāreṇābhogena niśchidranirantaraḥ sarvadharmeṣu tathatānirvikalpaprajñābhāvanāsahagato vihāraḥ /

36) BoBh[D] 220,1-2; BoBh[W] 320,25-321,2: yas tasyaiva pūrvakasya nirnimittasya vihārasya bhāvanābāhulyāt svarasenaiva niśchidranirantaravāhimārgānugato vihāraḥ /

37) DśBh 138,1ff.

명확히 하고 있다[38].

「진실의품」에서 제시된 4尋思·4如實知는 본질과 양태에 대한 언어적 사고를 근본으로, 그것을 포함하고 거기에서 파생된 8종분별을 끊는 수행방법이다. 그러므로 4尋思·4如實知에 의해 획득되는 無分別智는 언어적·개념적 인식을 배제한, 事(vastu) 그 자체(唯事)·진여 그 자체(唯眞如)에 대한 직접적 인식이다. 「주품」에서 4如實知가 완전히 청정해짐으로써 무생법인이 획득된다고 하는 것은 진여무분별혜가 「진실의품」에서와 마찬가지로 언어적·개념적 인식을 배제한, 실재에 대한 비언어적 인식이라는 점을 확인해 주는 것이다. 그러나 이러한 인식이 반드시 선정과 결합한 것이 아니라는 점에서, 비록 언어적 인식이 아님에도 불구하고 지적인 성격을 가진 智로 이해된다. <보살지>의 무분별지 개념은 궁극적인 실재를 긍정적으로 파악한다는 측면을 갖고 있지만 그 과정은 지적 고찰을 통해 이루어지는 것이다. 이는 "부정적-지적" 계통에서 "신비적-긍정적" 계통을 통합한 시도로 해석할 수 있을 것이다.

이로써 우리는 「진실의품」에 대한 섭결택분에서 제시된 무분별혜에 관한 핵심적 규정에 다가서 있다. 「진실의품」에 대한 결택을 마무리하면서 섭결택분은 무분별로 오인되는 다섯 가지 양상을 하나하나 나열하고 비판한 후 다음과 같이 결론적으로 서술한다.

---

38) BoBh[D] 239,15-23; BoBh[W] 351,1-14. 물론 DśBh에는 4尋思·4如實知 수행은 나타나지 않는다. 그러므로 4尋思·4如實知 수행을 유가행유공용무상주(제7지)까지의 수행으로 하는 것은 BoBh 고유의 설이라 할 수 있다. 이것이 무가행무공용무상주(제8지)에서 비로소 완성된다고 하는 것은 앞서 언급했듯이 BoBh에서는 궁극적 실재에 대한 직접적인 인식이 무가행무공용무상주(제8지)에서 발생한다는 것을 보여주는 또 하나의 예다. 한편 DśBh에서는 예리한 수순인에 의해(tīkṣṇayānulomikyākṣāntyā) 제6현전지에 도달하고(DśBh, 96,13) 나아가 이 地에서 제3의 예리한 수순인을 얻는다고 한다(DśBh, 104,2f). 제8부동지에서야 비로소 무생법인(anutpattikadharmakṣānti)을 얻는다(DśBh, 134,12).

> 그와 같이 저 [다섯 가지] 양상이 합리적이지 않다면, 그 혜가 무분별이라는 것을 어떻게 보아야 하는가. 대답한다. 그것은 인식 대상에 대해 의욕작용(abhisaṃskāra)이 없기 때문이다. 그 인식 대상은 有와 無를 벗어난 진여이며, 그 또한 무분별이다. 그 [혜]는 의욕작용이 없다. 하지만 이전의 [수습]력(shugs)에 의해 진여를 대상으로 하는 삼매를 동반한 혜가 생할 때, 그 인식 대상의 相을 직접 파악하고, 그것이 무분별이라 불린다.[39]

인용문에 나타난 무분별혜의 정의는, 언어적·개념적 작용을 배제한 진여에 대한 직접적인 파악이며, 그것이 의욕작용 없이 이루어진다는 것이다. 이는 다음에 살펴보겠지만, 「진실의품」과 「주품」의 해탈지 개념을 통합한 것이라고 볼 수 있다.

3) 〈섭결택분〉 무분별혜의 5상

<섭결택분>[40]에서는 진실을 대상으로 하는 혜가 무분별임을 밝히고, 그것을 무분별과 유사한 다섯 가지 상태와는 구별해야 한다는 것을 논하고 있다. 다섯 가지 상태는 세간적인 의미의 무분별로서 출세간적인 무분별과 구분되어야 한다. <섭결택분>에 나타난 무분

---

39) ViSg P 'i 29b2-b5, D Zi 27a5-7: de ltar rnam pa de dag mi rigs pa yin na / lj ltar shes rab de rnam par mi rtog pa yin par blta bar bya zhe na / smras pa / de ni dmigs pa la mngon par 'du byed pa med pa'i phyir te / de'i dmigs pa ni dngos po dang dngos po med pa dang mi mthun pa'i chos de bzhin nyid yin la / de yang rnam par mi rtog pa yin no // de ni mngon par 'du byed pa med kyang sngon gyi shugs kyis gang gi tshe de bzhin nyid kyi ting nge 'dzin dang ldan pa'i shes rab skye bar 'gyur ba'i tshe / dmigs pa'i mtshan ma des mngon sum du 'dzin par byed de / de ni rnam par mi rtog pa zhes bya'o // ; 이 문장에 대한 교정은 袴谷憲昭[1985: 245f]를 따랐다.

40) ViSg P 'i, 29a5-b5, D Zi, 27a1-7; 이에 대한 기존의 연구와 번역으로는 袴谷憲昭[1985], 釋慧敏[1994: 256ff], 안성두[2002: 161ff] 참조.

별지의 5상에 대해 처음으로 지적하고 번역 및 연구를 행한 하카마야 노리아키(袴谷憲昭)[1985]는 이후의 논서에서도 출세간적인 무분별을 단순한 분별의 결여와 구분하기 위해서 이 다섯 가지 규정을 사용하는 경우가 많다는 것을 지적하고 있다.41) <섭결택분>에서 제시하는 다섯 가지 상태는 다음과 같다.

① 작의가 없는 상태(*amanaskāra)
② 초월해 있는 상태(*samatikrama)
③ 비존재 상태(*abhāva)
④ 본질적인 상태(*svabhāva)
⑤ 인식 대상에 대한 의욕작용이 있는 상태(*ālambane 'bhisaṃskāra)

이어서 이들 다섯 가지 상태가 출세간적인 무분별지와 구별되는 이유를 다음과 같이 설명한다.

① 작의가 없는 상태가 무분별지의 상태라면 숙면을 취하는 자(supta)나 만취한 자(matta), 혹은 실신한 자(pramatta)도 또한 무분별지의 상태가 되어 버리고 만다는 오류가 발생하기 때문이다.
② 초월해 있는 상태가 무분별지의 상태라면 '3계에 속하는 심·심소는 분별'이라는 경전의 설명과 모순하기 때문이다.
③ 비존재 상태가 무분별이라고 한다면 혜는 심소법이 아니게 될 것이기 때문이다.
④ 본질적인 상태가 무분별이라면 혜는 본질이 없게 될 것이기 때문이다.
⑤ 인식 대상에 대한 의욕작용이 있는 상태가 무분별이라면 무분별혜가 의욕작용이 없는 상태라는 것에 대해 비난이 없을 수 없기 때문이다.

---

41) 袴谷憲昭[1985: 246, n.29] 참조. <섭결택분> 이외에 무분별지를 5상으로 설명하는 문헌은 AS, ASBh, MS, MSBh, MSU, DhDhv를 들 수 있다.

이러한 <섭결택분>의 다섯 가지 규정은, 그러나, ①을 제외하고는 그 자체로서 의미를 쉽게 이해하기 힘들다. 우선 ②의 경우는 무엇을 초월해 있는지 명확하지 않다. 따라서 왜 '3계에 속하는 심·심소는 분별'[42]이라는 경전의 규정과 모순되는지도 불분명하다. 현장은 이 구절을 '爲由超過彼故'[43]라 하여 초과의 목적어로 彼를 보충해서 번역했지만 이 또한 彼가 가리키는 것이 불명확하여 이해하기가 쉽지 않다.

만약 이 다섯 규정 전체가 작자의 일관된 의도 아래 배치되었다면, 다섯 가지 규정은 상호간에 유기적으로 연결되어 있는 것으로 볼 수 있다. 그렇다면 앞뒤 문맥으로 보아 초월의 목적어는 첫 번째 규정에 나온 作意 이외의 것이 될 수는 없을 것이다. 그러나 이 규정들이 이전에 산발적으로 흩어져 있던 규정들을 수집해서 단순히 나열한 것이라면 규정 상호간의 유기적 연결은 인정하기 힘들고 초월의 대상이 작의라고 확정할 수는 없을 것이다. 이 중 직접적인 근거가 되기에는 부족하지만, 전자의 가능성을 지지하는 방증으로 제시할 수 있는 것이 『대승아비달마집론』[44]의 현장역이다.[45] 거기서

42) ViSg P 'i 29a8, D Zi 27a3: khams gsum pa'i sems dang sems las byung ba'i chos rnams ni rnam par rtog pa yin no // ; 『유가사지론』(대정30, 706c4-5): 三界所有, 諸心心所, 皆是分別 ; 이 문장과 유사한 문장이 Laṅk 228,9-10의 yena tannāma samudīrayati nimittābhivyañjakaṃ samavarmeti vā sa mahāmate cittacaittasaṃśabdato vikalpaḥ /(安井廣濟[1976: 207, 342]에 따라 sama를 티벳어의 gdos pa(배)로 보고 dharma는 varma로 교정하여 번역했다)와 ViSg(D Zhi 287b3: rnam par rtog pa gang zhe na / khams gsum na spyod pa'i sems dang sems las byung ba'i chos rnams so //)에 나타난다. 이외에 분별 대신 허망분별이라는 용어가 사용되긴 했지만 MAV Ⅰ, 8ab(abhūtaparikalpaś cittacaittās traidhātukāḥ)가 유사한 문장으로 지적되어 있다. 袴谷憲昭[1985: n.34] 참조. 이 문장의 정확한 전거에 대해서는 후술한다. ASBh의 대응하는 부분에서는 다음과 같이 표현한다. ASBh 139,16: vikalpasya śarīraṃ hi cittacaitāḥ traidhātukā ; $ASBh_t$ P Shi 128a6, D Li 103b7: rnam par rtog pa'i lus ni khams gsum pa'i sems dang sems las byung ba'o // ; 『대승아비달마잡집론』(대정31, 765a14-15): 三界心心法, 是分別體.

43) 『유가사지론』(대정장30, 706b29ff).

44) 『대승아비달마집론』(대정장31, 693a2f).

는 명확히 '二非超過作意故'라 하여 초월의 목적어로 작의를 명시하고 있기 때문이다.

그러나 초월의 목적어를 작의로 상정한다고 하더라도 여전히 그 내용은 불명확한 채로 남아 있다. 이 때문에 『섭대승론』을 비롯한 후대의 논서에서는 초월의 목적어로서 제2선을 상정해 명확한 이해를 꾀한 것으로 추측된다.46)

이러한 사정은 ③ 비존재 상태가 무분별이라고 한다면 혜는 심소법이 아니게 될 것이라는 언급에서도 마찬가지다. 이때 비존재란 혜의 비존재를 가리키는 것이 명확해 보인다. 그러나 혜가 비존재한다는 사실과 그것이 심소법이 아니게 될 것이라는 사실이 어떤 연관성을 가지는가 하는 점이 확연하지 않다. 주어진 문장만으로 좀 더 유추를 해 본다면 다음과 같은 전제 아래에서 이와 같은 언급이 나온 것으로 이해할 수는 있다. 혜가 존재하지 않는 상태는 ①에서 언급된 상태를 제외한다면 無想定과 滅盡定 등 無心定이라고 불리는 심리 상태뿐일 것이다. 그러나 이 경우는 다른 심소도 존재하지 않으므로 특별히 혜만 심소법의 범주에서 제외할 이유는 없다. 그렇다면 무심정이 아닌 상태에서 혜만 존재하지 않는 경우를 상정해 볼 수밖에 없을 것이다. 그러나 심과 심소는 항상 함께 생한다는 유가행파의 입장에서는 그런 일은 발생하지 않는다. 그러므로 혜만 존재하지 않는 심리 상태를 상정하고 그것을 무분별이라고 한다면, 혜는

---

45) 만약 전자가 가능성이 높다면 이 다섯 가지 규정은 하나의 일관된 기준과 의도 아래 배치되었을 것이다. 지금 그 기준과 의도가 무엇인가를 알기는 어렵지만 적어도 ①과 ②가 작의를 기준으로 하여 작의가 없는 것과 그것을 넘어선 상태, ③과 ④가 혜의 존재 혹은 성격을 기준으로 하여 혜가 없는 상태 혹은 혜가 본성상 무분별인 상태를 제시한 것이라고 해석할 수도 있을 것이다. 釋慧敏[1994: 258]은 『잡집론』을 기준으로 하여 정신력이 낮은 단계에서 높은 단계로(④→①→⑤→②→③) 다섯 가지 규정을 재배치하고 있다. 그러나 『잡집론』의 다섯 규정이 반드시 ViSg를 충실히 반영하고 있다고는 보기 어렵다.

46) 長尾雅人[1987: 247]은 『섭대승론』의 5상과 <섭결택분>의 그것은 상당히 다르다고 평가한다.

심소법의 범주에서 제외될 수밖에 없을 것이다.

이 세 번째 규정은 다소 작위적으로 보인다. 이 역시 후대에서는 멸진정과 관련된 규정으로 대체된다.

④ 본질적인 상태가 무분별이라면 혜는 본질이 없게 될 것이라는 규정은 앞의 두 규정에 비해 비교적 쉽게 이해되고, 후대의 논서에서도 근본적인 변화 없이 수용되게 된다. 혜는 정의상 법의 결택이라는 분별활동을 본질로 하므로 혜 자체가 본질적으로 무분별이라면 그것은 혜가 아니게 될 것이다. 후대 논서에서는 물질이라는 실례를 들어서 이 규정을 보완하고 있다.

⑤ 인식 대상에 대한 의욕작용이 있는 상태가 무분별이 아니라는 사실은 쉽게 이해된다. 앞서 살펴보았듯이 「주품」의 무가행무공용무상지에 설명된 진여무분별혜는 의욕작용이 없는 것으로 묘사되기 때문이다.

<섭결택분>에서는 결론적으로 무분별혜는 의욕작용(mngon par 'du byed pa med pa, anabhisaṃskāra)이 없는 것이라고 한다. 이 때 의욕작용이란 언어적으로 고착화하는 활동으로 이해된다. 앞서 설명했듯이 <보살지> 「진실의품」과 관련해서 이해한다면 언어를 본질로 하는 것을 분별하는 것과 밀접한 관련이 있을 것이다. 그러므로 <섭결택분>에서 결론적으로 내리고 있는 무분별지의 규정은 내용적인 측면에서는 「진실의품」을, 그리고 용법상의 측면에서는 「주품」을 기원으로 하고 있다고 해도 좋을 것이다.

2. 『대승아비달마집론』의 所取能取無所得智와 無戱論無分別智

1) 5瑜伽地와 所取能取無所得智

『대승아비달마집론』「법의 결택」에서는 5유가지(pañcayogabhūmi)를 설명하면서 설해진 所取能取無所得智(gzung ba dang 'dzin pa mi dmigs par shes pa)[47]라는 개념이 등장한다. 『대승아비달마집론』의 다른 곳에서는 이와 유사한 개념으로 보이는 無所得三摩地鉢羅若(anupalambhaḥ samādhiḥ prajñā)라는 개념이 견도에 대한 첫 번째 규정으로 소개된다.[48] 무소득삼마지발라야는 반야경 계통과 미륵 논서 계통에서 유래한 것으로 추측되며,[49] 부정성에 대한 인식을 강조하는 경향을 뚜렷하게 보이고 있다.

5유가지는 4종소연, 4종도리, 4종심사와 4如實知라는 비파샤나의 중심 내용을 차례대로 설한 후, 삼매를 위해 노력하는 유가사의 단계로서 설해진다. 곧 持(ādhāra)·作(ādhāna)·鏡(ādarśa)·明(āloka)·依(āśraya)라는 다섯 단계가 그것이다. 그 중에서 持란 자량을 모은 자가 [4]제에 관해 많이 듣는 것이다. 作이란 그 [4제]를 인식 대상

---

47) AS_t P Li 123a5, D Ri 103b7.

48) AS_t P Li 110b1-2, D Ri 93a1: 'jig rten pa'i chos kyi mchog gis mjug thogs su mi dmigs pa'i ting nge 'dzin dang shes rab mtshungs par ldan pa dang bcas pa ste / ; AS[P] 66, 3-4: laukikāgradharmānantaram anupalambhaḥ samādhiḥ prajñā sasaṃprayogā* ca / ; 『대승아비달마집론』(대정31, 687b15-6)

* Pradhan은 saṃyogaś로 환역했다. 그러나 ASBh 76,12에서는 煖法을 설명하면서 AS의 다음과 같은 문장을 인용하고 있다. ālokalabdhaḥ samādhiḥ prajñā sasaṃyoga iti / 한편 Sakuma [1996: 26]는 sasaṃyoga iti를 sasaṃprayogeti로 교정한다. 한역과 티벳역이 난법 이하 4선근위와 견도에서 일관되게 이를 彼相應等法과 mtshungs par ldan pa dang bcas pa로 번역하고 있는 점으로 미루어 보아 견도의 설명에서도 saṃyogaś는 sasaṃprayogā로 환역되어야 할 것이다.

49) Schmithausen[1983: 261f, 264, 266] 참조.

으로 하는 여리작의다. 鏡이란 그 [4제]를 인식 대상으로 하는 相(nimitta)을 동반한 삼매다. 明이란 소취와 능취가 지각되지 않는다고 아는 것(所取能取無所得智)이다. 마지막으로 依란 심신의 총체가 전환하는 것, 곧 轉依다.50)

持는 경전의 聽聞, 특히 4제의 청문을 가리키고 作과 鏡은 청문의 내용에 대한 여리작의와 삼매를 의미한다. 이는 전통적으로 수행의 전 과정을 포괄하는 개념인 聞·思·修에 해당하는 것으로서 문·사·수를 수행 단계화한 것이다. 첫 세 단계 중 聞에서 청문의 내용이 4제로 규정되는 점에서 첫 세 단계는 비대승적 측면을 드러내고 있다. 여기에 지혜의 비유적 표현이자 동의어인 光明(āloka)51)에서 유래한 것으로 추측되는 明이 능취소취무소득지로서 부가되고, 초기 유가행파 문헌에서 그 유래를 찾을 수 있는 轉依라는 개념을 마지막 단계로 자리매김함으로써 형성된다. 문·사·수라는 측면에서는 마지막 두 단계 중 明이 사실상 세 번째 단계인 修에 포함되는 것이고 다섯 번째 依는 문·사·수 수행의 결과로 볼 수 있다. 하지만 네 번째 明은 앞의 세 지분에 비해 대승적 측면이 두드러지고 다섯 번째 依가 전의로 규정되는 것으로 보아, 내용면에서 첫 세 단계와 마

---

50) AS_t P Li 123a4–8, D Ri 103b6–104a2: gzhi gang zhe na / tshogs bsags pa'i bden pa las brtsam te mang du thos pa nyid do // skyed pa gang zhe na / de la dmigs pa'i tshul bzhin yid la byed pa'o // me long lta bu gang zhe na / de la dmigs pa'i ting nge 'dzin mtshan ma dang bcas pa'o // snang ba gang zhe na / gzung ba dang 'dzin pa mi dmigs par shes pa'o // … gnas gang zhe na / gnas gyur pa'o // ; AS[P] 82,15–83,1 ; 『대승아비달마집론』(대정31, 687b12–22) ; 한역은 持에 관해 '於煖等位'라는 구절이 삽입되어 있다. 하지만 이 구절이 티벳역에는 없고, ASBh에서도 그에 관한 언급이 없는 점으로 미루어 현장이 삽입한 것으로 보인다. 또한 依에 대해서는 '捨離諸麤重 得淸淨轉依故'라는 구절도 삽입되어 있다.

51) 광명을 지혜의 동의어로 보는 것은 매우 오래된 전통에 속한다. 심지어 붓다의 정각을 묘사하는 장면에서도 등장하는 예로서 다음 문장을 들 수 있다. Vin Ⅰ, 11,1ff: pubbe ananussutesu dhammesu cakkhuṃ udapādi. ñāṇaṃ udapādi. paññā udapādi. vijjā udapādi. āloko udapādi. 이 중 ñāṇaṃ, paññā, vijjā는 지적인 인식의 측면을, cakkhuṃ과 āloko는 직접적인 체험의 측면을 가리킨다(Schmithausen[1981: 203, n.12]).

지막 두 단계는 그 기원을 달리하는 것으로 보인다.

5유가지는, 유부와 유가행파에서 완성된 5위 혹은 5도설에 비교하면, 소박한 내용으로 정의되고 있다는 점과 암기를 용이하게 하기 위한 것으로 추측되는 조어법 등을 특징으로 한다. 이로 미루어 볼 때 실수행자를 위해 혹은 실수행자에 의해 고안된 실천적 성격이 강한 수행 단계론으로 추측된다.

이 중 네 번째 지분인 明이 소취능취무소득지로 정의된다. 이는 어떤 긍정적인 것에 대한 인식도 내포하지 않는다. 따라서 소취능취무소득지의 기원을 실재의 부정성에 대한 인식을 강조한 반야경군에서 찾는 것은 타당한 지적일 것이다.

明을 설명한 직후 『대승아비달마집론』은 바로 이러한 점을 의도해 세존이 설했다고 하는 게송을 인용하고 있다.

> 삼매에 든 보살은 마음을 영상으로 보면서
> 대상의 상을 제거한 후 자신의 [마음의] 상을 명료하게 파악한다.
> 이와 같이 그는 자신의 마음에 머물러 소취가 없다고 이해해야 한다.
> 그 후 능취가 없[다고 이해해야 하고] 그 후 무소득에 접촉해야 한다.[52)]

---

52) ASBh$_t$ P Li 123a6–7, D Ri 104a1–2: byang chub sems dpa' mnyam gzhag pa // yid kyi gzugs bsnyan mthong bas na // don gyi 'du shes ldog de nas // rang gi 'du shes nges par gzung // de ltar nang gi sems gnas nas // gzung ba med par rtogs par bya // de yi 'og tu 'dzin med par // de nas mi dmigs reg par byed // ; 이 두 게송은 온전하지는 않지만 산스크리트어로도 남아 있다. 첫 게송의 a구는 ASBh(100,21: pratibimbaṃ manaḥ paśyan)에서 회수되어 있으며, 두 번째 게송의 cd구가 AS[G](34,23: tataś ca grāhakābhāvaṃ nopalambhaṃ spṛset tataḥ)로부터 회수되어 있다. 이 구절을 포함하고 AS[P]의 환역범본을 교정해서 전문을 알 수 있게 한 것으로 早島理[1974: 1017]가 있다: [<u>pratibimbaṃ manaḥ paśyan</u> bodhisattvaḥ samāhitaḥ / *arthasaṃjñāṃ ca vyavarttya svasaṃjñām avadhārayan* // evam ātmasthacitto 'sau grāhyābhāvaṃ vibodhayet /] <u>tataś ca grāhakābhāvaṃ nopalambhaṃ spṛśet tataḥ</u> // iti // (밑줄로 표시한 부분은 범본에서 회수한 문장이고, [ ] 안은 Pradhan본이다. Pradhan본에서 이탤릭체는 早島理가 교정한 부분으로서 Pradhan본에서는 'vyavṛttya vyṣaye saṃjñāṃ svasaṃjñām upadhāra'로 되어 있다.) 이 게송은 MS Ⅲ-17 및 『성유식론』 권(대정31, 49b29ff)에도 인용되어 있다.

이 게송을 明을 설명한 직후에 놓은 것은 아마도 『대승아비달마집론』의 작자(혹은 편자)가 5유가지의 중심이 明에 있고 또한 5유가지의 근본구조가 이 두 게송으로 요약된다는 것을 보여주기 위한 것으로 추측할 수 있다.[53] 그러나 이 게송은 '무소득에 접촉한다'는 표현을 사용함으로써 능취소취무소득지가 부정적인 인식을 강조하는 것과는 달리 실재의 긍정성에 대한 직접적인 체험의 의미를 내포하고 있다. 『섭대승론』에 인용된 같은 게송에 대한 MSBh와 MSU에서 '무소득에 접촉한다'는 구절을 각각 '진여에 접촉한다', '진여를 통달한다'고 주석하는 것은 이를 뒷받침한다.[54] 양 주석은 무소득을 진여로 치환하고 있는 것이다. 이는 이 게송이 5유가지의 明을 소취능취무소득지로 규정하는 경향과는 다른 기원을 가진다는 것을 드러낸다.[55]

『大乘阿毘達磨雜集論』은 특히 네 번째 단계인 명에 대해 상세히 주석하고 있다.

> 明은 소취와 능취가 지각되지 않는다는 인식(所取能取無所得智)인데 직접지각으로서 발생하기 때문에 견도에 포함된다. 그런데 어떻게 보살이 하나의 요가 단계에서 가행할 때 무소득에 접촉하는가. 아승기겁 동안 출리해 적집된 공덕과 지혜의 자량을 가진 보살은 진여를 통달하는 것에 수순하는 [법][56]을 들은 것을 여리작의 하면서 삼매를 완성한다. 이와 같이 [그의] 마음이 삼매에 들었을 때 인식 대상의 영상에 의지해 정려하는데, 그는 그 [인식 대상인 영상]이 [자기의] 그 삼매에 든 마음과 다른 [어떤] 것이 아니라고 바로 보면서 그 영상에 대해 대상이라는 想

---

53) 早島理[1974: 1017] 참조

54) MSBh P Li, 197b2, D Ri, 163b5; MSU P Li, 304a2, D Ri, 249b4.

55) "신비적(-긍정적)" 관점에 따르면, 해탈은 열반이나 不死界(amatā dhātu)가 "몸으로" 실현되거나 접촉됨(kāyena phusitvā)을 요구한다.(Schmithausen[1981: 214], 괄호 안은 필자 삽입).

56) $ASBh_t$ Shi 89a7: de bzhin nyid rtogs pa dang mthun pa'i chos 에 따라 삽입했다.

> 을 제거하고(vyāvartya) 그 행상이 자신의 想일 뿐이라고 판단한다. 그 때 그는 자신의 마음에만 머무르므로 내적으로 마음을 안주하면서 소취가 결코 존재하지 않는다고 통달한다. 그리고 그 후 소취가 없기 때문에 능취도 성립하지 않으므로 그것 역시 존재하지 않음을 통달한다. 그 후 개별적으로 그 양자가 본질적으로 지각과 분리된 비지각임을 이해한다.57)

견도에 포함되는 것으로 간주된 明은 실제로는 몇 단계의 과정으로 이루어진다. 첫째 삼매의 완성, 둘째 대상상의 제거, 셋째 소취의 비존재 통달, 넷째 능취의 비존재 통달, 다섯째 무소득을 증득하는 것이다. 먼저 전제 조건이라고 할 수 있는 것이 삼매의 완성이다. 여기에는 이미 적집된 자량과 문훈습, 여리작의가 전제되어 있다. 둘째, 그 삼매의 대상이 되는 영상을 마음과 다른 것이 아니라고 봄으로써 대상이라는 想을 제거하는 것이다. 이를 통해 대상의 행상이 자신의 想일 뿐이라고 판단한다. 셋째, 소취의 비존재를 통달하는 것은 바로 이러한 대상상의 제거를 통해 이루어진다. 넷째, 소취가 없으므로 능취 또한 성립하지 않는다고 하는 능취의 비존재를 통달

---

57) ASBh 100,12ff: āloko grāhyagrāhakānupalabdhijñānaṃ darśanamārgasaṃgṛhītaṃ pratyakṣavṛttitvād iti / kathaṃ ca punaḥ bodhisattva ekasyāṃ yogabhūmau* prayukte nopalambhaṃ spṛśati [/] saṃbhṛtapuṇyajñānasaṃbhāro bodhisattvaḥ kalpāsaṃkhyeyaniryātas tathatāprativedhānukūlaṃ** śrutaṃ yoniśomanasikurvan samādhiṃ niṣpādayati / sa evaṃ samāhite citte yaj jñeyapratibimbaṃ niśritya dhyāyati tat tasmāt samāhitāc cittād ananyad iti saṃpaśyaṃs tasmin pratibimbe viṣayasaṃjñāṃ vyāvartya tad ākāraṃ svasaṃjñāmātram avadhārayati / tadā cāsau svacittamātrāvasthānād adhyātmasthitacitto bhavan sarvarthā grāhyābhāvaṃ*** prativedayate / tataś ca grāhyābhāvād grāhakam api na pariniṣpannam iti tasyāpy abhāvaṃ prativedayate / tataḥ pratyātmaṃ tadubhayasvabhāvopalambhāpagatam anupalambham adhigacchati /

* Sakuma[1996: 32]에 따라 yaugabhūmau를 yogabhūmau로 교정했다.

** 티벳역(ASBht P Shi 89a7: de bzhin nyid rtogs pa dang mthun pa)과 한역(대정31, 746a15: 隨順通達眞如)에 따라 'tathāprativedhānukūlaṃ'을 'tathatāprativedhānukūlaṃ'으로 교정했다. Sakuma[1996: 32]에는 누락.

*** 티벳역(ASBht P. Shi 89b2: gzung ba rnam par thams cad du med pa)과 한역(대정31, 746a20: 所取境界皆無所有)에 따라 'grāhyabhāvaṃ'을 'grāhyābhāvaṃ'으로 교정했다. Sakuma[1996: 32] 참조

하는 것이다. 마지막으로 무소득을 증득하는 것이다. 이 중에서 둘째부터 넷째까지는 전형적인 입무상방편상의 내용이다.

『대승아비달마잡집론』은 明이라는 하나의 단계, 곧 견도에서 이 모든 과정이 이루어진다고 하지만 내용상 그 이전 단계를 포함하고 있는 주석이다. 또한 게송에 나타난 '무소득에 접촉'한다는 구절을 인용하면서 주석을 시작하고 있는 점으로 미루어 보아 사실상 게송에 대한 주석의 성격을 갖고 있다. 이전의 지분에 대한 설명을 포함하고 있는 것은 이러한 이유 때문일 것이다. 내용면에서도 『대승아비달마집론』 본론과는 다른 경향성이 드러나는데, 청문의 내용이 4제가 아니라 진여에 수순하는 법이라고 한 것은 『대승아비달마집론』보다 대승적 성격이 강화된 것이다. 수행의 방법인 입무상방편상 역시 유식관의 실질적인 내용이므로 『대승아비달마집론』에서 중심적인 수행법의 지위를 차지하고 있는 4제에 대한 수습과는 궤를 달리한다.[58)]

2) 無戱論無分別智의 5상

앞서 <섭결택분>에 나타난 무분별지의 5상을 살펴보았지만 그와 동일한 내용이 『대승아비달마집론』에서도 나타난다. 『대승아비달마집론』에서는 각각 이생과 성문 그리고 보살에 속하는 세 종류의 무분별, 곧 지족무분별·무전도무분별·무희론무분별을 열거하고, 무희론무분별을 5상으로 설명하고 있는 것이다. 『대승아비달마집론』에서 설하는 무희론무분별의 5상, 곧 무희론무분별로 오인되는 다섯 가지 상태는 다음과 같다.

58) AS 65,19ff에서는 가행도에 대한 설명에서 4제에 대한 수습을 설하고 있다. ASBh의 설명은 MSA로부터 영향을 받은 것으로 보인다.

① 작의가 없는 상태(amanaskāra)

② 초월해 있는 상태(samatikrama)

③ 적멸 상태(vyupaśama)

④ 본질적인 상태(svabhāva)

⑤ 인식 대상에 대한 의욕작용이 있는 상태(ālambane 'bhisaṃskāra)

이상의 5상은 ③을 제외하면 <섭결택분>의 그것과 동일하다. 그러나 이에 대한 『잡집론』의 주석, 특히 ②와 ③에 대한 주석은 <섭결택분>의 설명과는 차이를 드러내고 있다. ②에 대해, 만약 초월하기 때문에 무분별이라고 한다면, 제2정려 이상에서는 尋(vitarka)과 伺(vicāra)라는 분별이 존재하지 않으므로 무분별이 되고 말 것이라고 해서 명확히 초월의 목적어를 제2정려로 상정하고 있다. 이미 『집론』에서도 이해의 변화가 엿보이는 ③에 대해서는 想受滅定이라는 적멸의 상태를 상정하고 그것이 무분별지의 상태는 아니라는 것을 명확히 한다. 심·심소가 모두 존재하지 않는다면 그것이 智가 될 수는 없기 때문이다. ④에 대해서는 물질의 비유를 들어 <섭결택분>의 규정을 보완한다[59]. 그러나 이상의 설명들은 <섭결택분>의 원의를 그대로 반영한 것으로 보이지는 않는다. 『잡집론』의 설명은 오히려 『섭대승론』 및 『섭대승론석』의 설명과 유사하기 때문이다[60].

---

59) ASBh, 139,10ff.

60) ASBh의 저자에 대해서는 티벳역과 한역이 일치하지 않는다. 티벳역에는 Jinaputra(最勝子)가 저자라고 하며 한역에 따르면 師子覺(혹은 覺師子, Buddhasiṃha)이라고 한다. MS와 저작 순서에 관해서도 이견이 있다. Tatia본 ASBh의 출판에 깊이 관여한 篠田正成[1985: 174]는 '무착이 『집론』을 쓰고 무착의 제자 사자각이 『집론석』을 짓고 그 후에 무착이 『섭대승론』을 쓴 것은 아닐까'하고 추정하고 있다. 勝呂信靜[1989: 497, 542, 547] 역시 AS가 MS에 선행하는 것을 전제로 하고 있지만, ASBh는 MS 이후의 저작이라고 간주하는 듯하다.(勝呂信靜[1989: 498, 524, 532]) 한편 舟橋尙哉[1991: 29-32]는 AS에서는 12연기 중의 식지분을 일반적으로 인정되듯이 생잡염에 포함시키는 것이 아니라 업잡염에 포함시킨다는 점을 실마리로 하여 AS와 ASBh가 MS 이후에 저작되었다고 주장한다. 하지만 Schmithausen[1987: 189]이 지적하고 Kritzer [1999: 5-7]가

3. 『대승장엄경론』의 무분별지

『대승장엄경론』에서 무분별지 개념은 대단히 산발적으로 설해져 있어 그 전체적인 면모를 살펴보는 데 어려움이 있다. 따라서 본 절에서는 『대승장엄경론』에서 수행도를 가장 체계적으로 설명하고 있는 부분인 제14장 「교수교계품」 중 견도를 설명하는 부분을 중심으로 무분별지 개념을 살펴보고 그 외에 관련된 부분을 함께 고찰해 볼 것이다. 『대승장엄경론』 제14장 「교수교계품」에서는 순결택분위를 설명한 직후 다음과 같이 설한다.

> 그 후 그는 ① 2취와 분리되고 ② 출세간이며 ③ 無上이고 ④ 무분별이며 ⑤ 無垢인 智를 얻는다. (28)
> 이 이후가 견도위다. ① 2취와 분리되었다는 것은 소취라는 취와 능취라는 취와 분리되었기 때문이다. ③ 無上이란 더 이상의 승이 없기 때문이다. ④ 무분별이란 소취·능취의 분별과 분리되었기 때문이다. ⑤ 無垢란 견도에서 끊어야 할 번뇌를 끊었기 때문이다. 이 때문에 [반야경에서는][61] '깨끗하고 더러움이 없다'고 말해진다.
> 그것이 그에게 轉依이고 初地로 인정된다.[62]

지지했듯이 AS조차 무착의 저작이 아니라, 무착 단독으로 혹은 무착을 중심으로 한 그룹에 의해 편집되었을 가능성을 제외할 수 없다면, 몇몇 단편적인 내용에 근거한 舟橋尙哉의 주장은 설득력이 다소 떨어진다고 보인다. 안성두[2002: 240-241]는 "형식적인 측면에서 볼 때 유가행파 문헌 속에서 3잡염을 12연기적 맥락에서 사용한 것은 『집론』이나 『변중변론』이 최초이고, 『섭대승론』은 알라야식의 논증과 관련해 업잡염을 이끌어들였다고 한다면 『섭대승론』의 방식이 보다 발전된 이론이라고 보여진다. 또한 식과 명색의 상의성의 문제에 있어 『섭대승론』은 알라야식의 존재증명과 관련시켜 설명하지만, 『집론』은 이에 관심을 보이지 않는 점에서 『섭대승론』보다 초기의 논서라고 추정"한다. 문제는 ASBh가 과연 MS보다 선행하는가 혹은 MS 이후에 저술되었는가 하는 점이다. 본고는 이에 대해 勝呂信靜의 입장에 따른다. 篠田正成가 지적한 대로, 비록 ASBh가 내용상으로 AS와 MS의 중간 단계라고 하더라도, 본론의 내용에 의해 제약을 받을 수밖에 없는 주석서의 성격에 따라 전면적으로 MS의 입장에 서서 주석을 작성하기는 어려울 것이기 때문이다.

61) 小谷信千代[1984: 206, n.48] 참조.

62) MSA 93,27-94,5

앞서 살펴보았듯이 이 게송 이전에는 순결택분위의 수행이 설명된다. 그것은 소취와 능취를 차례로 부정해 나가는 入無相方便相이었다. 28송과 29송은 입무상방편상 직후에 획득하는 智의 성격과 그 단계를 설명하는 것이다. 위 게송에서 智의 성격은 다섯 가지로 묘사된다. 그 중 입무상방편상의 직접적인 결과로 생각할 수 있는 것은 ① 2취와 분리된 智라는 측면이다. 그리고 그와 동일한 의미를 가진 것으로 해석할 수 있는 ④ 무분별이라는 측면 또한 함께 언급되어야 할 것이다. ② 出世間智는 세간적인 智에, 그리고 ③ 無上智는 有上인 智, 곧 성문과 독각의 智에 대비한 것으로서 智의 본질적인 성격을 묘사하는 것은 아니다. ⑤ 無垢인 智는 입무상방편상의 직접적인 결과라기보다는 2취와 분리된, 곧 무분별인 智가 발생하면서 동시에 획득되는 이차적 결과이다. 따라서 견도에서 발생하는 智의 일차적이고 본질적인 성격은 2취와 분리된 智라는 것이며, 이를 다시 무분별지라고 부르는 것이다. 이는 세친의 주석에서도 확인할 수 있다. 세친은 2취와 분리된 智를 소취·능취의 취와 분리된 智라고 하고, 무분별지를 능취·소취의 분별과 분리된 智라고 주석하는 등 거의 동일한 의미로 설명하기 때문이다. 이와 거의 유사한 설명은 32송에도 이어진다.

---

dvayagrāhavisaṃyuktaṃ lokottaramanuttaram /
nirvikalpaṃ malāpetaṃ jñānaṃ sa labhate tataḥ* // 28 //
ataḥ pareṇa darśanamārgāvasthā / dvayagrāhavisaṃyuktaṃ grāhyagrāhagrāhakagrāhavisaṃyogāt / anuttaraṃ yānānuttaryeṇa** / nirvikalpaṃ grāhyagrāhakavikalpavisaṃyogāt / malāpetaṃ darśanaheyakleśaprahāṇāt*** / etena virajo vigatamalam ity uktaṃ bhavati /
sāsyāśrayaparāvṛttiḥ prathamā bhūmir iṣyate /

* 小谷信千代[1984: 231, n.21]에 따라 punaḥ를 tataḥ로 교정했다.

** 小谷信千代[1984: 231, n.22]에 따라 yānānantaryena를 yānānuttraryeṇa로 교정했다.

*** 小谷信千代[1984: 231, n.23]에 따라 darśnajñeya-를 darśanaheya-로 교정했다.

> 그는 삼계에 속하는 행들을 虛妄分別이라는 측면에서
> ② 지극히 청정한, ① 둘을 대상으로 하지 않는 智에 의해 본다. (32)
> 그는 삼계에 속하는 행들을 虛妄分別뿐인 것으로 본다. ② '지극히 청정한 智에 의해'란 출세간이기 때문이다. ① '둘을 대상으로 하지 않는'이란 소취·능취를 대상으로 하지 않는대[는 뜻이다.][63)]

여기에서도 견도에서 발생하는 智는 ① 둘 곧 능취·소취를 대상으로 하지 않는 智이며, ② 지극히 청정한 智, 곧 출세간지다. 그러므로 입무상방편상의 수행으로 발생하는 智는 일차적으로 소취·능취와 분리된 것을 본질적인 성격으로 가지며, 그러한 의미에서 이 智를 무분별지라고 하는 것이 확인된다. 이는 소취·능취의 비존재만을 인식하는 것으로서 실재하는 어떤 것을 인식하는 智와는 구별된다. 따라서 이 智를 적확하게 표현하는 명칭은 『대승아비달마집론』의 첫 번째 견도규정에 나타난 無所得三摩地鉢羅若 혹은 그와 동일한 개념으로 간주되는 所取能取無所得智가 되어야 할 것이다.

무분별지가 갖는 이러한 측면에 대한 유사한 언급이 『대승장엄경론』 XI-48송에 나타나 있다[64)]. 그것은 해탈을 구하는 다른 방식으로 설해지는 다음과 같은 게송이다.

---

63) MSA 94,17ff

traidhātukān sa saṃskārān* abhūtaparikalpataḥ /
jñānena suviśuddhena advayārthena paśyati //
sa traidhātukān saṃskārān** abhūtaparikalpamātrān*** paśyati / suviśuddhena jñānena lokottaratvāt / advayārthenety agrāhyagrāhakārthena /

* 岩本明美[1995: 21, n.38]에 따라 traidhākukātmasaṃskārān을 이와 같이 교정했다.
** 岩本明美[1995: 21, n.39]에 따라 traidhākukātmasaṃskārān을 이와 같이 교정했다.
*** 小谷信千代[1984: 231, n.24]에 따라 abhūtaparikalpanāmātrān을 이와 같이 교정했다.

64) Schmithausen[1983: 261]은 AS의 첫 번째 견도 규정이 MSA XI 47d와 매우 닮아 있다고 지적한다. 그러나 47b에 '그 [지자]는 진실을 파악의 방법으로 인식한다'는 구절이 있으므로 비존재에 대한 인식만을 강조하는 경향과는 다소 입장을 달리하는 것으로 판단된다. 오히려 48송이 그의 지적과 어울리는 것을 보인다.

자량으로부터 能持와 所持가 있을 때 실로 名만을 보는 자는
실로 名만을 본다. 그리고 그것을 보는 자는 결코 그것을 보지 않는다. (48)
또 다른 방식이 있다. '能持'란 '듣는 것'이[라는 뜻이]다. '자량으로부터'란 자량을 쌓은 자가 이미 자량을 얻었기 때문이다. '所持가 있을 때'란 '여리작의[할 때]'라는 뜻이]다. '名만을 보는 자'란 '대상을 결여한 언어표현만을 [보는 자]'란 뜻이다. '실로 名만을 본다'란 識만을 [보는 것이다]. 名이란 색온을 제외한 4온이기 때문이다. 그것(nāmamātra)을 보는 자는 그것(rūpa) 또한 결코 보지 않는다. 대상이 없을 때 그것에 대한 識(vijñapti)이 보이지 않기 때문이다. 이 비지각이 해탈이다.[65]

여기서는 5유가지 중 能持와 所持라는 일부 항목의 명목이 나타나고, 또한 입무상방편상이 표현을 약간 달리해서 설명되고 있다. 그리고 그 결과 획득되는 대상과 식의 비지각이 해탈이라고 규정되는 것은 비존재성에 대한 인식만을 드러내는 것이다.

그러나 『대승장엄경론』에서 무분별지는 소취·능취의 비존재성에 대한 인식만을 의미하는 것은 아니다. 「교수교계품」에서 계속해서 설하는 다음 게송은 이를 명확히 한다.

---

65) MSA 67,2-9:
ādhāre saṃbhārād ādhāne sati hi nāmamātraṃ paśyan /
paśyati hi nāmamātraṃ tat paśyaṃs tac ca naiva paśyati bhūyaḥ // 48 //
aparaḥ paryāyaḥ / ādhāra iti śrutau [/] saṃbhārād iti saṃbhṛtasaṃbhārasya pūrvasaṃbhāralābhāt / ādhāne satīti yoniśomanaskāre [/] nāmamātraṃ paśyann ity abhilāpamātram artharahitaṃ / paśyati hi nāmamātram iti vijñaptimātraṃ [/] nāma arūpiṇaś catvāraḥ skandhā iti kṛtvā [/] tat paśyaṃs tad api bhūyo naiva paśyaty arthābhāve tadvijñapty adarśanād ity ayam anupalambho vimuktiḥ /

> 그리고 견소단[의 번뇌]들과 분리된 그 [능취·소취의] 비존재의 존재를 [본다].
> 그러므로 실로 그때 見道가 획득되었다고 설명된다. (33)
> 그 소취·능취의 비존재의 존재인 법계를 견도에서 끊어야 할 번뇌와 분리된 것으로 본다.[66]

위 인용문에서 무분별지의 대상은 능취·소취의 비존재 그 자체가 아니라 그 비존재의 존재다. 능취·소취의 비존재의 존재는 주석에서 法界(dharmadhātu)라는 용어로 대치되고 있다. 다시 말하면 무분별지의 대상은 능취·소취의 단순한 비존재(abhāva)가 아니라 그 비존재의 존재(abhāvasya bhāva)로서 法界인 것이다. 그리고 이 때 비로소 보살은 견도를 획득했다고 선언된다.

입무상방편상의 수습 이후에 발생하는 智를 법계에 대한 智와 동일시하는 것은 『대승장엄경론』의 다른 곳에서도 발견된다. 예를 들어 『대승장엄경론』 VI 6-9는 第一義智에 들어가는 것을 설명하는 게송이다. 주석에 따르면, 그 중 7송과 8송에 걸쳐 순결택분위와 견도 그리고 법계를 직접지각하는 방법이 설명된다.

---

66) MSA 94,21-24:
tadabhāvasya bhāvaṃ ca vimuktaṃ dṛṣṭihāyibhiḥ /
labdhvo* darśanamārgo hi tadā tena nirucyate //
tasya grāhyagrāhakābhāvasya bhāvaṃ dharmadhātuṃ** darśanaprahātavyaiḥ kleśair vimuktaṃ paśyati /
* 小谷信千代[1984: 231, n.25]에 따라 labdhvā를 이와 같이 교정했다.
** Lévi본에는 dharmadhātūn으로 되어 있지만 法界를 복수형으로 나타내는 것은 교리상 모순이 있다. 岩本明美[1995: 21, n.42]도 Otani A와 Nc본에 따라 dharmdhātūn을 이와 같이 교정하고 있다.

그는 대상들이 意言뿐이라고 인식한 후, 그것과 유사한 것으로 현현하는 唯心에 머문다.
그러므로 둘의 상을 결여한 법계를 직접지각하게 된다.[67] (7)
마음과 별개의 것은 존재하지 않는다고 지혜로써 인식한 후, 그러므로 마음도 존재하지 않는다고 이해한다.
둘이 존재하지 않음을 이해한 후 지자는 그것을 결여한 법계에 머문다. (8)

……

두 번째 [게송(7송)]에 의해서는 대상이 意言뿐임을 알고 그것으로 현현하는 唯心에 머문다. 이것이 보살의 순결택분위다. 그 후 2상, 곧 능취·소취의 상과 분리된 법계를 직접지각한다. 이것이 견도위다.
세 번째 [게송(8송)]에 의해서 법계를 직접지각하는 방법을 보인다. 어떻게 이 법계를 직접지각하는가? 마음과 별개인 소취로서의 인식 대상이 존재하지 않는다는 것을 지혜로써 증득한 후 그 唯心도 존재하지 않는다는 것을 증득한다. 소취가 없을 때는 능취도 없기 때문이다. 이 둘이 없다는 것을 알고, 그것을 갖지 않는, [곧] 소취와 능취의 상을 결여한 법계에 머문다. 이와 같이 법계를 직접지각한다.[68]

---

67) 이 때 직접지각(pratyakṣa)은 직접지각이라는 인식 수단이 아니라 직접지각의 인식 대상을 가리킨다. 직접지각이 인식 수단을 의미할 뿐만 아니라 인식 대상을 의미하기도 한다는 것에 대해서는 Schmithausen[1972: 160f], 강성용[2004: 130, 특히141ff] 참조.

68) MSA 24,1ff:

arthān sa vijñāya ca jalpamātrān saṃtiṣṭhate tannibhacittamātre /
pratyakṣatām eti ca dharmadhātus tasmād viyukto dvayalakṣaṇena //
nāstīti cittāt param etya buddhyā cittasya nāstitvam upaiti tasmāt /
dvayasya nāstitvam upetya dhīmān saṃtiṣṭhate 'tadvati dharmadhātau* //

……

dvitīyena manojalpamātrān arthān viditvā tadābhāse cittamātre 'vasthānam iyaṃ bodhisatvasya nirvedhabhāgīyāvasthā / tataḥ pareṇa dharmadhātoḥ pratyakṣatāgamanaṃ** dvayalakṣaṇena viyukto grāhyagrāhakalakṣaṇena [/] iyaṃ darśanamārgāvasthā /

tṛtīyena yathāsau dharmadhātuḥ pratyakṣatām eti tad darśayati / kathaṃ cāsau dharmadhātuḥ pratyakṣatām eti / cittād anyad ālambanaṃ grāhyaṃ nāstīty avagamya buddhyā tasyāpi cittamātrasya nāstitvāvagamanaṃ grāhyābhāve*** grāhakābhāvāt / dvayasya**** cāsya nāstitvaṃ viditvā dharmadhātau vyavasthānam***** atadvati* grāhyagrāhakalakṣaṇābhyāṃ rahita evaṃ dharmadhātuḥ pratyakṣatām eti /

이 게송과 그 주석에서 법계는 능취·소취와 분리된 것(viyukta) 혹은 그 양자를 결여한 것(rahita)로서 이해된다. 이는 직접지각의 대상이 단순히 능취·소취의 비실재성이 아니라 어떤 의미로든 긍정적인 성격을 가진 것임을 뜻한다. 그러므로 『대승장엄경론』에서 설하는 무분별지는 세간의 이원적 경험은 소멸하지만, 출세간적이고 비이원적인 경험까지 소멸하는 것을 의미하지는 않는다. 소취능취무소득지라는 개념은 전자의 측면은 잘 드러내 주지만 후자의 측면을 포괄하지는 못한다. 이 때문에 『대승장엄경론』은 견도에서 발생하는 智의 명칭으로서 소취능취무소득지라는 개념은 채택하지 않는 것으로 보인다. 만약 소취능취무소득지를 『대승아비달마집론』의 첫 번째 견도 규정에, 법계를 인식하는지를 두 번째 규정[69]에 해당하는 것으로 간주할 수 있다면, 『대승장엄경론』에서는 이미 『대승아비달마집론』의 첫 번째 견도 규정과 두 번째 견도 규정을 통합하려고 시도하고 있다고 보아도 좋을 것이다.

한편 법계를 이와 같이 긍정적인 실재로 보는 것은 이미 <섭결택분>에서 발견된다.

---

* 岩本明美[1996: 844f]에 따라 이와 같이 교정했다.

** Lévi본에는 dharmadhātoḥ pratyakṣato gamane로 되어 있으며, 宇井伯壽[1961: 602f], MSA-Index[xii], 舟橋尙哉[1990]도 여기에 대해서는 교정을 하고 있지 않다. 그러나 Otani A, B본에서는 dharmadhātoḥ pratykaṣatāgamanaṃ으로 되어 있는데, 이것이 dharmadhātuḥ pratyakṣtam eti의 명사문으로서 문법적으로 타당해 보인다. 티벳역(P Phi 155b5: chos kyi dbyings …… mngon sum nyid du rtogs)도 이를 지지한다.

*** 舟橋尙哉[1990: 43]에 따라 grāhyabhāve를 이와 같이 교정했다.

**** 舟橋尙哉[1990: 42]에 따라 dvaye를 이와 같이 교정했다.

***** 舟橋尙哉[1990: 42]에 따라 avasthānam을 이와 같이 교정했다.

69) 所緣能緣平等平等智는 본래 ŚrBh에서 유래하는 것이지만 MS III 9에서는 이 개념을 법계를 직접지각할 때 견도에서 발생하는 무분별지[의 한 측면]으로 이해한다.

열반이란 무엇인가? 법계가 청정한 것인데, 번뇌와 고가 적정하다는 의미에서이지 [열반 자체가] 존재하지 않는다는 의미에서가 아니다. 번뇌와 고가 적정한 것에 대해서만 열반이라고 할 때, 왜 그것(열반)이 존재하지 않는다는 의미에 의해서가 아닌가? 대답한다. 예를 들면 물에서 혼탁함이 맑아진 것만이 청정한 것이고 혼탁함이 맑아지기 때문에 청정함이 없는 것은 아니다. 그리고 금이 잡티와 분리되는 것만이 아름다운 것이고 그것과 분리되기 때문에 아름다움이 없는 것은 아니다. 하늘이 구름과 안개 등과 분리된 것만이 청정한 것이고 그것과 분리되기 때문에 청정함이 없는 것은 아니다. 이와 같이 열반에서도 마찬가지라고 보아야 한다.70)

위 인용문은 번뇌와 고가 적정한 것과는 별개로 청정한 법계로서의 열반이 존재한다는 것을 명확히 하고 있다. 예를 들어 물은 본래 맑은 것인데 여기에 불순물이 섞여들면 물이 흐려진다. 하지만 불순물을 제거한다고 해서 물의 맑음도 사라지는 것은 아닌 것과 같다. 물은 불순물이 있든 없든 여전히 맑은 것이기 때문이다. 마찬가지로 금에 불순물이 섞여 있는 경우에도 그 불순물을 제거한다고 해서 금의 아름다움이 사라지는 것은 아니며, 하늘에 구름이나 안개가 끼어서 흐릴 때 그 안개와 구름이 걷힌다고 하늘의 맑음이 사라지는 것

70) ViSg P 'i, 15b5-8, D Zi, 14b5-15a1: mya ngan las 'das pa gang zhe na / chos kyi dbyings rnam par dag pa gang yin pa ste / nyon mongs pa dang sdug bsngal nye bar zhi ba'i don gyis yin gyi* / med pa'i don gyis ni ma yin no // gang gi tshe nyon mongs pa dang sdug bngal nye bar zhi ba tsam la nya ngan las 'das pa zhes bya ba'i tshe / ci'i phyir de med pa'i don gyis ma yin zhe na / smras pa / 'di lta ste dper na chu'i khams la rnyog pa dang ba** tsam gsal ba yin yang rnyog pa dang bar*** gyur pas gsal pa nyid med pa ma yin pa dang / gser skyon dang bral ba tsam bzang ba nyid yin yang de dang bral bas bzang ba nyid ma yin pa dang / nam mkha' sprin dang khug rna la sogs pa dang bral ba tsam rnam par dag pa nyid yin yang de dang bral bas rnam par dag pa nyid med pa ma yin pa bzhin du / 'di la yang tshul de bzhin du bltar bar bya'o //

* P: kyis

** D: dangs pa

*** D: dangs par

이 아닌 것과 같다. 이를 법계가 청정한 것이라고 한다.[71] 이와 같은 열반관 혹은 법계관은 열반 또한 언어적인 존재로 간주하고 희론의 멸을 곧 열반이라고 하는 「진실의품」의 열반관[72]과 제행의 멸과 번뇌와 고의 적정을 곧 열반이라고 하는 「보리분품」의 열반관[73] 등 <보살지>의 열반관과는 구별되는 것이다.

이러한 긍정적인 실재로서 법계에 대한 인식은 '보다(paśyati)', 혹은 '머물다(saṃtiṣṭhate)', 혹은 '직접지각하다(pratyakṣatām eti)'라는 방식으로 이루어진다. 이는 전 절에서 살펴본 '접촉하다(spṛṣati)'라는 방식과도 일맥상통하는 것이다. 이러한 인식방식은 긍정적으로 실재하는 진실한 존재에 대한 직접적인 체험의 의미를 내포한다.

슈미트하우젠[1981: 246f]은 대승불교에서는 "부정적-지적" 경향과 "긍정적-신비적" 흐름이 내적으로 통합되어 있어서 초기경전에 보이는 것과 같은 대립은 보이지 않는다고 이미 지적하고 있다. 이 점은 『대승장엄경론』에서 매우 잘 드러난다. 입무상방편상을 통해 얻는 부정성에 대한 인식과 법계를 직접지각하는 긍정적인 인식이 분리되어 있지 않다. 이러한 내적 통일의 근거는 법계의 개념이다. 법계를 비존재의 존재(abhāvasya bhāva)라고 규정하는 것은 이러한 내적 통일에 대한 이해의 열쇠가 된다. 이러한 개념 규정에 의해 비존재는 존재와 동일시 되고 세간의 부정적 본성이 그대로 출세간적인 궁극적 실재와 동일시되는 것이다. 이는 세간적 존재의 무상·고·공·무아 등 고제의 4행상을 지적으로 이해하는 방식과 멸제, 곧 열반을

---

71) 또 ViSg P 'i 139a4ff(『유가사지론(대정30, 748b10))』는 무여의열반계에서는 전의가 존재하고 그것은 희론을 떠난 것임과 동시에 법계의 청정으로 규정한다. ViSg 'i 2b7-8은 진여에 대해서도 이와 유사한 이해를 보여준다.

72) BoBh[D] 39,20 ; BoBh[W] 55,17f.

73) BoBh[W] 281,2-4.

대상으로 하는 직접적 체험의 방식이 내적으로 통일되었다는 것으로도 이해할 수 있다.

이는 마치 팔리어본 Mahāmāluṅkyasutta(『중아함경』 제205 「五下分結經」)에서 설하는 解脫智가 본질적으로 두 가지 국면을 함축하고 있는 것을 연상시킨다. 『대승장엄경론』의 무분별지는 팔리어본 Mahāmāluṅkyasutta가 "부정적-지적" 전통과 "신비적-긍정적" 전통을 균형 있게 조화시키고 있는 것과 일치한다. 슈미트하우젠이 팔리어본 Mahāmāluṅkyasutta가 "긍정적-신비적" 경향에서 이루어진 통합 시도라고 조심스럽게 추측하는 것을 원용해 본다면, 미륵 계통의 논서, 특히 『대승장엄경론』 또한 "긍정적-신비적" 계통에서 "부정적-지적" 경향을 조화롭게 통합시키려 한 결과라고 해석할 수 있을 것이다.

4. 『섭대승론』의 무분별지

1) 「증상혜학분」의 구조와 의미

『섭대승론』의 제8장 「증상혜학분(adhiprajñāśikṣā[74])」은 무분별지

---

74) adhiprajñāśikṣā에서 접두사 adhi는 기본적으로 '~의 위에, ~보다 뛰어난'이라는 뜻이다. 따라서 진제역을 제외하면 모두 增上이라고 한역한다. 이에 따르면 증상계학은 뛰어난 계학이고 증상심학은 뛰어난 심학, 증상혜학은 뛰어난 혜학이라는 뜻이 된다. 그러나 adhi가 목적격과 더불어 전치사적으로 사용될 때는 '~에 관한'이라는 뜻도 가진다. 이 경우 증상계학은 '계에 관한 학'이 될 것이고 증상심학은 '심에 관한 학'이 될 것이다. 증상혜학도 물론 '혜에 관한 학'이 된다. 진제역에서 依戒學, 依心學, 依慧學이라고 한 것은 이러한 뜻을 취한 것이다. 이러한 예는 adhiprajñāṃ śikṣā(BoBh[D] 258,5; BoBh[W] 373,21) 등에서 발견된다. 그리고 무성(MSU P Li 322a8-b3, D Ri 266a4-7)도 기본적으로는 이와 같이 '~에 관한'이라는 뜻을 취하고 있다. 이 경우 증상계학과 증상심학은 문제가 없지만, 증상혜학의 경우는 혜와 학이 지혜(vidyā)를 취한다는 점에서 동일하므로 혜가 곧 학이 되어 동격이 되어 버리고 만다. 이때 adhi(~에 관한)의 뜻이 모호해진다. 따라서 무성은 '~에 관한'이라는 뜻을 살려 가행무분별지는 근본무분별지에 관한 학이고

를 단일한 주제로 하여 그 다양한 측면을 체계적으로 설한 품으로 잘 알려져 있다. 라모트(Lamotte)[1973] 및 나가오 가진(長尾雅人)[1987]에 따르면 이 품은 모두 23절로 이루어져 있다. 그 중에서 제1절은 이 품의 서론에 해당하고 제23절은 제6장 「증상계학분」, 제7장 「증상심학분」을 포함한 3학 수습 전체의 결론에 해당한다. 제2절부터 제18절까지는 모두 17항목에 걸쳐 무분별지를 논하는 부분이다.75) 17항목이란 무분별지의 ① 본질(svabhāva), ② 소의(āśraya), ③ 기원(nidāna), ④ 인식 대상(ālambana), ⑤ 행상(ākāra), ⑥ 반론에 대한 대답(codyaparihāra), ⑦ 근거(ādhāra/dhṛti), ⑧ 반려(sahāya), ⑨ 異熟(vipāka), ⑩ 等流(niṣyanda), ⑪ 벗어남(niḥsaraṇa), ⑫ 궁극에 도달함(niṣṭhāgamana), ⑬ 3가지 무분별지의 장점(anuśaṃsa), ⑭ 3가지 무분별지의 차이(prabheda), ⑮ 근본지와 후득지의 비유(dṛṣṭānta), ⑯ 무공용의 활동(anābhogakṛtyānuṣṭhāna), ⑰ 심오함(gambhīrya)이다. 이상의 17항목은 첫 번째인 본질에 관해서 약간의 산문 설명이 이루어지는 것을 제외하고는 모두 운문으로 설해져 있어 주석의 도움 없이는 이해가 불가능하다.

이상과 같은 항목의 설정 기준은 비록 무분별지라 하더라도 기본

근본무분별지는 후득무분별지에 관한 학이며 근본무분별지와 후득무분별지는 모두 최상의 지혜에 관한 학이라고 보충해서 설명하고 있다. 한편 세친(MSBh P Li 212b1-2, D Ri 175a3-4)은 adhi를 각각 shes rab kyi dbang du byas pa(adhikāraprajñā), nang gi bdag nyid kyi shes rab(adhyātmaprajñā), gang gnas pa'i shes rab(adhiṣṭhitaprajñā)로 해석함으로써 adhi를 adhikāra, adhyātma, adhiṣṭhita의 세 단어에 공통적으로 adhi가 사용되기 때문에 adhiprajñā라고 한다고 주석하고 있다. 이상은 長尾雅人[1987: 242, n.1] 참조.

75) 17항목이란 티벳역에 따른 분류이다. 어느 역본에서도 번호가 없으므로 정확히 몇 항목인지 알기는 어렵다. 다만 진제역 세친석은 19항목이라고 명시하고 있다. 이는 제6항목인 난문에 대한 대답을 질문과 대답으로 나누고 제15항목인 무분별지와 후득지의 비유 뒤에 위덕을 추가한 것이다. 굽타역은 진제역과 마찬가지로 제6항목을 질문과 대답으로 나누지만 위덕을 추가하지 않으므로 18항목이다. 반면 현장역은 제6항목의 명칭을 들지 않아 16항목에 그친다. 불타선다역은 확실하지 않다. 長尾雅人[1987: 243, n.2] 참조.

적으로는 인간의 정신활동이므로 識을 설명하는 방식을 원용한 것으로 보인다. 예를 들어 『유가사지론』 <五識身相應地> 및 <意地>에서는 각각의 식을 본질(svabhāva), 소의(āśraya), 인식 대상(ālambana), 반려(sahāya), 작용(karma)이라는 다섯 가지 측면에서 규명하고 있다.[76] 이는 위에서 언급한 17항목 중 ① ② ④ ⑧ ⑯에 각각 해당한다. 그러나 일반적인 식의 규명과는 다른 식으로 서술하는 것도 눈에 띈다. 예를 들어 반려는 <오식신상응지>나 <의지>에서는 심소법을 가리키지만, 무분별지의 경우에는 반야바라밀을 제외한 나머지 바라밀을 가리킨다. 활동 또한 <오식신상응지>나 <의지>의 경우에는 '자기 자신의 인식 대상을 인식하는 것'으로부터 시작하여 일반적인 인식 및 업과 그 과보의 경험과 관련되는 반면, 무분별지의 작용은 저절로 중생에 대한 교화가 이루어지는 점을 들고 있다. 더구나 식에 대한 설명에서는 보이지 않는 다른 많은 항목을 포함하고 있어 이를 그대로 원용했다고 보기는 어렵다.

이와 관련해서 살펴보아야 할 것이 <보살지> 「공덕품」에 설명된 4가지 언어에 의한 확립 중 네 번째인 [3]승에 대한 언어적 확립(yānaprajñaptivyavasthāna, 乘施設建立) 부분이다. 그 중 대승의 확립은 ① 언어표현할 수 없는 事를 인식 대상으로 해서 모든 법에 대한 진여를 분별하지 않는 것과 동일한 出離慧, ② 그 혜의 소의(āśraya), ③ 인식 대상(ālambana), ④ 반려(sahāya), ⑤ 작용(karma), ⑥ 자량(saṃbhāra), ⑦ 결과(phala)로서 설명된다.[77] <오식신상응지> 및 <의지>와 승시설건립, 그리고 「증상혜학분」의 17항목을 대조해 보면 다음과 같다.

---

76) YBh[Bh] 4,2f, 11,2f.

77) BoBh[D] 199,14ff; BoBh[W] 293,27ff.; 『현양성교론』에도 동일한 내용이 나타나 있지만, 대응하는 MSA 168,14ff의 설명은 이와 전혀 다르다. <섭결택분>에서는 승가건립에 대해 『해심밀경』의 「지바라밀다품」과 「여래성소작사품」을 거의 그대로 인용하고 있다.

<오식신상응지> 및 <의지>	<보살지>『공덕품』 승시설건립	『섭대승론』「증상혜학분」
① 본질	① 본질	① 본질
② 소의	② 소의	② 소의
③ 인식 대상	③ 인식 대상	④ 인식 대상
		⑤ 양상
		⑥ 반론에 대한 대답
		⑦ 근거
④ 반려	④ 반려	⑧ 반려
⑤ 작용	⑤ 작용	⑯ 무공용의 활동
	⑥ 자량	③ 근원[78]
	⑦ 결과	⑨ 이숙 ⑩ 등류 ⑪ 벗어남 ⑫ 궁극에 도달함
		⑬ 3지의 장점 ⑭ 3지의 차이 ⑮ 2지의 비유
		⑰ 심오함

<보살지>에서 대승을 언어로 건립하는 것을 무분별혜의 7가지 측면으로 설명한 것은, 그것 자체로 대승 전체를 포괄한다는 攝大乘의 관념을 전제로 하는 것으로 보인다. 사실 '攝大乘'이란 개념은 네 가지 언어적 확립을 설한 후 「공덕품」의 22번째 항목에서 제시된다. 이 때 섭대승은 ① 보살장의 가르침, ② 보살장의 가르침 중에서 모든 법의 진실한 대상에 관한 가르침을 드러내는 것, ③ 보살장의 가르침 중에서 불보살의 불가사의하며 최상인 위력을 드러내는 것, ④ 그러한 가르침을 바르게 듣는 것, ⑤ 여리작의에 근거해서

78) 승시설건립의 자량을 근원과 동일시하는 것은 것은 다소 문제의 소지가 있을 수 있다. 자량은 BoBh의 여러 곳(BoBh[D] 176,21f ; BoBh[D] 202,1f 등)에서 복덕과 지혜라는 두 가지로 정의되고, BoBh[D] 22,15ff에서는 각각 6바라밀로 설명된다. 반면 근원은 문훈습과 여리작의에 속하는 意言을 가리킨다. 이 두 가지는 서로 다른 수행도를 배경으로 하고 있으므로 내용상 반드시 일치한다고 보기는 어렵다. 또한 근원은 예비적 단계에 속하는 문훈습과 본격적인 수행 단계에 속하는 여리작의를 함께 포함하는 개념이기도 하다. 그러나 양자가 각각 궁극적 실재를 보는 지를 위한 전단계의 수행이라는 점에서 일치하므로 이와 같이 배치했다.

뛰어난 의도를 내는 것 ⑥ 뛰어난 의도에 근거해서 수행에 들어가는 것, ⑦ 수행에 들어간 것에 근거해서 수행의 결과를 완성하는 것, ⑧ 수행의 결과를 완성하는 것에 근거해서 궁극적인 출리를 얻는 것 등의 여덟 가지로 요약된다.[79] 유가행파의 문헌에서 부분이 전체를 포괄 혹은 반영하는 구조를 갖는 것은 종종 눈에 띄는 것이지만[80], 「공덕품」의 섭대승 항목 또한 이를 잘 나타내고 있다. 이와 동일한 사유방식이 3승을 언어로서 확립하는 것에도 전제되어 있는 것으로 보인다.

한편 『섭대승론』은 그 題名이 보여주는 그대로 대승을 10항목을 통해 요약적으로 설명하는 방식으로 섭대승의 입장을 표면에 내세운다. 아뢰야식설(所知依分)과 3성설(所知相分), 유가행과 그 단계(入所知相分), 6바라밀(彼入因果分)과 10지(彼修差別分), 3학(增上戒學分·增上心學分·增上慧學分), 수행의 결과로서 열반(彼果斷分)과 지혜(彼果智分)가 대승 전체를 포괄한다고 보는 것이다. 「증상혜학분」이 승시설건립의 구조에 근거하고 있는 점은 이와는 다른 각도에서 대승을 포괄적으로 확립하려는 입장이라고 해석할 수 있다. 「증상혜학분」이 그 자체로서 하나의 '섭대승'을 표방하고 있는 것이다.

다음으로 제19절은 가행무분별지와 근본무분별지, 그리고 후득무분별지를 각각 별도의 기준에 의해 분류한 것이다. 가행무분별지는 원인과 이끎과 수습에 의해 구분되고, 근본무분별지는 喜足과 無顚倒와 無戲論에 의해 구분되며[81], 후득무분별지는 통달과 기억과 확

---

79) BoBh[D] 202,10ff.

80) 예를 들어 MSA 「술구품」 k61-73에서 설명되는 44종 작의가 MSA 전체 품에 대응한다는 것이 지적되어 있다(小谷信千代[1984: 66f]).

81) 이 세 가지 무분별의 구분은 AS 102,8ff에 이미 나타난다. MS에서 무분별지의 본질로 거론되는 5상이 AS에서는 무희론무분별의 특징으로 설명된다.

립과 총괄과 자유자재에 의해 구별된다.

제20절은 무분별지를 증명하는 여섯 게송이다. 이 여섯 게송은 티벳역에서는 II-15B에서도 나타나지만 한역에서는 이곳에서만 나타난다. 이 게송은 『대승아비달마잡집론』[82]에도 전거에 대한 언급 없이 인용되어 있다.

제21절은 무분별지가 『반야경』의 반야바라밀과 동일하다는 것을 설명한다. 제22절은 성문의 智와 보살의 智가 다섯 가지 측면에서 차이가 있다는 것을 밝힌다. 이는 III 15에 설명된 성문의 현관과 보살의 현관을 11가지 측면에서 구별한 것과 밀접하게 연관되어 있다.[83]

제23절은 「증상혜학분」뿐만 아니라 「증상계학분」과 「증상심학분」을 포함한 3학 전체의 수습의 결과를 다루고 있다.

2) 무분별지의 본질

『섭대승론』 Ⅷ-2에서 무분별지의 본질을 서술하는 부분[84]은 두 단락으로 나누어 볼 수 있다. 첫째 단락에서는 무분별지라고 오인되는 다섯 가지 사례를 예시하고 그 하나하나를 부정하는 부분이다. 둘째 단락은 게송으로서 첫 3구에서는 첫째 단락의 다섯 가지 사례를 정리하고 제4구에서는 결론적으로 무분별지를 정의하고 있다. 이를 『섭대승론』 본문의 서술을 따라가면서 살펴보기로 한다.

---

82) 『대승아비달마집론』(대정30, 715b19); ASBh 42,4ff.

83) 이 11가지 현관의 차이는 AS[P] 94,6ff 및 ASBh 123,3ff에도 나타난다. Schmithausen[1983: 264f]은 이를 서로 이질적인 성문의 해탈도와 보살의 해탈도를 철학적 혹은 교리적으로 일관된 체계로 통합하고자 하는 세 가지 모델의 하나로 간주한다.

84) 이 부분에 대한 연구로는 山口益[1972: 195, n.17], 山口益[1975: 439-40], 袴谷憲昭[1985], 釋慧敏[1994: 256-9], 안성두[2002: 161-167]가 있다.

(1) 다섯 가지 오해에 대한 배제

i) 無作意의 배제

무분별지의 첫 번째 특징은 작의가 없는 것을 끊은 것(yid la mi byed pa yongs su spangs pa)이다. 작의가 없는 것이란 세친석에 따르면 숙면(gnyid log pa), 만취(ra ro ba), 방탕함(bag med pa) 등을 의미하고[85], 무성석에 따르면 숙면(gnyid kyis log pa), 만취(ra ro ba) 등을 의미한다.[86]

무성은 작의가 없는 것이 무분별지에 포함되지 않는 이유로서, 만약 그렇다면 '모든 사람들이 노력 없이도 無顚倒에 이를 것이기 때문'[87]이라고 덧붙이고 있다. 한편 『대승아비달마잡집론』은 작의가 없는 것이 무분별지에 포함되지 않는 이유로서 '그들에게는 법의 특징(dharmanimitta)에 대한 작의가 없기 때문'[88]이라고 했다. 이것은 내용상으로는 큰 차이를 보이지는 않지만, 일반적이고 광범위한 의미를 지닌 무성의 설명보다는 작의가 가진 수행상의 의미에 더욱 적합한 설명으로 보인다. 곧 숙면이나 만취와 같은 단순히 작의가 없는 상태보다는 법의 특징에 대한 작의라는 일종의 수습행위를 결여하고서는 무분별지를 얻을 수 없다는 것이 명확히 지적되고 있기 때문이다. 따라서 <섭결택분>의 규정에서는 단순히 심소법으로서 작의가 없는 상태를 의미했던 것이, 『대승아비달마잡집론』과 무성석에서는 수습의 결여를 의미하는 것으로 그 의미를 확장시킨 것으로 이해할 수 있다.

---

85) MSBh P Li 212b5f, D Ri 175a6 ; 한역은 bag med pa를 각각 다음과 같이 옮기고 있다. 진제역: 放逸, 달마급다역: 耽淫, 현장역: 悶; 진제역과 달마급다역은 각각 ra ro ba와 bag med pa를 순서를 바꾸어 옮긴 것으로 보인다.

86) MSU P Li 322b6f, D Ri 266b2.

87) MSU P Li 322b7, D Ri 266b3.

88) ASBh 139,14: teṣāṃ dharmanimittāmanaskārāt /

ii) 有尋有伺地 이상의 선정의 배제

무분별지의 두 번째 특징은 유심유사지를 넘어선 것을 끊은 것(rtog pa dang bcas pa dang dpyod pa dang bcas pa'i sa las shin tu 'da' ba yongs su spangs pa)이다. 세친과 무성은 모두 유심유사지를 넘어선 것을 선정의 체계에서 제2선 이상을 의미하는 것으로 주석한다. 만약 제2선 이상의 선정이 무분별이라면 제2선 이상에 머무는 세간 사람들이나 성문들도 무분별지에 이를 것이라는 불합리가 있다는 것이다.[89)]

한편 앞서 살펴보았듯이 <섭결택분>과 『대승아비달마집론』은 이를 다만 '[그것을] 넘어선 것(yang dag par 'das pa)'이라고만 하고 있다. 이를 첫 번째 규정과 관련지어 볼 때 문맥상 '작의'를 넘어선 것을 의미한다고 볼 수 있다. 이러한 해석은 <섭결택분>과 『대승아비달마집론』의 현장역을 통해 뒷받침된다.[90)]

<섭결택분>과 『대승아비달마집론』의 맥락과는 달리 『대승아비달마잡집론』에서 이 두 번째 규정을 '혹은 넘어선 것으로부터 유래한다면, 그것에 의해서는 제2선을 시작으로 하는 모든 곳에서 무분별성을 얻는다. 尋(vitarka)과 伺(vicāra)라는 분별을 넘어서 있기 때문'[91)]이라고 주석한 것은 『대승아비달마잡집론』의 작자가 <섭결택분>과 『대승아비달마집론』의 맥락보다는 『섭대승론』의 영향을 받은 것이라고 해석할 수 있다.

---

89) MSBh P Li 212b6f, D Ri 175a6f ; MSU P Li 322b7f, D Ri 266b3f.

90) 『유가사지론』(대정30, 706c3): 若由超過彼故者; 『대승아비달마집론』(대정31, 693a2-3): 二非超過作意故; 그러나 『대승아비달마잡집론』에 인용된 『대승아비달마집론』의 본문에는 단순히 '非超過故(대정장31, 765a9)'라고만 했다. 이는 『대승아비달마잡집론』의 주석 내용이 본문의 그것과는 다른 맥락에서 이루어지고 있고, 역자는 그에 따라 번역했기 때문인 것으로 보인다.

91) ASBh 139,14f: atha samatikramatas tena divitīyadhyānāt prabhṛti sarvatra nirvikalpatā[ṃ] prāpnoti [vi]tarkavicāravikalpānaṃ samatikramāt /

한편 세친석과 무성석에서는 나타나지 않지만, <섭결택분>과 『대승아비달마잡집론』에서는 두 번째 규정을 설명하면서 다음과 같은 경전적 언급과 모순된다는 설명을 하고 있다.

삼계에 속하는 심·심소는 분별이다.92)

분별의 체는 삼계에 속하는 심·심소이다.93)

<섭결택분>에서는 이 문장을 인용하면서 그 전거에 대해 다만 gzhung로만 하고 있고 『대승아비달마잡집론』에서는 전거에 대한 어떤 언급도 없다. 이 문장과 가장 가까운 것은 「진실의품결택」 중에서 5사 중 분별을 정의하는 다음과 같은 문장이 지적되어 있다.

분별이란 무엇인가? 삼계에서 활동하는 심·심소법이다.94)

그러나 『유가사지론』의 <<본지분>> 중 <유심유사 등 3지>에서는 尋·伺 및 분별의 관계를 논하면서 다음과 같이 설명하는 문장이 보인다.

尋(vitarka)과 伺(vicāra)의 결택이란 무엇인가? 尋과 伺인 것이 분별이기도 하고 분별인 것이 尋과 伺이기도 하다. 尋과 伺인 한 그것은 분별

---

92) ViSg P 'i 29a8, D Zi 27a3: khams gsum pa'i sems dang / sems las byung ba'i chos rnams ni rnam par rtog pa yin no; 이 문장에 대한 교정은 袴谷憲昭[1985: 245]에 따랐다.

93) ASBh 139,16: vikalpasya śarīraṃ hi cittacaitāḥ traidhatukā.

94) ViSg P Zi 302b3f, D Zhi 287b3: rnam par rtog pa gang zhe na / khams gsum na spyod pa'i sems dang sems las byung ba'i chos rnams so // ; 袴谷憲昭[1985: 233, n.34]는 이 문장이 전거로서 가장 적절할 것이라고 한다.

> 이기도 하다. 그러나 분별이면서 尋과 伺가 아닌 것도 있다. [곧] 출세간지를 전제로 하여, 그것과 별개인 3계에서 활동하는 심·심소법은 분별이기는 하지만 尋과 伺는 아니다.[95)]

이 문장은, 필자가 아는 한, 내용상 삼계의 모든 심·심소가 분별이라는 것을 명시하고 있는 최초의 문장으로 보인다. 따라서 두 번째 규정에서 인용된 문장이 유심유사 등 3지에서 설하고 있는 이 문장을 인용한 것이라고 보는 것이 보다 개연적일 것이다.

이와 같이 3계에 속한 모든 심·심소를 분별이라고 한다면, 그것은 <보살지>의 분별 개념처럼 언어적·개념적 인식과 관련된 분별 개념보다 넓은 외연을 가진 것이다[96)]. 그러므로 아비달마적 맥락에서 自性分別에 해당하는 尋(vitarka)와 伺(vicāra)가 없는 단순한 제2선 이상이 무분별일 수는 없는 것이다.

---

95) YBh[Bh] 113,1–5: vitarkavicārāṇāṃ* viniścayaḥ katamaḥ / yo vitarkavicāraḥ vikalpo 'pi saḥ / yo vikalpo vitarkavicāro 'pi saḥ / yas tāvad vitarkavicāro vikalpo 'pi saḥ / syāt tu vikalpo na vitarkavicāraḥ / lokottarajñānam apekṣya tadanye sarve traidhātukāvacarāś cittacaitasikā dharmā vikalpo** na vitarkavicāraḥ /
* 원문은 'vitarkaṃvicārāṇāṃ'이나 티벳역과 한역을 참조로 교정했다.
** 원문은 'vikalpena'이나 티벳역과 한역을 참조로 교정했다.
YBh_t P Dzi 68a4–8, D Tshi 58b2–5: rtog pa dang dpyod pa rnams kyi rnam par nges pa gang zhe na / rtog pa dang dpyod pa gang yin pa de ni rnam par rtog pa yang yin no // rnam par rtog pa gang yin pa de ni rtog pa dang dpyod pa gang yin no // <rnam par rtog pa gang yin pa de ni rtog pa dang dpyod pa yin no //> de ltar rtog pa dang dpyod pa gang yin pa de rnam par rtog pa yang yin mod kyi / rnam par rtog pa yin la / rtog pa dang dpyod pa ma yin pa yang yod de / 'jig rten las 'das pa'i ye shes ma gtogs pa de las gzhan pa'i khams gsum na spyod pa'i sems dang sems las byung ba'i chos thams cad ni rnam par rtog pa yin la / rtog pa dang dpyod pa ma yin no //
『유가사지론』(대정30, 302c1–4): 尋伺決擇者 若尋伺卽分別耶 設分別卽尋伺耶 謂諸尋伺必是分別 或有分別非尋伺 謂望出世智 所餘一切三界心心所 皆是分別 而非尋伺.

96) <보살지>에서도, 비록 언어적·개념적 인식이 중심이 되어 있지만, 분별의 범위를 전체 심·심소로 확대 적용시키려는 시도가 나타나지 않는 것은 아니다. 앞서 살펴본 8종 분별 중 자성분별과 차별분별은 각각 아비달마적 맥락에서의 식과 심소의 작용에 해당한다는 것은 이미 지적했다. 나머지 여섯 가지 분별 또한 식의 특정한 활동이나 특정한 심소의 활동과 결합되어 있어 유부 아비달마에서 인정하는 세 가지 분별, 곧 自性分別과 隨念分別, 計度分別의 범위를 훨씬 넘어서 있다.

iii) 想受滅(=滅盡定)의 배제

무분별지의 세 번째 특징은 상과 수가 멸한 적정을 끊은 것('du shes dang tshor ba 'gog pa nye bar zhi ba yongs su spangs pa)이다. 상과 수가 멸한 적정이란 세친석과 무성석에는 '멸진정('gog pa'i snyoms par 'jug pa) 등'97)이라 하여 전통적으로 無心定으로 간주된 無相定과 멸진정이라는 두 선정 상태를 가리키는 것으로 해석한다. 멸진정과 무상정처럼 심이 존재하지 않는 상태에서는 심소 또한 존재하지 않으므로 智의 활동조차 있을 수 없게 된다는 것이다.

이어서 무성석에서는 다음과 같이 부가하고 있다.

> 멸진정 등에서 意識[이 있기] 때문에 심을 가진 것[이라고 생각하는 것]과는 모순되는데98)
>
> > 심소가 없을 때는 심이 결코 생하지 않는다.99)
> > 해와 햇빛의 관계와 같이 [심은] 그것(심소)들과 동시
> > 에 생한다.100)

---

97) MSBh P Li 212b8-213a1, D Ri 175b1; MSU P Li 323a2, D Ri 266b5.

98) MS(上) Ⅰ-52의 다음과 같은 문장과 동일한 맥락이라고 간주해 [ ] 안을 보충해서 번역했다: gang yang 'gog pa'i snyoms par 'jug pa la yid kyi rnam par shes pa yod pas sems dang bcas pa snyam du sems pa de'i ltar na yang sems de mi rung ste/; 여기서는 멸진정에서도 미세한 의식은 존재하므로 무심이 아니라 유심이라고 하는 견해를 상정하고 이를 반박하고 있다; AKBh는 이를 세우의 견해로 다음과 같이 소개하고 있다. AKBh[P] 72,21-22: bhadantavasumitras tv āha paripṛcchāyāṁ yasyācittikā nirodhasamāpattis tasyaiṣa doṣo mama tu sacittikā samāpattir iti / 袴谷憲昭[1974: 1107, n.6] 참조; 長尾雅人[1982: 240, n.1]은 『성유식론』에서 이를 경량부의 견해로 본다고 지적해 놓았다. 티벳역에는 없지만 한역에 삽입된 '如前已說'이란 이를 가리킨다(Lamotte[1973: 234] 참조. Lamotte가 지적한 Ⅰ§7은 적절하지 않은 듯하다).

99) 게송의 전반부를 이루는 이 문장은 Ⅱ-7에서 유식성에 대한 교증으로서 인용된 『십지경』의 三界唯心(khams gsum pa 'di ni sems tsam mo)의 唯心(sems tsam)에 대한 MSU 중에서도 산문의 형태로 인용되었다.(MSU P Li 280a2: sems las byung ba rnams med par sems nam yang mi 'byung ngo)

100) 이 게송은 산문 형태로 『성유식론』(대정31, 37a1-2)에도 인용되어 있다. 『성유식론술기』(대정43, 474a22-25)는 이에 대한 주석에서 『능가경』(대정16, 557c26-28: 大慧, 依彼二法分別生心心數法, 一時非前後, 如日共光明一時, 而有分別種種相)의 같은 부분을 언급하고 있다.

하고 설한 것과 같다.[101]

무성의 주석과 인용된 게송은, 언뜻 보기에는, 멸진정에서도 알라야식은 존재하고 따라서 알라야식과 상응하는 심소 또한 존재한다는 사실과 모순되는 것처럼 보인다. 그러나 동일한 문장이 설해진 I-52의 맥락을 함께 고려한다면, 이 경우 無心이란 제6의식과 그에 상응하는 심소가 멸한 상태라는 것으로 이해할 수 있다. 이는 의식이 존재하지 않는다면 무분별지도 존재할 수 없음을 나타내는 것으로서, 무분별지의 획득과 그 성격에서 의식의 역할을 배제할 수 없다는 것

袴谷憲昭[1974; 1110, n.5]가 Laṅk 227,13-15의 다음과 같은 문장이 매우 유사하다고 지적한 것은 이에 근거한 듯하다: yaḥ punar mahāmate tadāśrayapravṛtto vikalpaś cittacaittasaṃśabdito yugapatkālodita āditya iva raśmisahito vicitralakṣaṇasvabhāvo vikalpādhāraḥ sa mahāmate svabhāvaḥ paratantra ity ucyate //

101) MSU P Li 323a2-3, D Ri 266b5-6: 'gog pa'i snyoms par 'jug pa la sogs pa la yid kyi rnam par shes pas sems dang bcas pa nyid du 'gal te / sems las byung ba med par ni // sems ni nam kyang mi 'byung ste // nyi ma dang ni 'od zer bzhin // de dag nyid dang lhan cig 'byung // zhes ji skad bshad pa lta bu'o // ; 현장역은 게송 부분이 누락되어 있다. 袴谷憲昭[1974: 1109, n.7]는 『성유식론』의 조론취지 중 하나가 '심과 별개로 심소가 존재하는 것은 아니(『성유식론』(대정31, 1a14): 或執離心無別心所)'라고 하는 심소부정론을 반박하는데 있다고 지적하고, 이를 근거로 법상종의 입장과 어울리지 않는 이 게송을 고의로 누락했다고 보고 있다. 하지만 MSU와 인용된 게송의 전후 맥락은 심·심소가 상응한다는 입장에서 심이 없으면 심소가 없고, 마찬가지로 심소가 없다면 심 또한 없다고 주장하는 것으로서, 이는 『성유식론』의 주장과 상충하는 것은 아니다. 현장도 동일한 인용문을 동일한 맥락에서 인용하고 있기 때문이다.(『성유식론』(대정31, 36c29-a2): 若卽是心分位差別 如何聖教 說心相應 他性相應 非自性故 又如何說 心與心所 俱時而起 如日與光) 『성유식론술기』(대정43, 236c20-28)에서 명확히 지적하듯이 『성유식론』에서 현장이 부정하는 것은 覺天이나 譬喩師, 『성실론』 등에서 주장하는 심소부정론(加藤純章[1989: 199])으로서, MSU는 이러한 심소부정론과는 아무런 관련이 없다. 그러므로 이 게송이 심소부정론을 지지하기 때문에 현장이 번역하지 않았다고 하기보다는 다른 이유에서 누락시켰다고 보는 편이 타당할 듯하다.
『성유식론』의 조론취지에 관해서는 이미 長尾雅人[1938, 1983]의 연구가 있으며 그도 역시 『성유식론술기』를 근거로 『성유식론』의 부정하는 심소부정론의 주창자로서 각천 등의 경량부 논사를 들고 있다. 片野道雄[1974: 12-17]도 위의 『성유식론』의 조론취지가 무성과 안혜의 설을 부정하는 것이라고 하나, 이는 長尾雅人의 지적과 일치하지 않는다.
袴谷憲昭는 山口益[1964: 367ff]에 따라 『成唯識論掌中樞要』(대정43, 617a19-20)를 근거로 『성유식론』에서 부정하는 것이 안혜 등의 사상이라고 하지만, 오히려 山口益는 심심소별체설에 관해서 안혜와 『성유식론』의 입장을 동일시하고 있다.

을 드러내고 있다.

<섭결택분>에서는 이 세 번째 규정을 '비존재이기 때문에(abhāvatas)'라고 하고, 이어지는 설명에서는 '만약 비존재이기 때문이라면 그것에 의해서는 혜가 심소법이 되지 않는다.'[102]고 하고 있다. 한편 『대승아비달마집론』에서는 이 규정이 '적정이기 때문이[라고 한다면 그것은 무분별지가] 아니다(rnam par zhi bas ma yin)'는 것으로 변화한다. <섭결택분>의 규정이 『대승아비달마집론』과 『섭대승론』으로 이어지는 규정의 변화를 살펴보면, 두 번째 규정의 경우와 마찬가지로, 부정의 대상으로서 선정 상태가 표면에 드러나는 것을 확인할 수 있다. 이는 세간도와 출세간도를 구별하고 선정을 세간도로 격하시키는 <성문지> 이래의 해탈도관의 연장선상에서 이해할 수 있다.

이와 같이 제2선 이상부터 멸진정에 이르기까지의 선정을 무분별지와 혼동하지 말 것을 경고하는 것은 <섭결택분>에서 『섭대승론』에 이르는 흐름이 "상수멸-해탈"이론과는 명백히 구별된다는 것을 나타낸다. 그럼에도 불구하고 미지정에서 무소유처정에 이르기까지 想이 남아 있는 어느 선정의 단계에서도 진여를 대상으로 할 수 있으며, 무분별일 수 있다고 인정한다[103]. 이 점은 "부정적-지적" 경향과 "긍정적-신비적" 경향이 통합된 중도적 흐름의 특징이다. 하지만 <섭결택분>에서 『섭대승론』에 이르는 흐름은 보다 더 "지적"인 측면에 중점을 두고 있는 것으로 보인다.

---

102) ViSg P 'i 29a6-b1, D Zi 27a2-4: dngos po med pa las sam / …… gal te dngos po med pa las yin na ni des na shes rab sems las byung ba'i chos su mi 'gyur ro //

103) 『유가사지론』(대정30, 691b6-12, 699a14-19 등).

iv) 색을 본질로 하는 것의 배제

무분별지의 네 번째 규정은 색을 본질로 하는 것을 끊은 것(gzugs kyi ngo bo nyid yongs su spangs pa)이다. 이 네 번째 규정에 관해서는 <섭결택분>을 비롯해 『대승아비달마잡집론』, 『섭대승론』 무성석 모두 표현상의 차이는 있지만, 무분별지가 색을 본질로 하는 것이라면 그것을 智(혹은 慧)가 되지 않을 것이라고 설명하는 데 일치하고 있다.

하지만 세친석에서는 조금 다른 각도에서 주석이 이루어지고 있다. 세친은 세 번째 규정까지와는 달리 무분별지가 아니라 識 그 자체를 문제로 삼고 있다. 곧 만약 식이 색을 본질로 하는 것과 같은 것으로 인정된다면, 색이 무생물(bems po)인 것과 같이, 무분별지 이전에 이미 식조차도 무생물이 되어 버린다는 오류가 있다는 것이다.[104] 세친석 한역은 <섭결택분> 및 『대승아비달마잡집론』과 마찬가지로 무분별지가 색을 본질로 하는 것이라면, 색이 무생물이어서 사고능력이 없는 것과 같이 무분별지도 역시 그럴 것이라고 설명한다.[105] 그렇다면 세친석 티벳역의 설명은 어떻게 이해해야 하는가? 이에 대한 실마리는 무성석에서 찾을 수 있다. 무성은 네 번째 규정을 설명한 후 무분별지를 2차적 물질(大種所造色)에 비유하고 있다.[106] 이 비유에 따르면 식은 자연스럽게 4大種에 해당한다. 세친석 티벳역은 이와 같은 관계에 입각해 무분별지 이전에 식의 성격을 문제로 삼은 것이라고 이해할 수 있다.

---

104) MSBh P Li 213a1-2, D Ri 175b1-2.
105) 『섭대승론석』(대정장31, 364a6-9).
106) MSU P Li 323a4, D Ri 266b7.

v) 진실 대상에 대해 다양하게 파악하는 것의 배제

무분별지의 본질에 대한 마지막 규정은 진실로서의 대상을 다양하게 파악하는 것을 끊은 것(de kho na'i don la bkra bar 'dzin pa yongs su spangs pa)이다. 이 다섯 번째 규정은 무분별지의 5상 중 하나인 동시에, 두 번째 단락의 게송에서는 무분별지를 정의하는 것으로서 설해져 있다. MSBh와 MSU는 다양하게 파악하는 것 자체가 분별로서, 진실로서의 대상을 파악하는 경우라도 '이것은 진실이다' 등의 분별이 행해진다면 그것은 무분별지를 이루지 못한다고 주석하고 있다.107)

이에 비해 <섭결택분>과 『대승아비달마잡집론』에서는 '다양하게 파악하는 것'이라는 규정 대신 '대상에 대해 의욕작용을 가진 것(ālambane 'bhisaṃskāra)'이라는 설명을 들고 있다. 곧 대상에 대해 의욕작용을 가진 것은 무분별일 수가 없다는 것이다. 이 마지막 규정은 첫째 단락의 다섯 가지 오해를 이루는 것 중 하나이면서, 이와 상반되는 것이야말로 무분별지의 본질로 규정되는 것이다.

(2) 무분별지의 본질적 정의

두 번째 단락은 게송으로서, 이하 무분별지를 17가지 측면에서 서술하는 모든 게송의 첫 번째 게송이다.

> 보살들의 무분별지의 본질은 다섯 가지 오해를 끊은 것이자,
> 진실로서의 대상을 다양하게 취함이 없는 것이다.108)

---

107) MSBh P Li 213a2-3, D Ri 175b2 ; MSU P Li 323a4-5, D Ri 266b7-267a1.
108) MS(下), 93,13-15.

계송의 c구에서는 첫째 단락의 다섯 가지 오해를 정리하고, d구에서는 다섯 가지 오해 중 마지막인 '진실로서의 대상을 다양하게 취하는 것'을 반전시킨 '진실로서의 대상을 다양하게 취하지 않는 것'이야말로 무분별지의 본질임을 설하고 있다. 이에 대해 세친은 다음과 같이 주석한다.

> 이와 같은 다섯 가지 상을 끊은 智에 의해 만약 진실로서의 대상에 들어갔다면 '이것이 진실로서의 대상이다' 하고 진실한 대상에 대해 다양하게 파악하지 않게 된다. 이와 같이 무분별지의 특징은 진실로서의 대상을 인식 대상으로 하는 것으로서 안식[이 다양함을 본질로 하지 않는 것]과 같이 다양함을 본질로 하지 않는다는 뜻이다. 이 의미가 첫 번째 게송으로도 설해졌다.[109)]

요컨대 무분별지는 첫째, 진실로서의 대상을 인식 대상으로 하는 것이며 둘째, 그것을 다양하게 취하지 않는다는 것이다. 다양하게 취한다(citrīkāra)는 것이 정확히 무엇을 의미하는가는 명확하지 않지만 이후의 설명에 따르면 그것은 '이것이 진실로서의 대상이다'하고 언어적으로 고착화시킨 인식임을 가리킨다고 볼 수 있다. 비록 진실로서의 대상을 인식 대상으로 하더라도 그것을 '이것은 진실로서의 대상이다'하고 다양하게 취한다면, 곧 언어표현되는 방식으로 고착화한다면, 그것은 무분별지라고는 할 수 없게 되기 때문이다. 앞서 살펴보았듯이 이러한 입장은 언어적·개념적 인식을 배제하는 것을 무분별로 보는 <보살지> 「진실의품」의 사상과 깊은 관계를 가진다.

이상과 같이 5상으로 무분별지를 규정하는 것은 <섭결택분>에서

109) MSBh P Li 213a3-5, D Ri 175b3-4.

유래하며, 그 핵심적인 내용은 <보살지> 「진실의품」과 「주품」으로 거슬러 올라갈 수 있다. 이는 『섭대승론』이 기본적으로 <보살지> 계열에 속한다는 것을 입증하는 것이다. 반면 『대승장엄경론』 등 미륵계통의 논서와는 일정한 거리가 있다. 『대승장엄경론』 등에서는 무분별지의 5상은 설해지지 않고 『중변분별론』에서는 무분별지 자체가 거의 다루어지지 않기 때문이다.[110] 무분별지를 획득하기 위한 수행법도 <보살지> 계통은 4尋思·4如實知가 중심적인 데 비해 미륵계통의 논서는 입무상방편상이 중심을 이룬다. 전자가 언어적 인식을 철저히 배제하고 언어표현불가능한 진여를 직접 지각하는 것을 위주로 하는 데 비해, 후자는 소취와 능취라는 이원적인 세간적 인식의 소멸과 출세간적인 법계에 대한 직접적 인식에 초점을 맞춘다.

두 계통의 차이에도 불구하고 『섭대승론』은 미륵 계통의 설을 적극적으로 수용하여 자신의 체계 안에 통합시키려는 시도를 곳곳에서 보여주고 있다. 4尋思·4如實知에 입무상방편상을 결합시킨 것은 그 좋은 예가 될 것이다. 「증상혜학분」에서도 그와 같은 시도가 나타난 곳으로 제18절 심오함을 들 수 있을 것이다.

3) 무분별지의 인식 대상

『섭대승론』에서는 무분별지의 본질을 규정한 후 소의와 근원에 대해 규정하고 있다. 그러나 무분별지는 그 인식 대상과의 관계에서 정의되므로 무분별지의 인식 대상을 먼저 고찰하기로 한다. 무분별지의 인식 대상에 대해 『섭대승론』 Ⅷ은 다음과 같이 설한다.

---

110) DhDhv는 예외적이다.

보살들의 무분별지의 인식 대상은
법들이 언어표현될 수 없는 성격 [을 가진 것]으로서 그것은 무아와 진여이기도 하다.111)

게송은 무분별지의 인식 대상으로서 법들이 언어표현될 수 없는 성격, 곧 不可言性(brjod du med pa nyid, nirabhilāpyatā)을 가진 것으로서 개괄하고 이를 무아와 진여라는 두 개념으로 부연한다.

무분별지의 인식 대상이 불가언성이라고 하는 것은 곧바로 <보살지>의 「진실의품」에 설명된 네 가지 진실(tattva) 중 네 번째인 소지장으로부터 청정해진 지혜의 대상인 진실(所知障淨智所行眞實, jñeyāvaraṇaviśuddhijñānagocaratattva)을 연상시킨다. <보살지>는 모든 법이 가진 언어표현불가능성을 곧 진여라고 하고 보살들과 불세존들의 [무분별]지의 인식 대상이라고 한다. 이 진여는 또한 유와 무라는 양극단을 벗어나 있는 것이기도 하다. 이는 앞서 살펴보았듯이 무분별지의 본질을 정리하면서 설한 진여에 대한 <섭결택분>의 규정과도 일치하는 것이다. 또한 「진실의품」에 대한 결택의 서두에서 <섭결택분>는 5사 중의 진여를 다음과 같이 정의하고 있기도 하다.

진여란 무엇인가. 법무아에 의해 특징지워진, 성자의 智의 영역이고, 모든 언어표현의 근거가 되지 않은 事다.112)

---

111) MS(下) 94,2-5.
112) ViSg P Zi 302b4: de gzhin nyid gang zhe na / chos bdag med pas rab tu phye ba / 'phags pa'i ye shes spyod yul mngon par bjod pa thams cad kyi gzhi'i gnas su ma gyur pa'i dgnos po gang yin pa'o //

요컨대 진여는 事(dngos po)인데, 그 事는 ① 법무아에 의해 특징지워져 있으며, ② 성자의 智의 대상이고, ③ 모든 언어표현의 근거가 되지 않는 事인 것이다. 이 정의를 역시 <섭결택분>에서 5사 중 相(nimitta)이 언어표현의 근거가 된 事[113]라고 정의한 것과 비교하면 그 특징이 쉽게 드러난다. 진여가 언어표현의 근거가 되지 않는 事인 데 반해 상은 언어표현의 근거가 된 事이다. 전자는 正智의 대상인 데 반해 후자는 분별의 대상이다.[114] 양자는 같다고도 할 수 없고 다르다고도 할 수 없다.[115] 진여와 相은 事라는 개념을 매개로 하는 상호 모순적인 이항관계에 있는 것이다. <보살지>식으로 설명하자면, 후자가 언어와 결합한 事라면 전자는 언어와 분리된 事라고도 할 수 있다. 그리고 언어와 결합한 사에 근거해 본질에 대한 가립과 양태에 대한 가립이 성립한다.[116]

한편 세친과 무성은 제법의 불가언설성을 변계소집자성과 관련지어 주석하고 있다.

> 그 중에서 변계소집자성의 모든 법은 언어표현의 대상이 없기 때문에 '법들이 언어표현될 수 없는 성격'이[라고 했다. 또 그 언어표현될 수 없는 성격은 무엇인가. '그것은 무아와 진여이기도 하다.' 그것은 我와 法의 무아인데, [곧] 변계소집자성의 무아이다. 그것(무아)을 본질로 하는 것이 바로 그것인데 [곧] 진여이다.[117]

---

113) ViSg P Zi 302b3.

114) ViSg P 'i 3a8-b2, D Zi 3a3: rgyu mtshan gyi mtshan nyid gang zhe na/ smara pa/ rnam par rtog pa'i spyod yul gyi mtshan nyid do // …… de bzhin nyid kyi mtshan nyid gang zhe na / smras pa / yang dag pa'i shes pa'i spyod gyi mtshan nyid do //

115) ViSg P 'i 2b1, D Zi 2a1: rgyu mtshan las de bzhin nyid gzhan du brjod par bya'am / gzhan ma yin par brjod par bya zhe na / smras pa / gnyi gar yang brjod par mi bya'o //

116) BoBh[D] 36,19-21; BoBh[W] 53,14-16.

117) MSBh P Li 213b4-6, D Ri 176a2-4.

'언어표현될 수 없는 성격'이라고 한 것은 언어를 본질로 하지 않는 것이고, 언어인 변계소집자성과 분리된 것이다. '그것은 무아와 진여이기도 하다'고 한 것은 널리 인정된 두 단어로 명료히 한 것이다. 我와 法이 없는 것(무아)을 본질로 하는 것(진여)이 증익과 손감의 극단으로부터 벗어난 것이 무분별지의 인식 대상이다.118)

세친석은 다소 난해해서 그 의미를 파악하기 힘들지만, 무성석에 따르면 변계소집자성이란 언어를 본질로 하는 것으로서, 집이나 숲, 군대 등 일상언어와 5온, 12처, 18계 등 교학적 언어로 표현된 법을 가리킨다. '언어표현될 수 없는 성격'이란 그러므로 그와 같은 언어 이전의 어떠한 사태를 지시하는 개념이다.

이를 게송과 주석은 무아와 진여라는 두 개념으로 보완하고 있다. 무아는 세간적 존재의 부정적 본성을, 그리고 진여는 출세간적인 궁극적 실재를 대표하는 개념이다. 이 양자를 이언자성을 매개로 하여 동일시하는 시각은 이미 <보살지>에 나타난다119).

이어서 무분별지의 인식 대상인 불가언성이 어떻게 성립하는가에 대해서는 문답이 『섭대승론』 VIII-7에 설해져 있다. 이 절은 두 게송으로 이루어져 있다. 첫 게송은 분별이 무엇을 대상으로 해서 이루어지는가 하는 점에 대한 대답이고, 둘째 게송은 불가언성의 성립 혹은 증명에 대한 게송이다. 게송 자체에는 질문이 나타나 있지 않고 답변으로만 구성되어 있지만, 주석을 통해 확인할 수 있다. 곧 양 주석에 '모든 법은 불가언성[을 본질로 하는 것]이라고 설했는데 그것은 어떻게 성립하는가' 하는 질문을 상정하고, 다시 언어에 대해

118) MSU P Li 323b6-7, D Ri 267b1-2.
119) BoBh[W] 38,22-27 ; 212,12-20 등.

언어의 대상에 대한 인식이 발생하는 것은 아닌가, 다시 말하면 언어 안에 언어의 대상이 포함되어 있는 것은 아닌가 하는 질문을 상정하고 있다.[120] 이렇게 상정된 두 질문에 대해 게송은 다음과 같이 대답한다.

> 언어가 없을 때, 언어의 대상에 대한 인식이 발생하지 않는다.
> [언어와 언어의 대상은] 모순되기 때문에 [언어의 대상은] 언어 안에는 없다.
> 그러므로 모든 것은 언어표현할 수 없다.[121]

게송의 ab구는 첫째 질문에 대한 대답이고 c구는 둘째 질문에 대한 대답이다. 게송의 ab구에 대한 세친과 무성의 설명은 다음과 같다.

> 언어에 대해 명료한 이해가 없기 때문에 언어의 대상이 있어도 그것에 대한 지각이 발생하지 않는다.[122]

> 만약 언어의 대상이 되는 어떤 대상이 있을 때 언어가 없어도 그것을 인식하게 된다는 논리라면, 언어를 이해하지 못한 자에게는 언어의 대상이 있어도 그것에 대한 인식이 발생하지 않기 때문에 언어의 대상이 없다는 것이 확정적이다.[123]

양 주석은 공통적으로 만약 언어의 대상이 존재한다면 언어 없이도 그것에 대한 인식이 일어나야 하지만, 실제로는 언어에 대한 이해가 선행되지 않으면 대상에 대한 인식이 발생하는 일은 없으므로

120) MSBh P Li 214a4-5, D Ri 176b1-2; MSU P Li 324a3-5, D Ri 267b5-6.
121) MS(下) 94,18-21.
122) MSBh P Li 214a5, D Ri 176b1-2.
123) MSU P Li 324a4-5, D Ri 267b5-6.

언어의 대상이 없다는 논리를 내세우고 있다. 이어서 c구에 대한 주석에서는 다음과 같이 설명한다.

> 언어와 언어의 대상은 특징이 다르기 때문에 모순되는 것이다.[124)]

> 만약 언어에 대해 언어의 대상에 대한 지각이 생한다고 생각한다면, 그것을 끊기 위해 '모순되기 때문에 언어 안에는 없다' 하고 말했다. 특징이 닮지 않았다는 뜻이다. 다른 감관에 의해 파악되기 때문에, 언어가 언어의 대상과 특징이 닮지 않은 것이라면 그것이 어떻게 언어의 대상과 어울리겠는가.[125)]

두 번째 질문과 그에 대한 답변은 이해하기가 용이하지는 않지만 한역을 참고로 해석해 보기로 한다. 먼저 두 번째 질문의 요점은 비록 외계에 사물이 실재하지만 그 자체로서는 사물에 대한 인식을 발생시킬 수 없고, 언어를 통해서만 인식이 성립가능하다고 주장하는 것이다. 이는 사물이 아니라 언어 쪽에 그 사물의 인식을 위한 실마리가 포함되어 있다는 것을 인정하는 한편, 외계의 사물이 존재하는 것도 인정하는 논리이다. 이에 대한 대답으로 게송은 언어와 그 대상은 특징이 다르기 때문에 언어에 그 대상에 대한 인식이 포함되어 있을 수는 없다고 한다. 특징이 닮지 않았다는 것은 서로 다른 감관에 의해 파악되기 때문이다.

이 두 가지 질문과 대답은 기본적으로 <보살지>에서 유래하는 제법의 불가언설성에 대한 세 가지 논리에 근거하고 있지만 그것과 완전히 동일하지는 않다.[126)] <보살지>의 세 가지 논리를 살펴보기

---

124) MSBh P Li 216a6, D Ri 176b2.
125) MSU P Li 324a5-6, D Ri 267b6-7.

전에 우선 『섭대승론』 II-24에서 설명되는 세 가지 논리를 살펴보자. 『섭대승론』 II-24에서는 '의타기성이 변계소집성으로 현현하는 것처럼, 그것(변계소집성)을 본질로 하는 것은 아니라는 것을 어떻게 알아야 하는가'[127] 하는 질문을 상정한 후 그에 대한 대답으로 세 가지 논리를 제시하고 있다. 세 가지 논리는 다음과 같다.

① 명칭 이전에는 지각이 없기 때문에 그것을 본질로 한다는 것은 모순이다.
② 명칭이 다양하기 때문에 본질이 많다는 모순이 있게 된다.
③ 명칭이 결정되지 않았기 때문에 본질이 섞여 있다는 모순이 있게 된다.[128]

이 중 ①은 명백하게 본 게송의 ab구의 논리와 일치한다. 대상이 명칭을 본질로 하고 있다면 명칭 없이도 대상에 대한 인식이 있을 것이지만 실제로 그런 일은 일어나지 않기 때문이다. 예를 들어 원통형의 사물이 컵이라는 언어를 본질로 하고 있다면, 컵이라는 언어가 설해지기 이전에 원통형의 사물에 대해 컵이라는 인식이 생할 것이지만 실제로 그러한 일은 발생하지 않는다. 이는 아직 언어를 이해하지 못하는 유아의 경우를 생각해 보면 쉽게 이해할 수 있다.

②는 한 사물에 대해 여러 명칭이 있을 경우, 다시 말하면 동의이어에 해당한다. 예를 들어 해에 해당하는 산스크리트어는 aṃśudhara (빛의 담지자), āditya(Aditi의 아들), sūrya, caṇḍakara(화염을 만드는

---

126) BoBh[W] 43,24-45,12. ; 이 세 가지 논리는 ViSg에서도 발견되며 『현양성교론』(대정31, 557c9-12)과 MS II-24에 변용된 형태로 수용된다. 이 세 가지 논리에 대한 연구로는 袴谷憲昭[1991], 片野道雄[1998: 100-109], 高橋晃一[2003, 2005] 참조.
127) MS(上) 84,9-10 ; 이 구절에 대한 이해와 번역은 片野道雄[1998: 108]을 따랐다.
128) MS(上) 84,11-13.

자), dīdhitimat(빛을 가진 자), mihira(빛을 내뿜는 자), ravi 등이 있는데 사물이 언어를 본질로 한다면 해는 단어 수만큼의 본질을 가지게 된다는 모순이 있다는 것이다.

③은 하나의 명칭이 여러 사물을 가리키는 동음이의어의 경우다. 이 때 명칭만 들었다면 그것이 무엇을 가리키는가에 대한 구별이 이루어지지 않는데 명칭과 사물이 동일하다면, 사물 자체가 서로 섞여 있다는 모순된 상황에 이른다. 그러므로 이 역시 합리적이지 않다는 것이다. ②와 ③은 만약 사물이 언어가 지시하는 것처럼 외계에 존재한다면, 하나의 사물에 많은 명칭이 있는 경우와 하나의 명칭이 많은 사물을 가리키는 경우에 발생하는 모순을 지적하는 것이다.

이러한 세 가지 논리의 기원이라고 할 수 있는 <보살지> 「진실의품」에서는 각각 다음과 같은 논리로서 제법의 불가언성을 증명하고 있다.

㉠ 그런데 만약 어떤 법들 혹은 어떤 事에 대해 언어표현(abhilāpa)이 있는 것처럼, 그 법들 혹은 그 事가 그것을 본질로 하는 것으로서 존재한다면, 그렇다면 하나의 법, 하나의 事가 많은 종류의 많은 본성을 가[진다는 오류가 있을] 것이다. 왜 그런가. 하나의 법과 하나의 事에 대해, 많은 종류의 많은 가설과 비유적 표현이 다양한 언어표현에 의해 만들어지지만, 많은 종류의 많은 가설적 언어의 확정성이 결코 지각되지 않기 때문이다. 곧 그 법과 그 事가 많은 가설적 언어 중 하나와 동일하고, 그것(가설적 언어 중 하나)으로 구성되어 있고, 그것(가설적 언어 중 하나)을 본질로 한다면, 다른 남아 있는 가설적 언어와 [동일하거나, 그것으로 구성되어 있거나, 그것을 본질로 한다는 확정성이 지각되지] 않을 것이[기 때문이]다. 그러므로 온전하고 온전하지 못한 모든 가설적 언어와 모든 법과 모든 事는 동일하지 않다. 그것으로 구성되지 않는다. 그것을 본질로 하지 않는다.

㉡ 또 만약 색 등의 모든 법이 이전에 가르쳐진 대로의 가설적 언어를 본질로 하는 것이라면, 그렇다면, 이전에 먼저 事가 있고 나중에 그것에 대해 욕망함으로부터 가설적 언어에 의한 비유적 표현이 [있다고 주장하는 것이다.] 가설적 언어 이전에 가설적 언어에 의한 비유적 표현이 이루어지지 않았을 때, 그 법과 事는 실로 본성을 결여한 것이 될 것이다. 본성이 없을 때, 事를 갖지 않는 가설적 언어란 합리적이지 않다. 그리고 가설적 언어에 의한 비유적 표현이 없을 때, 법과 事가 가설적 언어를 본질로 한다는 것은 합리적이지 않다.

㉢ 또 만약 가설적 언어에 의한 비유적 표현 이전에 저 색이 색을 본질로 하고, 나중에 색을 본질로 하는 것에 대해 가설적 언어에 포함되는 색이라는 비유적 표현이 행해질 때도,[129] 그 경우 색이라고 하는 그 가설적 언어에 의한 비유적 표현 없이 색이라는 명칭을 가진 법과 색이라는 명칭을 가진 事에 대해 색이라는 인식이 생할 것이다. 그러나 [실제로는] 생기지 않는다.[130]

---

129) 이 구절은 티벳역(BoBh$_t$ P Shi 30a4-5, D Wi 25a7-b1: gal te 'dogs pa'i tshig nye bar 'dogs pa'o snga rol nas / gzugs de gzugs kyi bdag nyid yin te / phyis kyang gzungs kyi bdag nyid la gdags pa'i tshig gis bsdus pa'i gzugs su nye bar 'dogs par byed na yang /)에 따랐다. 高橋晃一[2005: 25f, 164, n.24]는 산스크리트 원문의 '[곧 가설적 언어에 의한 비유적 표현이 이루어지지 않았을 때, 그 法과 그 事가 그것을 본질로 한다면(akṛte prajñaptivādopacāre sa dharmas tad vastu tadātmakaṃ syāt)'이라는 구절 중 밑줄 부분이 직전의 ㉡에 나타나는 거의 동일한 문장의 영향을 받은 오기라고 지적한다. 현장역(대정30, 488b4-5: 又若諸色未立假說詮表 已前先有色性 後依色性制立假說攝取色者)도 티벳역과 일치한다.

130) BoBh[W] 44,9-45,8 ; BoBh[D] 30,8-24 ; 高橋晃一[2005: 96,4-97,16]: sacet punar yathaivābhilāpo yeṣu dharmeṣu yasmin vastuni pravartate. tadātmakās te dharmās tad vastu syāt. evaṃ sati bahuvidhā bahavaḥ svabhāvā ekasya dharmasyaikasya vastuno bhaveyuḥ. tat kasya hetoḥ. tathā by ekasmin dharma ekasmin vastuni bahuvidhā bahavo bahubhir abhilāpaiḥ prajñaptaya upacāraḥ kriyante. na ca bahuvidhānāṃ bahūnāṃ prajñaptivādāṇāṃ niyamaḥ kaścid upalabhyate. yad anyatamena prajñaptivādenaikena tasya dharmasya tasya vastunaḥ tādātmyaṃ tanmayatā tatsvabhāvatā syān nānyair avaśiṣṭaiḥ prajñaptivādaiḥ. tasmāt sakalavikalaiḥ sarvaprajñaptivādaiḥ sarvadharmāṇāṃ sarvavastūnāṃ nāsti tādātmyaṃ nāsti tanmayatā nāsti tatsvabhāvatā. ㉡ api ca saced rūp'ādayo dharmā yathā pūrvanirdiṣṭāḥ prajñaptivādasvabhāvā bhaveyuḥ. evaṃ sati pūrvaṃ tāvad vastu paścāt tatra cchandataḥ prajñaptivādopacāraḥ. prāk prajñaptivādopacārād akṛte prajñaptivādopacāre sa dharmas tad vastu niḥsvabhāva eva syāt. sati niḥsvabhāvatve nirvastukaḥ prajñaptivādo na yujyate. prajñaptivādopacāre cāsati prajñaptivādasvabhāvatā dharmasya

다카하시 코이치[2003: 879-878]는 ㉠은 ②와 동일하고 ㉢은 ①과 동일하지만 ㉡에 해당하는 것은 『섭대승론』에서는 발견되지 않고, 대신 ③이라는 새로운 논리가 부가되었다고 지적하고 있다. 무착은 Ⅱ-24에서는 <보살지>에서 유래하는 세 가지 논리 중 ㉠과 ㉢은 그대로 받아들이면서, <보살지>의 ㉡과는 다른 새로운 논리를 도입했다. 그것이 Ⅱ-24의 ③이라는 것이다.

Ⅷ-7에서는 게송만으로는 어떤 논리를 가리키고 있는지는 불명확하다. 세친석과 무성석을 참고하면 그것은 위에서 언급한 어떤 논리와도 정확히 일치하지는 않는다는 것을 알 수 있다. 그러나 <섭결택분>에서 세 가지 논리를 언급하는 부분과 함께 대조해 보면 그것이 Ⅱ-24에서는 제시되지 않았던 <보살지>의 두 번째 논리, 곧 ㉡이 변형된 것임을 짐작할 수 있다. <섭결택분>에서 <보살지>의 두 번째 논리 ㉡은 다음과 같이 제시되고 있다.

> 만약 相(nimitta)에 명칭이 확립되는 것과 같이 명칭에 의해 저 相(nimitta)의 본성이 발생한다면, 그 [명칭]에 의해 [相이] 비유적으로 표현되기 전에는 相(nimitta)의 본성이 없게 되는데, 그것이 없으면 비유적 표현도 없게 되므로 양자 모두가 없다는 오류에 빠지게 된다.[131]

이 구절을 <보살지>의 ㉡과 비교해 보면 설명의 기본적인 구도

---

vastuno na yujyeta. ⓒ sacet punaḥ pūram eva prajñaptivādopacārād akṛte prajñaptivādopacāre sa dharmas tad vastu tadātmakaṃ syāt. evaṃ sati vinā tena rūpam iti prajñaptivādopacāreṇa rūpasaṃjñake dharme rūpasaṃjñake vastuni rūpabuddhiḥ pravarteta. na ca pravartate.

131) ViSg P 'i 12b4-6, D Zi 12a1-2: gal te ji ltar rgyu mtshan la ming rnam par 'jog pa de bzhin du ming gi dbang gis rgyu mtshan gyi ngo bo nyid de 'byung bar gyur ro zhe na / des ni nye bar 'dogs pa'i sngon rol na rgyu mtshan gyi ngo bo nyid med par 'gyur te / de med na nye bar 'dogs pa yang med par 'gyur bas de'i phyir de gnyi ga yang med par thal bar gyur ba dang /

는 일치하지만, 표현은 미묘하게 바뀐 점을 확인할 수 있다. <보살지>의 ⓛ에서 상대방의 입장은 먼저 事가 있고 나중에 언어표현이 있다는 주장이다. <섭결택분>에서는 역시 먼저 본성을 결여한 相이 있지만 그것은 나중에 언어표현에 의해 본성이 생한다고 주장하고 있다. 이에 대한 대답으로 <보살지>의 ⓛ은 언어표현 이전의 事는 본성을 결여한 것이므로, 본성을 결여한 事와 어떤 본성을 지시하는 언어표현의 결합이 있다는 것은 불합리하다고 한다. <섭결택분>의 답변은 본성이 없을 때는 그 본성을 지시하는 언어표현도 있을 수 없으므로 양자가 모두 없다는 오류에 빠진다는 것이다. 이와 같이 <보살지>와 <섭결택분>의 답변이 차이가 나는 것은 질문으로 상정된 상대방의 주장이 미묘하게 차이가 있기 때문인 것으로 보인다.

『섭대승론』 Ⅷ-7의 두 번째 질문은 비록 외계에 사물이 실재한다고 해도, 첫 번째 질문과 같이 언어 없이도 그 사물에 대한 지각이 일어나는 것이 아니라, 언어가 있어야만 그 사물에 대한 지각이 일어난다는 주장이었다. 그에 대한 답으로 제시된 언어와 언어표현의 대상과의 본질적인 상위성은 <보살지>의 ⓛ과 직접적인 연관성을 갖는 논리라고 볼 수 있다. 따라서 <보살지>에서 유래하는 세 가지 논리는 『섭대승론』 Ⅱ-24에서는 ⓛ이 제외되고 새로운 논리인 ③이 도입되지만, 『섭대승론』 Ⅷ-7에서는 <보살지>의 ⓛ이 재차 수용됨으로써 『섭대승론』 전체를 통해서는 <보살지>의 세 가지 논리 모두가 수용된 것으로 보아야 할 것이다.[132)]

132) 高橋晃一[2003: 879-878]은 MS에서는 BoBh의 ⓛ이 설해져 있지 않다고 했지만 그것은 MS Ⅱ-24에 국한할 때만 타당하다. MS Ⅷ-7까지 고려하면 BoBh의 세 가지 논리는 모두 MS에 수용되었다고 해야 할 것이다.

4) 무분별지의 행상

인식 대상과 더불어 무분별지를 특징지우는 것은 인식 주체가 인식 대상과 관계맺는 방식인 행상이다. 『섭대승론』은 무분별지의 행상에 대해 다음과 같이 설한다.

> 보살들의 무분별지의 행상은
> 인식 대상에 대하여 相이 없는 것(無相, animitta)이다.[133]

유가행파 문헌에서 無相(animitta)이란 진여의 동의어로서[134] 이는 무분별지가 진여를 행상으로 한다는 설명과 다르지 않다. 무분별지는 진여와 완전히 동일하기 때문이다. 이를 세친은 다음과 같이 주석한다.

> 그 智는 그 진여에 대해 완전히 동일하게 발생하기 때문에 [진여와] 차이가 없는 무상을 행상으로 한다. 이것이 [무분별지의] 행상이다. 마치 눈이 색을 취할 때, 그 중에서 파랑 등을 보는 것 자체의 행상과 파란 색 등이 다르지 않듯이 여기서도 智와 진여가 자타가 아닌 것이 행상이다.[135]

스구로신쿄[1985: 16]는 세친의 주석을 인용하면서 행상을 취(grāha)와 같은 것으로 간주하고 무분별지에도 취(grāha)의 작용을

---

133) MS(下) 94,8-11.

134) MAV 23,14-15에서는 공성의 동의어로 진여, 實際(bhūtakoṭi), 무상, 승의, 법계가 열거되고 있다. 이 중 무상에 대해 MAVBh 23,21-22는 '무상이란 상이 멸했기 때문인데 모든 상이 존재하지 않기 때문'이라고 주석한다. MS Ⅱ-26에서는 원성실성으로 해석되는 4종 청정 중 자성청정에 해당하는 것을 진여, 공성, 實際, 무상, 승의, 법계로 열거된다.

135) MSBh P Li 213b7-214a1, D Ri 176a5-6.

인정한다고 이해하고 있다. 따라서 세친의 주석이 취(grāha)의 작용을 인정하는 <섭결택분>에 근거하고 있다고 간주한다. 그러나 세친의 주석을 주의깊게 살펴보면, 거기에는 취(grāha)의 작용을 인정하고 있다고는 해석하기 어렵다. 세친의 주석은 어디까지나 진여가 無相(animitta)이듯이, 진여와 완전히 동일하게 발생하는 무분별지 역시 無相(animitta)임을 강조하고 있을 뿐이다. 이는 비유로 설해진 눈이 색을 취하는 경우에서도 마찬가지다. 거기에서는 취하는 작용과는 별개로, 파랑 등을 보는 주체, 곧 안식의 행상과 파란색이라는 인식 대상이 동일함이 강조되어 있을 뿐이다. 따라서 세친의 주석은 취(grāha)의 작용 여부가 중심이 아니라 智와 그 인식 대상인 진여와의 동일성에 초점이 맞추어져 있다고 보아야 할 것이다. 이는 5사 중 진여와 正智의 행상을 설명하는 <섭결택분>의 문장에서도 확인할 수 있다.

> 진여의 행상은 무엇인가? 말한다. 불가설의 행상이다. 正智의 행상은 무엇인가? 말한다. 출세간[정지의 행상]은 불가설의 행상이다[136].

여기서도 진여와 그것을 인식 대상으로 하는 출세간의 正智는 불가설의 행상을 공통적으로 갖는다는 것이 강조되어 있다[137].

한편 무성은 이와는 조금 다른 각도에서 주석한다.

> [무분별지의 행상은] 모든 상(nimitta)을 작의하지 않는 것인데, '행상이 없는 것(無行相, anākāra)이야말로 행상이다'[138] 하고 설해야 한다.[139]

---

136) ViSg P 'i 4b7-8: de bzhin nyid kyi rnam pa gang zhe na / smras pa / brjod du med pa'i rnam pa yin no // yang dag pa'i shes pa'i rnam pa gang zhe na / smras pa / 'jig rten las 'das pa gang yin pa de ni brjod du med pa'i rnam pa yin no //

137) 식의 행상과 대상의 유사성 문제는 AKBh 473,25-474,1에서도 논의되고 있다.

무성의 주석은 두 가지 점에서 세친의 그것과는 차이를 보이고 있다. 첫째, 무상(animitta)을 상(nimitta)을 작의하지 않는 것으로 이해하는 점, 둘째, 무행상이야말로 행상이라고 보는 점이다. 세친이 무분별지의 행상을 무상이라고 한 것은 진여와의 동일성이라는 측면을 언급한 것이다. 무성은 이를 智 자체의 측면에서 해석해서 무분별지가 가진 작용 중 상을 작의하지 않는다는 점(animittamanasikāra), 곧 무상을 작의한다는 점(mtshan ma med pa yid la byed pa)으로 이해하고 있음을 알 수 있다.[140]

5) 무분별지의 증명

『섭대승론』 Ⅷ-20에는 무분별지를 증명하는 여섯 게송[141]이 설해져 있다. 『섭대승론』 II-14에서 외계 대상의 비존재성을 논하면서 이와 동일한 내용이 설해지는 것으로 보아 무분별지와 유식성의 인식이 매우 밀접한 연관성을 가진 것임을 짐작할 수 있다.[142] 이 6

---

138) 게송의 d구 중 무상(mtshan ma med pa)을 무행상(rnam pa med pa)으로 바꾸어서 재서술한 것이다.

139) MSU P Li 323b8-324a1, D Ri 267b3.

140) 이는 ViSg(P. 'i 14b5-6, D Zi 13b7: 'dzin pa ni tha nyad bag la nyal med pa'i phyir mtshan ma med pa'i dbyings la 'dzin pa na yang de mtshan mar mi 'dzin pas mtshan ma med pa 'dzin par 'thad do // ; 대정30, 701a20-21)에서 설명하듯 무상을 취한다는 것은 곧 상을 취하지 않는 것과 동일한 것이라는 논리를 역으로 적용한 것이다.

141) 이 게송의 출전에 대해서 『대승법원의림장』(대정45, 260a4)에서는 『아비달마계경』의 게송이라고 한다. 이 게송은 또한 ASBh 42,4-15에 출전을 밝히지 않은 채 인용되어 있다. 한역 『대승아비달마잡집론』(대정31, 715b19-716a1)에도 인용되어 있지만 역시 출전은 밝혀져 있지 않다. 이 게송은 유식무경의 증명(don med par grub pa)이라는 주제하에 티벳역 MS II-14B에도 인용되어 있지만 한역에는 누락되어 있다. 長尾雅人(下)[2000: 284]는 한역 쪽이 타당한 것으로 보고 있다. 이 게송을 산문으로 설명한 MS II-14A와 동일한 내용이 『성유식론』 권7(대정31, 39a8-22)에 있다. 이를 주석한 『성유식론술기』(대정43, 488c9)에서는 이 게송이 『아비달마경』에서 인용한 것이라고 했다. 長尾雅人[1982: 315-322, 1987: 282-287] 참조.

142) MS(下) 98,16과 세친석(P Li 219b1, D Ri 180b3)은 무분별지를 증명하는 게송이라고 하지만

게송은 『섭대승론』 II-14에서는 보살의 4지, 곧 相違識相智(rnam par shes pa mi mthun pa'i rgyu mtshan nyid shes pa, viruddhavijñānanimittatvajñāna), 無所緣識現可得智(dmigs pa med pa'i rnam par rig pa dmigs pa shes pa, anālambanavijñaptyupalabdhijñāna[143]), 應離功用無顚倒智('bad pa med par yang phyin ci log med par 'gyur ba shes pa, yatnam antareṇāpy aviparyāsatvajñāna), 三種勝智隨轉妙智(shes pa rnam pa gsum gyis rjes su mthun par shes pa, trividhajñānānuvṛttitvajñāna)로 설명된다. 3종승지수전묘지란 『대승아비달마잡집론』[144]에 따르면 自在智(vaśitājñāna), 觀察智(vipaśyanājñāna), 無分別智(nirvikalpajñāna)이다. 여섯 게송 중 첫 3송은 앞의 3지에 해당하고 나머지 3송은 마지막 3종승지수전묘지에 해당한다. 먼저 상위식상지를 살펴보자. 이는 하나의 대상이 서로 모순된 식을 발생시키는 원인(rgyu mtshan, nimitta)임을 아는 것이다.

> 아귀와 동물과 인간과 천신이 각각 그 능력에 따라
> 동일한 대상에 대해 생각이 다르므로 대상이 성립해 있지 않다고 인정된다. (1)[145]

무성(P Li 327b6, D Ri 270b6)은 MS VIII-18의 두 번째 게송에서 설해진 '분별의 대상이 없기 때문에 무분별이다' 하는 게송을 인용하면서 '어떻게 분별의 대상이 없는 것인가' 하는 질문을 던짐으로써 주석을 시작하고 있다. 이 역시 무분별지와 유식성의 인식이 동일한 차원임을 시사한다. 한편 이 게송이 인용된 ASBh 41,21-42,15에서는 소연연이 실제로는 존재하지 않고 다만 언어적 차원에서 확립된 것일 뿐임을 설명하는 맥락에서 등장한다. 그리고 소연연이 존재하지 않으므로 능취 또한 존재하지 않는다(ASBh 42,2)는 입무상방편상의 기본구도가 설해져 있다. 무분별지를 유식성의 인식과 동일시하는 것은, <보살지>의 무분별지 개념이 유식설과는 아무 관련이 없었던 것에 비해 커다란 사상적 진전이다. 이는 『섭대승론』 무분별지 개념이 <보살지>의 그것과는 크게 변화한 것을 의미한다.

143) 단 ASBh 42,1에서는 'anālambanavijñānopalabdhi-'로 되어 있다.

144) ASBh 42,2f.

145) MS(下) 98,18-21 ; ASBh 42,4-5.

이 게송은 유명한 一水四見을 설하는 것으로서 세친석과 무성석 모두 내용적으로는 동일하게 주석한다. 곧 사람이 물이라고 인식하는 것에 대해 아귀들은 고원으로 보고, 사람들이 더럽다고 인식하는 것에 대해 동물들은 음식이라고 인식한다. 아귀와 동물들은 깨끗하다고 인식하는 것에 대해 사람은 더럽다고 인식하며, 사람은 음식이라고 인식하는 것에 대해 천신들은 더럽다고 인식하는 것 등이다.[146] 만약 대상이 그 자체로서 존재한다면 이와 같은 일은 일어나지 않을 것이다. 그러므로 분별의 대상이 되는 외계는 실제로는 존재하지 않는 것이다.

제2송은 과거나 미래, 꿈, 거울의 영상이나 삼매 속에서 보는 영상은 모두 외계의 대상 없이 식 스스로가 만들어 낸다는 것을 설한다.

> 과거 등에 대해 마찬가지로 꿈에 대해 그리고 두 가지 영상에 대해서도
> [외계의] 인식 대상은 없기 때문에 그러나 [내부적으로] 그것을 인식 대상으로 갖고 있으므로
> [대상이 성립해 있지 않다는 것이 성립된다.] (2)[147]

이 게송에 대한 세친석[148]과 무성석[149]은 미묘한 차이를 드러내고 있다. 먼저 세친석은 먼저 게송의 c구를 a구에 대한 이유로, d구를 b구에 대한 이유로 간주한다. 곧 과거와 미래, 그리고 꿈은 전혀 인식 대상이 없는 것이다. 반면 거울과 선정의 경우는 식이 자기 자신을 인식 대상으로 하는 것이다. 결국 이 경우에도 외계의 대상은

146) MSBh P Li 219b2ff, D Ri 180b3ff ; MSU P Li 327b7ff, D Ri 270b6ff.
147) MS(下) 98,22-25 ; ASBh 42,7-8.
148) MSBh P Li 219b4ff, D Ri 180b4ff.
149) MSU P Li 328a2ff, D Ri 271a1ff.

존재하지 않는다. 이와 같이 설명한 후 최종적으로 d구가 a구와 b구 양자에 모두 적용됨을 설한다. 그렇다면 과거와 미래, 그리고 꿈 또한 식이 자기 자신을 인식 대상으로 가진다는 의미로 해석 가능한 것이다. 무성석은 c구를 a구와 b구 모두에 적용시킨다. 과거와 미래, 꿈 그리고 두 가지 영상 모두 외계의 인식 대상을 가지지 않는다는 것이다. d구에 대해서는 최종적인 결론으로서 외계 대상은 없지만 식이 자기 자신을 인식 대상으로 가진다는 의미로 주석하고 있다.

이렇게 본다면 제1송은 외계의 대상이 비존재한다는 점을, 제2송은 식이 자기 자신을 대상으로 한다는 점을 강조한 것이라고 볼 수 있다.

제3송은 만약 역으로 대상이 대상으로서 존재한다면 무분별지가 없을 것이라는 점을 설하고 있다. 분별의 대상이 존재한다면 무분별지가 있을 수 없기 때문이다.

> 대상이 대상으로서 성립해 있다면 무분별지는 없을 것이다.
> 그것(무분별지)이 없기 때문에 결코 佛果의 획득은 없다[는 오류가 발생한다.] (3)[150)]

이 게송은 제18절 무분별지의 심오함을 설하는 두 게송 중 두 번째 게송, 특히 cd구를 역으로 표현한 것이다. 18절의 제2송은 다음과 같다.

> 분별의 대상은 없기 때문에 '모든 법은 본래 무분별이다' 하고 설했다.
> 그러므로 그 지는 무분별이다.[151)]

150) MS(下) 98,26-29 ; ASBh 42,8-9.

이 게송은 출전이 불명확한 경전을 인용해서 모든 법이 본래 무분별임을 밝힌 후 분별의 대상이 없다는 것을 아는 것이야말로 무분별지라고 하고 있다. 곧 외계의 대상은 존재하지 않고 오직 식뿐임을 아는 것이야말로 무분별지인 것이다. 이 때 다음과 같은 문제가 발생한다. 곧 일체법이 본성상 무분별이라면 중생들은 노력을 하지 않고도 해탈을 얻게 될텐데 왜 그런 일은 일어나지 않는가 하는 점이다.[152] 이에 대해 중생들은 분별의 대상이 없다는 것을 아는 지, 곧 무분별지가 없기 때문에 저절로 해탈을 얻는 것은 아니라고 대답한다. 이 제18절 심오함에 대한 두 번째 게송이 20절에서는 역의 형태로 설명되어 있는 것이다.

이상의 3지는 무분별지 혹은 유식성의 증명이라는 주제 아래 제시되고 있지만, 외계의 대상을 부정하는 보편적인 유식성 및 무분별지 증명에서 만족스럽지는 않다. 제1송의 경우는 인간의 영역을 벗어난 존재의 예를 들고 있어 실질적으로 유식성과 무분별지를 증명하는 수단이 되지 못한다. 제2송의 경우, 과거와 미래 등 인식 대상이 없는 식의 존재를 인정하는 것은 경량부의 견해[153]와도 통하는 것이다. 꿈의 영상도 역시 정상적인 인식 상태를 설명하기에는 부족하다. 이는 삼매의 대상인 영상의 경우도 마찬가지일 것이다. 그러나 이어지는 3종승지수전묘지 중 앞의 2智에 대한 설명은 유식성 및 무분별지가 요청되는 이유를 드러내 주는 것으로서 주목할 만한 설명으로 보인다.

---

151) MS(下) 97,27-98,2.
152) MSBh P Li 218a1ff, D Ri 179bff ; MSU P Li 326b7ff, D Ri 270a2ff.
153) 실재로 무성(MSU P Li 328a2, D Ri 271a1)은 경량부설로 인정하고 있다.

> 보살이 자재를 얻었을 때 승해의 자유자재함 때문에
> 地 등을 그와 같이 지각한다. 그리고 정려자[도 마찬가지다.] (4)
> 또 여기에서 적정을 얻고 [교법에 대해] 완성된 簡擇을 가진 智者는
> 모든 [교]법을 작의할 때 그와 같이 대상이 현현하기 때문이다. (5)[154]

이 중 제4송은 자재를 얻은 보살과 정려자가 遍處로 대표되는 샤마타 수행을 행할 때 地 등을 자유자재로 영상화하는 것, 곧 自在智를 말한다. 제5송은 교법의 언어를 작의할 때 작의하는 대로 교법의 대상, 곧 의미가 현현하는 것, 곧 觀察智를 가리킨다. 선정수행의 맥락에서 작의하는 대로 영상이 떠오른다는 것은 『반주삼매경』 이래 3계의 유심성을 전제로 하는 것이었다. 『해심밀경』에서 이를 외계 대상까지도 부정하는 보편적 유식설로 발전시킨 것은 그와 같은 수행을 이론적으로 뒷받침하기 위한 것이라는 것도 이미 지적했다. 위의 두 게송은 바로 이러한 맥락을 충실히 반영하는 것으로 보인다.

마지막 게송은 무분별지의 작용으로 유식성을 증명하는 게송이다.

> 또 무분별지가 작용할 때 모든 대상이 현현하지 않기 때문에
> 대상이 없다고 알아야 한다. 그것이 없기 때문에 식도 없다.[155]

게송의 abc구는 3종 지 중 마지막인 무분별지가 작용할 때 모든 대상이 현현하지 않기 때문에 역시 외계 대상은 존재하지 않고 유식일 뿐이라는 것을 알아야 한다고 설명한다. 이상이 3종승지수전묘지에 대한 설명이다.

---

154) MS(下) 99,1-8 ; ASBh 42,10-13.
155) MS(下) 99,9-12 ; ASBh 42,14-15.

이와 같이 설명한 후 마지막 d구는 이와 같이 외계의 대상이 존재하지 않기 때문에 식도 또한 존재하지 않는다는 입무상방편상을 설한다. 게송의 마지막에 최종적으로 입무상방편상의 사상이 나타나 있다는 것은 이 여섯 게송의 본래 미륵 계통의 입장에서 지어졌다는 것을 시사한다. 미륵 계통의 논서는, 『유가사지론』에서 유래하는 초기불교 계통의 아비달마적 유산을 강하게 가진 흐름[156]과는 달리, 식의 궁극적 실재성을 인정하지 않고 유식성의 인식 또한 법계의 인식을 위한 중간 단계로 설정하고 있기 때문이다[157]. 『섭대승론』이 곳곳에서 미륵 논서의 사상을 받아들여 교의를 조직하고 있다는 것은 주지의 사실이다. 유식성과 무분별지를 증명하는 여섯 게송의 인용도 이를 반영하고 있다.

앞의 3智에 대한 설명과 마찬가지로 뒤의 3智도 역시 유식성과 무분별지의 증명이라는 점에서는 불충분한 것으로 보인다. 삼매에서 작의하는 대로 영상이 발생한다는 사실이 외계 대상을 부정하는 근거가 되기에는 불충분하기 때문이다. 더구나 무분별지와 관련해서는 그것은 증명이라기보다는 오히려 무분별지를 전제로 하는 서술이다. 제3송의 경우는 대상이 대상으로 성립해 있지 않다는 것이 무분별지를 확립시키는 조건이 되고 있으며 6ab구도 무분별지의 작용이 전제가 되어 대상의 비존재성이 설명되기 때문이다.

---

156) 『유가사지론』을 아비달마적 성격을 가진 문헌으로 보는 데 대해서는 Wayman[1961: 45], Rahula [1980: xiv], Hattori[1987: 525] 참조.
157) Schmithausen[1976: 248] 참조.

III 三性說의 변화와 무분별지 개념의 발전

1. 三性說의 변화

<보살지>에는 3성설이 설해져 있지 않지만 <보살지> 고유의 공성 이해는 이후 3성설의 발전과 밀접히 연관되어 있다. <보살지>의 공성 이해는 「진실의품」에 나타나 있듯이 'A에 B가 없을 때, A는 B에 대해 공이지만 남아 있는 C는 존재한다'는 정형구로 요약된다.[1] 이 때 남아 있는 C는 A와 동일한 것이다. A를 事, B를 假說로 이해하면 남아 있는 C 역시 事이기 때문이다. 이를 3성설에 적용하면 A는 의타기성, B는 변계소집성, C는 원성실성에 해당할 것이다. 이 때 변계소집성과 결합하지 않은 의타기성이 곧 원성실성에 해당한다.

1) BoBh[D] 32,12-19 ; BoBh[W] 47,16-48,2.

이에 비해 『대승아비달마집론』의 공성 이해는 <보살지>와는 본질적인 차이가 있다. 공성의 정형구는 동일하지만 남아 있는 C가 A와 동일한 것으로 간주되지는 않기 때문이다.

> 공의 특징은 무엇인가? 어디에(A) 무엇이(B) 없을 때 그것은(A) 그것에(B) 대해 공이라고 바르게 관찰한다. 거기에(A) 남아 있는 것(C)이 있으면 그것은(C) 거기에(A) 존재하는 것이라고 여실하게 안다. 이것이 바른 공성에 들어가는 것이고 전도가 없는 것이라고 말해야 한다. 어디에 무엇이 없는가? 온과 계와 처에(A) 상주하고 견고하며, 영원하고 변하지 않는 속성을 가진 我와 我所가(B) 없다. 그러므로 그것들은(온·계·처, A) 그것에(아와 아소, B) 대해 공이다. 거기에 남아 있는 것은 무엇인가? 無我性(C)이다. 그와 같이 我는 없지만 無我性은 있는 것으로 공성을 이해해야 한다.[2)]

예를 들어 A를 온·계·처, B를 아와 아소라고 하면 남아 있는 C는 無我性이 된다. 양자의 견해를 3성설의 틀로 이해하면 A는 의타기성, B는 변계소집성, C는 원성실성에 해당할 것이다. 따라서 <보살지>에서는 의타기성이 곧 원성실성이지만 『대승아비달마집론』에서는 의타기성이 곧 원성실성을 의미하지는 않는다[3)].

---

2) AS_t P Li 90b1-5, D Ri 76a3-5: stong pa'i mtshan nyid gang zhe na / gang la gang med pa de ni des stong par yang dag par rjes su mthong ba ste / 'di la lhag ma gang yin pa de ni 'dir yod pa'o <//> zhes yang dag pa ji lta ba bzhin du rab tu shes so // 'di ni stong pa nyid la 'jug pa yang dag pa ji lta ba ste / phyin ci ma log pa zhes bya'o // gang la ci zhig med ce na / phung po dang / khams dang / skye mched rnams la rtag pa dang / brtan pa dang / ther zug dang / mi 'gyur ba'i chos can dang / bdag dang bdag gi med do // de lta bas na de dag ni des stong ngo // de la lhag ma yod pa ci zhig ce na / gang bdag med pa nyid de / de ltar bdag ni med kyi bdag med pa ni yod par stong pa nyid khong du chud par bya'o //

3) 이상의 논의는 池田道浩[1996] 참조.

이러한 공성 및 3성설 이해는 미륵 논서에서 유래하는 것으로 보인다. 『중변분별론』에서는 다음과 같은 게송이 공성의 전형구와 함께 설명된다.

> 허망분별은 있다. 거기(허망분별)에 둘(소취·능취)은 없다.
> 그러나 여기(허망분별)에 공성은 있다. 거기(공성)에도 그것(허망분별)은 있다. (1)
> 그 중에서 허망분별은 소취와 능취의 분별이다. 둘은 소취와 능취다. 공성은 그 허망분별이 소취·능취 관계를 결여한 것이다. '거기에도 그것은 있다'고 한 것은 [공성에도] 허망분별[이 있다는 뜻이다.] 이와 같이 어디(A)에 무엇(B)이 없을 때, 그것(A)은 그것(B)에 대해 공이라고 여실하게 관찰한다. 그러나 여기(A)에 남아 있는 것(C)이 있을 때 그것(C)은 여기(A)에 존재한다고 여실하게 인식한다. 이것이 전도가 없는 공성이 드러난 것이다.4)

허망분별에서 소취·능취관계를 결여한 것이 공성이다. 그러므로 남아 있는 것은 소취·능취의 비존재의 존재가 되는 것이며 그것이 공성이라 불리는 것이다. 이를 3성설의 틀로 이해하면 허망분별이 의타기성, 소취와 능취가 변계소집성, 소취·능취의 비존재의 존재가 원성실성에 해당한다. 이러한 구도는 공성의 특징과 3성설에 대한 설명에서 되풀이되어 나타난다5).

---

4) MAV 17,16-18,7: abhūtaparikalpo 'sti dvayan tatra na vidyate / śūnyatā vidyate tv atra tasyām api sa vidyate // 1 // tatrābhūtaparikalpo grāhyagrāhakavikalpaḥ / dvayaṃ grāhyaṃ grāhakañ ca / śūnyatā tasyābhūtaparikalpasya grāhyagrāhakabhāvena virahitatā / tasyām api sa vidyata ity abhūtaparikalpaḥ / evaṃ yad yatra nāsti tat tena śūnyam iti yathābhūtaṃ samanupaśyati yat punar atrāvaśiṣṭaṃ bhavati tat sad ihāstīti yathābhūtaṃ prajānātīty aviparītaṃ śūnyatālakṣaṇam udbhāvitam bhavati /

5) MAV 38,1-19.

이러한 사상은 『대승장엄경론』에서도 동일하다. 『대승장엄경론』에서 3성설을 비교적 체계적으로 고찰하고 있는 부분은 「술구품」 제38송부터 제41송까지이다[6]. 여기서는 변계소집성은 허망분별의 인식대상인 명칭과 대상 혹은 소취와 능취로, 의타기성은 허망분별로, 원성실성은 비존재의 존재, 비존재와 존재의 동일성, 그리고 비적정과 적정의 동일성으로 정의된다. 제41송의 주석은 원성실성을 진여로 다시 정의하고 그것을 변계소집성인 제법의 비존재이면서 그 비존재의 존재라고 주석한다[7]. 원성실성, 곧 진여를 이와 같이 규정하는 것은 XIV-33에서 견도의 인식 대상인 法界를 비존재의 존재(abhāvasya bhāva)로 간주하는 데서도 발견된다[8].

이렇듯 미륵 논서에서 제시된 3성설에 따르면, 원성실성에 해당하는 진여 혹은 법계는 승의적으로 존재하는 것이지만 반드시 외계 대상의 본질로서 존재할 필요는 없고, 오히려 비존재의 존재라는 언어적·개념적 성격을 가진다.

이상과 같은 미륵 논서의 3성설 개념의 영향은 『섭대승론』에서도 발견된다. 『섭대승론』은 3성을 각각 다음과 같이 정의한다.

> 그 중에서 의타기상은 무엇인가? 알라야식을 종자로 가지고, 허망분별에 포함되는 識(vijñapti)이다[9].

---

6) MSA 64,13-65,13.

7) MSA 65,6-7: parinişpannalakşaṇaṃ punas tathatā sā hy abhāvatā ca sarvadharmāṇāṃ parikalpitānāṃ bhāvatā* ca tadabhāvatvena bhāvāt / bhāvābhāvasamānatā ca tayor bhāvābhāvayor abhinnatvāt /
* Odani A본에 따라 parikalpitānābhāvatā를 이와 같이 교정했다.

8) MSA 94,21ff.

9) MS(上) 58,3-5: de la gzhan gyi dbang gi mtshan nyid gang zhe na / gang kun gzhi rnam par shes pa'i sa bon can yang dag pa ma yin pa kun rtog pas bsdus pa'i rnam par rig pa'o //

그 중에서 변계소집상은 무엇인가? [외계] 대상이 존재하지 않음에도 불구하고 그 識(vijñapti)뿐인 것이 대상으로 나타나는 것이다[10].

그 중에서 원성실상은 무엇인가? 바로 그 의타기상에서 대상의 相이 결코 없는 것이다[11].

이상의 정의는 의타기성을 가장 먼저 제시한다는 순서상의 차이는 있지만, 기본적으로 <보살지>의 공성설보다는 미륵 논서의 3성설에 가까운 것이다. 의타기성을 허망분별에, 변계소집성을 비존재하는 외계 대상에, 원성실성을 대상의 相인 변계소집성의 비존재로 정의하기 때문이다. 그러나 원성실성을 비존재의 존재로 정의하지는 않는다는 점에서 미륵 논서의 원성실성 정의와는 미묘한 차이를 드러내고 있다. 이는 <보살지>의 공성사상의 흔적으로 보인다. 하지만 세친은 원성실성에 대한 주석에서 다음과 같이 설명한다.

이와 같이 자아로 현현한 것은 결코 없지만 無我[性]만은 존재하는 것이다[12].

자아의 비존재뿐 아니라 無我性의 존재를 인정하는 세친의 주석은 비존재의 존재라고 하는 미륵 논서 계열의 3성설과 정확히 일치하는 것이다.

---

10) MS(上) 59,23-24: de la kun brtags pa'i mtshan nyid gang zhe na / gang don med kyang rnam par rig pa tsam de don nyid du snang ba'o //
11) MS(上) 59,28-60,2: de la yongs su grub pa'i mtshan nyid gang zhe na / gang gzhan gyi dbang gi mtshan nyid de nyid la don gyi mtshan nyid de gtan med pa nyid do //
12) MSBh P Li 171a8-172b1: 'di ltar bdag tu snang ba gtan med par gyur ba nyid ni bdag med pa tsam yod par gyur nyid yin te /

이상의 흐름에서 『섭대승론』의 3성설을 평가해 보면, 『섭대승론』의 3성설은 <보살지>의 공성설이나 <섭결택분>의 3성설보다는 미륵 논서의 그것에 가까운 것이라고 할 수 있다.

2. 실재론적 무분별지와 유식론적 무분별지

『섭대승론』의 3성설이 실재론적인 <보살지>의 공성설과 달리 유식론적인 미륵 논서의 3성설과 가깝다는 사실은, 『섭대승론』에서 유식성에 대한 고찰이 아뢰야식을 다루는 제1장 「소지의분」에서는 전혀 이루어지지 않고 삼성설을 다루는 제2장 「소지상분」의 제6절에서 14절에 걸쳐 집중적으로 이루어지고 있다는 점에서도 방증된다. 이는 또한 『섭대승론』의 3성설이 유식설의 이론적 근거를 제공한다는 것을 시사한다[13]. 한편 앞 장에서 지적했듯이, 『섭대승론』 제8장 제20절에서 무분별지를 증명하는 여섯 게송이 티벳역 『섭대승론』 제2장 제14절에는 유식성을 증명하는 게송으로 인용되고 있다는 사실도, 3성설이 유식설뿐만 아니라 무분별지 개념과도 밀접한 관련이 있음을 보여준다.

따라서 유식설의 입장에서 설해지는 무분별지는, 입무상방편상이라는 실천수행을 전제로 함과 동시에, 미륵 논서에서 유래하는 3성설을 이론적 배경으로 하고 있는 것으로 보인다. 이러한 관계는 <보살지>의 실재론적인 무분별지에도 적용할 수 있다. 거기에서는 4尋思·4

13) 유식론적인 3성설의 확립에는 또한 입무상방편상이라는 실천 체험이 전제되어 있다는 점도 부정할 수 없다. 마찬가지로 <보살지>의 독특한 공성설은 4尋思·4如實知라는 실천 체험을 전제로 하고 있다. 이러한 실천 체험의 일반화로서 이론이 확립되면, 확립된 이론이 또한 실천 체험을 재규정하거나 다른 이론과의 정합적 관계를 모색함으로써 발전하고 체계화한다(Griffiths[1986: xiv]).

如實知라는 실천수행을 전제로 <보살지> 고유의 공성설을 배경으로 하고 있기 때문이다.

앞서 살펴보았듯이 <보살지>에서 설하는 실재론적 무분별지의 인식 대상은 승의적으로 실재하는 事, 곧 진여다. 미륵 논서 계통의 유식론적 무분별지의 인식 대상 또한 진여 혹은 법계인 것에는 차이가 없지만 그것은 소취·능취의 비존재의 존재로 규정된다. 이러한 무분별지의 인식 대상인 진여의 개념 변화를 양 계통의 3성설, 특히 원성실성의 개념은 명확히 드러내준다. <보살지>에서는 무분별지의 대상이 '불가언설성으로서의 진여'로, <섭결택분>[14]과 『해심밀경』[15]에서는 원성실성을 '성자들의 인식 대상인 진여'로 규정되는 데 비해, 미륵 논서의 원성실성 개념은 비존재의 존재로 규정되기 때문이다.

이상과 같은 3성설의 발전에 의해 뒷받침되는 인식 대상의 개념 변화는 그것을 인식하는 인식주체인 무분별지의 성격을 추측하게 해준다. 진여의 실재성을 부정하지 않는 <보살지>의 무분별지는 언어를 배제한 직접적 인식이다. 그것은 비록 선정을 배제하지만, 일종의 직관적 인식이라는 특징을 지닌다. 반면 미륵 논서의 무분별지는 선정을 기반으로 하면서도 오히려 개념적 인식이라는 성격을 가진다. 이와 같이 두 계통의 무분별지는 그 원인과 결과 사이에 미묘한 불일치점을 노정하고 있다.

『섭대승론』「증상혜학분」의 무분별지 개념은 기본적으로 <보살지>와 <섭결택분>에서 유래하는 어휘와 개념을 사용해 규정된다. 그러나 「입소지상분」에서는 미륵 논서에서 유래하는 입무상방편상을 받아들이고 「소지상분」에서는 역시 미륵 논서에 가까운 3성설을 수

14) ViSg P 'i 20a1-3.
15) SNS 61,1-6.

용함으로써 <보살지>의 실재론적 무분별지를 유식론적 무분별지로 발전시킨다. 이는 가행무분별지에는 선정적인 요소를 보강하고 근본 무분별지에는 개념적 인식의 요소를 보강함으로써 이루어진다. 결론적으로 <보살지> 계통과 미륵 논서 계통의 무분별지 개념을 통합하고자 한 것이 『섭대승론』의 무분별지 개념이라고 할 수 있다.

3. 무분별지의 의미와 의의

유가행파 문헌에서 견도에서 발생하는 인식의 구체적인 양상에 관해서는 침묵하거나 형식적인 정의만을 제시하는 경우가 적지 않다[16]. 무분별지의 경우도 사정은 크게 다르지 않다. <보살지>와 『아비달마집론』, 『섭대승론』 등에서 규정하는 무분별지는, 그것으로 오인될 수 있는 상태를 부정하는 소극적인 설명이다. 적극적인 규정조차도 무분별지가 언어로 표현되지 않는 것을 인식 대상으로 가지며, 무분별지 자체도 언어표현되지 않는 성격을 갖는다는 것을 암묵적으로 인정하고 있다. 이는 문헌에 나타난 설명을 통해 무분별지를 이해하려는 시도에 일정한 한계로 작용한다. 본래 자내증의 영역에 속하는 것으로서 개인의 직접적인 체험을 통해서만 알 수 있는 것을 문헌을 통해 이해하고자 하는 시도는 애초부터 이러한 한계를 안고 있는 것이다.

하지만 궁극적 실재가 언어표현을 벗어나 있음을 강조하는 <보살지>는, 오히려 언어가 없다면 언어표현 불가능한 것을 인식할 수 없

---

16) 안성두[2004: 77] 참조

다고 역설함으로써, 언어를 통한 이해를 긍정하고 있다[17]. 『섭대승론』 「증상혜학분」 또한 무분별지를 다양한 측면에서 고찰함과 동시에, 제15-16절은 여러 가지 비유를 통해 그에 대한 이해를 돕고자 노력하고 있다. 본고는 무분별지에 대한 체험 그 자체를 다루는 것이 아니라, 그것에 대한 기술과 이론의 발전 과정에 나타난 무분별지의 개념을 다루면서 무분별지의 체험 그 자체를 간접적으로 이해하고자 하는 시도다. 슈미트하우젠[1981: 200-201]이 초기경전에 나타난 해탈체험의 기술을 분석하면서 주장한 대로, 체험 그 자체와 그것에 대한 기술을 이분화하려는 시도가 설득력 있는 이유를 갖지 못한다는 점이 유가행파 문헌에도 적용할 수 있다면, 본고의 시도가 무의미하지는 않을 것이다.

그러나 무분별지 그 자체가 아니라 문헌에 나타난 개념의 이해도 결코 용이한 것은 아니다. 현대 학자들, 예를 들어 나가오 가진[1987: 242]은 『섭대승론』 「증상혜학분」 번역의 모두에서, 무분별지를 한 마디로 규정하기 어렵다는 점을 다음과 같이 토로하고 있다.

> 무분별지가 무엇인가 하는 것은 이 장(『섭대승론』 「증상혜학분」-필자 삽입) 전체를 통해서 알아야만 하는 것으로서, 그것을 간단히 정의하기란 쉽지 않다. '분별'이 없는 것은 틀림없지만 그 분별도 다양하게 이해되기 때문이다. 억지로 말하면, 주관·객관을 나누지 않는 것(무분별), 망상(분별)이 없는 것, 어떤 것을 대상적으로 설정(분별)하지 않는 것, 如性과 智가 일체여서 나누어지지 않는 것, 평등무차별한 것 등이 주된 성격이라고 생각된다[18].

17) BoBh[D] 34,18-22 ; BoBh[W] 50,16-22.
18) 長尾雅人[1987: 242]

이와 같은 어려움은 각 문헌에 나타난 여러 무분별지 개념을 역사적·계통적으로 파악할 때 어느 정도는 해소될 수 있을 것으로 보인다. 본고의 고찰에 따르면 무분별지 개념은 단일한 것이 아니라 역사적·문헌별로 변화·발전해 온 것이다. 또한 <보살지> 계통의 무분별지는 미륵 논서 계통의 그것과는 구분되는 것이다. 먼저 <보살지>의 무분별지는 대상을 언어적·개념적으로 파악하지 않는 것이라고 할 수 있다. 이는 위 인용문의 '어떤 것을 대상적으로 설정하지 않는 것'에 해당할 것이다. 미륵 논서의 무분별지는 소취·능취의 비존재의 존재, 곧 법계를 보는 것이다. 이는 달리 말하면 소취·능취로 현현하는 허망분별이 없는 것이다. 바로 이것이 위 인용문의 '주관·객관을 나누지 않는 것'에 해당할 것이다. 『대승아비달마집론』의 첫 번째 견도 규정인 소취능취무소득지는 미륵 논서의 무분별지 개념의 한 측면을 이루는 것이라고 이해할 수 있다. <성문지>에서 유래하고 『섭대승론』 「입소지상분」에서 견도에서 발생하는 智로 서술되는 소연능연평등평등지 또한 무분별지의 한 측면을 이루는 것이다. 이는 위 인용문의 '如性과 智가 일체여서 나누어지지 않는 것' 혹은 '평등무차별한 것'에 해당할 것이다. 마지막으로 『섭대승론』의 무분별지는 <보살지> 계통의 무분별지 개념을 바탕으로 하지만, 미륵 논서의 무분별지 개념을 수용해 양자를 통합하고자 한 것이다. 『섭대승론』의 무분별지 개념이 난해하고, 일관되지 않은 측면도 있는 것은 이 때문인 것으로 보인다.

무분별과 智를 결합시킨 것은 유가행파 이전 문헌에는 나타나지 않는다. 따라서 무분별지라는 용어는 유가행파의 창안물이라고 할 수 있다[19]. 그러나 분별이라는 개념은 희론 개념과 짝을 이루어 이미 『중론』[20]에서부터 업과 번뇌의 근원적인 원인으로 간주되었다. 『대승장엄경론』[21]과 『섭대승론』 세친석[22]에서 보살은 분별을 번뇌로 가진 자라고도 설한다. 이와 대조적으로 전통적 의미의 번뇌는, 마치 주술에 걸린 독처럼, 현행하지 않도록 하는 범위 내에서 억누를 뿐 완전히 제거하지는 않는다. 번뇌를 모두 제거하면 윤회로부터 벗어나기 때문에 보살행의 기회가 사라지고, 보살행을 닦지 않으면 一切智를 얻을 수 없다. 이런 의미에서, 대방편을 갖추고 있다면, 전통적인 의미의 번뇌는 오히려 깨달음의 지분으로까지 간주된다[23].

이와 같이 분별은 혜를 위주로 하는 수행 전통, 혹은 적어도 혜와 정을 균형 있게 조화시키는 전통을 가진 계통에서는 번뇌(=무명)과 업(=행)의 근본 원인으로 간주된다. 그러므로 분별을 제거하는 智 혹은 분별이 제거된 智, 곧 무분별지야말로, 마치 루를 제거하는 혹은 루가 제거된 지를 漏盡智라고 부르듯이, 그러한 대치관계를 가장 적확하게 표현하는 용어일 것이다. 이와 같이 성립한 무분별지 개념은 그것을 획득하기 위한 가행무분별지와 후득무분별지를 포함해서 체계화됨으로써, 그 자체가 대승의 확립 혹은 섭대승의 위상을 갖게 된다.

---

19) 長尾雅人[1987: 471]
20) MMK 350,4-5.
21) MSA 5,6-7.
22) MSBh P Li 143a1-2.
23) MS(下) 117,2-11.

제2부 텍스트와 역주

IV 『섭대승론』 「증상혜학분」 티벳역

V 『섭대승론』 「증상혜학분」 세친석 티벳역

VI 『섭대승론』 「증상혜학분」 무성석 티벳역

일러두기

1) 본 번역은 무착의 『섭대승론』 및 그에 대한 세친과 무성의 주석을 티벳역을 중심으로 번역한 것이다. 그 중에서 『섭대승론』은 나가오 가진의 교정본을 저본으로 했지만, 세친석과 무성석은 북경판 및 델게판 티벳대장경을 한역과 대교해서 교정한 비판적 교정본을 저본으로 했다. 저본은 다음과 같다.

(1) MS: 長尾雅人, 『攝大乘論 和譯と注解』(上, 下), 講談社, 東京, 1982-1987 (repr. 2001)

(2) MSBh: Theg pa chen po bsdus pa'i 'grel pa, by Vasubhandhu, trans. by Dīpaṃkaraśrijñāna, Tshul Khrims rgyal ba(P No.5551, D No.4050).

(3) MSU: Theg pa chen po bsdus pa'i bshad sbyar, by Asvabhāva, trans. by Jinamitra, Śīlendrabodhi, Ye shes sde(P No.5552, D No.4051).

이외에 텍스트 교정 및 번역에 참조한 한역은 서론 2. 연구의 자료와 방법에 제시된 것과 같다.

2) 이미 제시된 약호 외에 번역과 텍스트 교정에 사용된 약호는 다음과 같다.

- ( ): 동일한 내용을 다시 설명할 경우.
- [ ]: 텍스트에는 없는 단어를 보충해서 번역했을 경우.
- 이탤릭체: 주석 텍스트에서 『섭대승론』 본문이 인용된 경우.
- 볼드체: 주석에 인용된 『섭대승론』 본문을 번역한 경우.

- Pa: 『攝大乘論釋』(15권 혹은 18권) 世親菩薩造, 陳 眞諦譯, 大正31, No. 1595.
- Dh: 『攝大乘論釋論』(10권) 世親菩薩造, 隨 笈多共行矩等譯, 大正31, No. 1596.
- HV: 『攝大乘論釋』(10권) 世親菩薩造, 唐 玄奘譯, 大正31, No. 1597.
- HA: 『攝大乘論釋』(10권) 無性菩薩造, 唐 玄奘譯, 大正31, No. 1598.

3) 텍스트 교정 및 번역에서는 항상 한역을 참조했지만, 모두 명기하지는 않았다. 또한 나가오 가진과 라모트의 번역본도 항상 참조했다. 번역 용어의 선택에서는 가능한 한 현장의 한역어를 그대로 살리는 방향으로 취했다.

4) 「증상혜학분」의 과단과 소제목은 라모트 및 그를 이어받은 나가오 가진 번역에 따랐다. 또한 각 교정 텍스트의 소제목 뒤에는 제 판본의 위치정보를 기입해서 편의를 도모했다.

IV 『섭대승론』 「증상혜학분」 티벳역 텍스트

1 서론

/ de ltar lhag pa'i sems kyi khyad par bstan nas / lhag pa'i shes rab kyi khyad par ji ltar blta zhe na / rnam par mi rtog pa'i yes shes kyi [1] ngo bo nyid dang / [2] gnas dang / [3] gzhi dang / [4] dmigs pa dang / [5] rnam pa dang / [6] brgal ba'i lan dang / [7] rten dang / [8] grogs dang / [9] rnam par smin pa dang / [10] rgyu mthun pa dang / [11] nges par 'byung ba dang / [12] mthar thug par 'gro ba dang / [13] sbyor ba las byung ba dang / rnam par mi rtog pa dang / rjes las thob pa'i phan yon dang / [14] rab tu dbye ba dang / [15] rnam par mi rtog pa dang / rjes las thob pa'i dpe dang / [16] lhun gyis grub par bay ba sgrub pa dang / [17] zab pa nyid kyis kyang rnam par mi rtog pa'i yes shes ni / lhag pa'i shes rab kyi khyad par du blta bar bya'o /

IV 『섭대승론』 「증상혜학분」 티벳역 역주

1 서론

이상과 같이 증상심의 뛰어남을 가르쳤다. 증상혜의 뛰어남을 어떻게 보아야 하는가. 무분별지의 [1] 본질과 [2] 소의와 [3] 기원과 [4] 인식 대상과 [5] 행상과 [6] 반론에 대한 대답과 [7] 근거와 [8] 반려와 [9] 이숙[과]와 [10] 등류[과]와 [11] 벗어남과 [12] 궁극에 도달함과 [13] 가행[무분별지]와 [근본]무분별지와 후득[무분별지]의 장점과 [14] [3지의] 차이와 [15] [근본]무분별지와 후득[무분별지]의 비유와 [16] 노력 없이 할 일을 완수하는 것과 [17] 심오함에 의해서도1) 무분별지가 증상혜의 뛰어남이라고 보아야 한다.

1) 티벳역에 따르면 17항목이지만, 한역본은 서로 차이가 있다. 진제역의 경우는 제6 반론에 대한 대답을 반론과 대답으로 분리하고 제15 다음에 위덕을 더해서 19항목으로 분류한다. 달마급다역은 제6 반론에 대한 대답은 진제와 마찬가지로 둘로 분리하지만 제15 다음에 위덕을 더하지 않으므로 18항목 뿐이다. 현장역은 제6 항목의 명칭을 들지 않아 16항목뿐이다. 불타선다 역도 제6 항목의 명칭을 들지 않지만 제15항목으로서 餘處라는 항목을 들고 있어 항목 수로는 17항목이 된다. 하지만 불타선다역은 제12항목에서 제15항목까지 다른 번역본과 순서 및 숫자가 다르고(12 藉彼無分別功用行等處, 13 差別處, 14 藉無分別得處, 15 餘處), 주석이 아닌 『섭대승론』 본문만 번역한 것으로서 명확하지 않다. 그러나 이 항목의 출입은 항목상의 차이일 뿐, 이하 해설에서는 내용적으로 거의 일치한다. 長尾雅人[1987: 243f] 참조. 한편 이 17항목 이후에도 제19절에서 세 智의 분류, 제20절에서 무분별지의 증명, 제21절에서 무분별지와 반야바라밀의 동일성, 제22절에서 성문의 智와의 차이 등을 다루고 있다.

텍스트

2 본질

[1] / de la rnam pa lngas rnam par spangs pa ni / rnam par mi rtog pa'i yes shes kyi ngo bo nyid ces bya ste / (1) yid la mi byed pa yongs su spangs pa dang / (2) rtog pa dang bcas pa dang dpyod pa dang bcas pa'i sa las shin tu 'da' ba yongs su spangs pa dang / (3) 'du shes dang / tshor ba 'gog pa nye bar zhi ba yongs su spangs pa dang / (4) gzugs kyi ngo bo nyid yongs su spangs pa dang / (5) de kho na'i dong la bkra bar 'dzin pa yongs su spangs pa'i phyir te / rnam par mi rtog pa'i ye shes ni / rnam pa 'di lnga yongs su spangs par rig par bya'o /

/ rnam par mi rtog pa'i yes shes rnam par bzhag pa ji skad bstan pa 'dir tshigs su bcad pa /

byang chub sems dpa' rnams kyi shes /
/ rnam rtog med pa'i [1] ngo bo nyid /
/ rnam pa lnga ni rnam spangs shing /
/ yang dag don la bkrar 'dzin med /

2 본질

그 중에서 다섯 가지를 끊은 것[2]이 무분별지의 본질이라고 말해진다. (1) 주의력이 없는 것(무작의)을 끊은 것과 (2) 심사(vitarka, 尋)와 숙고(vicāra, 伺)를 동반한 단계를 넘어선 것을 끊은 것과 (3) 상과 수가 멸한 적정을 끊은 것과 (4) 색을 본질로 하는 것을 끊은 것과 (5) 진실로서의 대상을 다양하게 파악하는 것을 끊은 것이기 때문이다. 무분별지는 이 다섯 가지를 끊은 것으로 이해해야 한다.

[위에서] 가르친 것처럼 무분별지의 확립이 이하에 게송[으로 설해졌다.]

보살들의
무분별지의 본질은
다섯 가지를 끊은 것이고
진실로서의 대상을 다양하게 파악함이 없는 것이다.[3]

---

2) 무분별지를 5상을 끊은 것으로 정의하는데 대한 연구는 이미 山口益[1972: 195, n.17], 山口益[1975: 439-40], 袴谷憲昭[1985], 釋慧敏[1994: 256-9], 안성두[2002: 161-167], 김성철[2005: 139-150]에서 이루어지고 있다. 특히 袴谷憲昭[1985]는 5상과 관련된 모든 문헌을 제시하고 번역한 후 약간의 고찰을 덧붙이고 있어 유익하다. 그에 따르면 무분별지를 5상을 끊은 것으로 설명하는 문헌은 이외에도 『유가사지론』 <섭결택분>, 『대승아비달마집론』 및 『잡집론』, 『법법성분별론』이 있다.

3) 이하의 설명 중 제3절에서 제6절까지 그리고 제9절에서 제13절까지의 게송은 모두 이 게송과 동일한 형식을 취하고 있다. 이 게송의 한역은 다음과 같다. 불타선다역: 諸菩薩眞實 遠離五種相 無分別智處 眞中種種名 ; 진제역: 諸菩薩自性 五種相所離 無分別智性 於眞無分別 ; 현장역: 諸菩薩自性 遠離五種相 是無分別智 不異計於眞 ; 달마급다역: 諸菩薩自性 出離五種相 是無分別智 於眞不計度. 長尾雅人[1987: 247]은 이 게송을 다음가 같이 환범하고 있다. svabhāvo bodhisattvānāṃ pañcākāravivarjitaḥ / jñānasya nirvikalpasya na bhūtārthavicitrakaḥ // 이 게송 a구의 첫 단어인 svabhāvo가 이하에서는 각각의 주제에 맞게 āśraya 등으로 바뀌고 b구와 d구 또한 그에 따른 설명으로서 달라지지만 a구와 c구는 정형구로서 변화하지 않고 있다. 한역은 모두 이 산스크리트 게송을 순서대로 직역한 것이다. 문제는 이렇게 직역한 한역의 게송만으로는 의미를 파악하기 힘들다는 것이다. 예를 들어 현장역의 경우를 보면 '보살들의 본질은 다섯 가지 상을 떠난 것이다. 이것이 무분별지로서 진실을 달리 계탁하지 않는 것이다'로 읽을 수밖에 없다. 이 경우 본질이란 무분별지의 본질이 아니라 보살의 본질이라고 이해할 수밖에 없다. 이에 반해 티벳역은 산스크리트 원 게송의 a구와 c구를 연결하고 b구와 d구를 연결한 형태로 번역하고 있어 한역에 비해 이해하기 쉽다. 長尾雅人[1987: 247f] 참조.

텍스트

3 소의

/ byang chub sems dpa' rnams kyi shes /
/ rnam par rtog pa med pa'i [2] gnas /
/ sems min sems ni kho na ste /
/ don la mi sems rgyus byung phyir /

4 기원

/ byang chub sems dpa' rnams kyi shes /
/ rnam par rtog pa med pa'i [3] gzhi /
/ thos pa'i bag chags brjod bcas pa'i /
/ yid byed de ni tshul bzhin no /

3 소의

보살들의
무분별지의 소의는
마음이 아니면서도 마음 그 자체이다.
대상을 생각하지 않고, [마음을][4] 원인으로 해서 발생했기 때문이다.

4 기원

보살들의
무분별지의 기원[5]은
聞薰習[에서 발생하고] [意]言을 동반한
그 작의가 이치에 맞는 것이다.

---

4) 長尾雅人[1987: 249, n.2]에 따라 보충해 넣었다. 長尾에 따르면 이 문장은 na arthacintānvayatvataḥ로 환범될 수 있다. 이것을 arthacintā와 cintānvaya의 형태를 취해 cintā를 두 번 읽은 것으로 이해한 것이다. 세친석 및 무성석의 주석이 모두 don la mi sems(na arthacitta)과 sems kyi rgyu las byung ba(cittānvaya)라는 두 가지 측면에서 주석하고 있기 때문이다. 또한 이는 진제역에 의해서도 지지된다. 진제는 d구를 非思疾類故라고 번역하면서, cintā를 한번은 思라는 의역으로 다른 한번은 疾이라는 음사로 두 번 번역하고 있다.

5) 여기서 무분별지의 기원(gzhi, nidāna)은 『섭대승론』 제3장 제7절에서는 소지상에 들어가는 원인 혹은 수단으로 취급된다. 곧 '무엇에 의해 어떻게 들어가는가(gang gis ji ltar ḥjug ce na)'하는 두 질문 중 '무엇에 의해'라는 질문에 대해 '문훈습을 원인으로 생하고, 여리작의에 포함되며, 교법과 의미로 현현하고, 견을 갖춘 의언[에 의해서]'(MS(上) 62,2-4: thos pa'i bag chags kyi rgyu las byung ba / tshul bzhin yid la byed pas bsdus pa / chos dang don snang ba lta ba dang bcas pa'i yid kyi brjod pa)라 설명하고 있는 부분이다. 또한 이러한 의언을 현현시키는 종자는 3장 전체를 관통하는 입소지상 그 자체(MS Ⅲ 1)이기도 하다.

텍스트

5 인식 대상

/ byang chub sems dpa' rnams kyi shes /
/ rnam rtog med pa'i [4] dmigs pa ni /
/ chos rnams brjod du med pa nyid /
/ bdag med de bzhin nyid kyang de /

6 행상

/ byang chub sems dpa' rnams kyi shes /
/ rnam par mi rtog [5] rnam pa ni /
/ shes bya dmigs pa de nyid la /
/ mtshan ma med pa gang yin pa'o /

5 인식 대상

보살들의
무분별지의 인식 대상은
법들이 언어표현되지 않는 것[6]이다.
또 그것은 무아와 진여이다.

6 행상

보살들의
무분별지의 행상은
인식해야 할 인식 대상에 대해
無相(mtshan ma med pa, animitta)인 것이다.

---

6) 불타선다역: 諸法無詮事, 진제역: 不可言法性, 달마급다역: 不可言說法, 현장역: 不可言法性이다. 라모트는 anabhilāpya-dharmatā로 환범하고 있다. 그러나 티벳역에 따르면 법의 복수형으로만 나타날 뿐, 법성(dharmatā, chos nyid)에 상당하는 단어는 보이지 않고, 주석에서도 법성에 해당하는 말은 나오지 않는다. 이에 근거해 長尾雅人[1987: 252]은 dharmāṇām nirabhilāpyatā로 환범하고 있다. 이 개념의 기원은 『유가사지론』 <보살지>까지 거슬러 올라갈 수 있다. <보살지> 「진실의품」에서는 '일체법이 언어표현되지 않는 것을 본질로 하는 것(sarvadharmāṇāṃ nirabhilāpyasvabhāvatā)' (Bobh(W) 38,24 ; 41,16 ; 43,24 ; 45,9 ; 48,7 등)이라는 표현이 궁극적인 대상을 지칭하는 것으로서 반복적으로 등장한다. <보살지>에서 불가언설성은 진여와 동일시된다 (BoBh(W) 38,25). 언어표현 불가능성을 증명하는 논리에 대해서는 본 연구 제2장 제4절 3) 참조.

7 반론에 대한 대답

/ sbyor las byung ba'i rang bzhin de /
/ rnam brtags de las gzhan du min /
/ yi ge phan tshun sbyor bas na /
/ don de sbyor las byung ba yin /
/ brjod pa med par brjod bya la /
/ shes pa 'jug pa ma yin no /
/ 'gal ba'i phyir na brjod la min /
/ de phyir thams cad brjod du med /

8 근거

/ rnam par mi rtog ye shes ni /
/ byang chub sems dpa'i de rjes la /
/ thob pa'i spyod pa'i [7] rten yin te /
/ de ni 'phel bar 'gyur phyir ro /

9 반려

/ byang chub sems dpa' rnams kyi shes /
/ rnam par rtog pa med pa'i [8] grogs /
/ lam gnyis su ni brjod pa ste /
/ pha rol phyin lnga'i rang bzhin no /

역주

7 반론에 대한 대답

결합으로부터 발생한 것을 본질로 하고
그 분별의 대상과 다른 것이 아니다.
음절이 서로 결합하기 때문에
결합으로부터 그 대상이 발생한다.
언어가 없다면 언어의 대상에 대한
인식이 발생하지 않는다.
모순되기 때문에 언어에 [언어의 대상에 대한 인식은] 없다.
그 때문에 모든 것은 언어표현되지 않는다.

8 근거

무분별지는
그 뒤에 얻는
보살행의 근거이다.
그것이 확장되기 때문이다.

9 반려

보살들의
무분별지의 반려는
두 가지 길이라고 말해진다.
다섯 바라밀을 본질로 한다.

10 이숙과

/ byang chub sems dpa' rnams kyi shes /
/ rnam rtog med pa'i rnam [9] smin ni /
/ sangs rgyas dkyil 'khor gnyis su ste /
/ sbyor ba dang ni thob pas so /

11 등류과

/ byang chub sems dpa' rnams kyi shes /
/ rnam rtog med pa'i [10] rgyu mthun ni /
/ phyi ma phyi ma'i tshe rnams su /
/ khyad par du ni 'gro bar 'dod /

12 벗어남

/ byang chub sems dpa' rnams kyi shes /
/ rnam rtog med pa'i [11] 'byung ba[1] ni /
/ sa bcu dag tu shes bya ste / 12-c /
/ thob pa dang ni grub phyir ro /

---

1) byunb ba = nges byung(MSBh, MSU)

10 이숙과

보살들의
무분별지의 이숙[과]는
붓다의 두 설법처에 [태어나는 것이다.]
가행과 획득에 의한 것이다.

11 등류과

보살들의
무분별지의 등류[과]는
이후의 생들에서
뛰어나게 되는 것이라고 인정된다.

12 벗어남

보살들의
무분별지의 벗어남은
십지들에서 알아야 한다.
획득과 완성 때문이다.

13 궁극

/ byang chub sems dpa' rnams kyi shes /
/ rnam rtog med pa'i [12] mthar thug pa /
/ dag pa'i sku gsum thob phyir dang /
/ dbang gi mchog ni thob phyir ro /

14 장점

/ rnam rtog med pa'i ye shes de /
/ dad pa tsam dang mos pa yis /
/ sdig pa sna tshogs drag rnams kyis /
/ gos pa med de nam mkha' bzhin /
/ rnam rtog med pa'i ye shes de /
/ sgrib pa kun las grol ba'i phyir /
/ thob dang grub dang ldan pas na /
/ gos pa med de nam mkha' bzhin /
/ rnam rtog med pa'i ye shes de /
/ gos pa med de nam mkha' bzhin /
/ 'jig rten dag na rnam rgyu yang /
/ 'jig rten chos kyis rtag mi gos /

13 궁극

보살들의
무분별지의 궁극은
청정한 삼신을 얻기 때문이고
최상의 자재를 획득했기 때문이다.

14 장점7)

그 [가행]무분별지는
믿음 뿐인 것과 승해에 의해
여러 종류의 극심한 악들로부터
허공과 같이 염오가 없다.
그 [근본]무분별지는
모든 장애로부터 벗어났기 때문에
획득과 완성을 갖춘 것에 의해
허공과 같이 염오가 없다.
그 무분별[후득]지는
허공과 같이 염오가 없다.
세간들에서 행해도
세간법에 의해 언제나 염오되지 않는다.

7) 이상 본문에서는 제13절까지는 주로 근본무분별지를 중심으로 고찰해 왔고, 제14절 이하 제15, 제16, 제19절에서 비로소 이를 3지(단 제16절은 무분별지와 무분별후득지 2지)로 나누어 고찰하고 있다. 그러나 세친석 및 무성석에서는 이미 제1절부터 3지를 염두에 두고 주석하고 있다. 그러나 본문에서 3지의 명칭이 정확히 소개되고 있는 것은 아니다.

텍스트

15 차이

/ lkugs pas don ni myong 'dod dang /
/ ji ltar lkugs pas don myong dang /
/ ma lkugs pas ni don myong ltar /
/ ye shes gsum ni brjod pa yin /
/ rmongs pas don ni myong 'dod dang /
/ ji ltar rmongs pas don myong dang /
/ ma rmongs pas ni don myong ltar /
/ ye shes gsum ni brjod pa yin /
/ lnga pos don ni myong 'dod dang /
/ ji ltar lnga pos don myong dang /
/ yid kyis don ni myong ba ltar /
/ ye shes gsum ni brjod pa yin /
/ bstan bcos mi shes bstan bcos 'dod /
/ chos dang don myong go rim ltar /
/ sbyor ba las ni byung ba sogs /
/ shes gsum de bzhin shes par bya /

15 차이

벙어리가 대상을 경험하고 싶어하는 것과
벙어리가 대상을 경험하는 것과
벙어리가 아닌 자가 대상을 경험하는 것과 같다고
세 [무분별]지를 [차례대로] 말했다.
어리석은 자가 대상을 경험하고 싶어하는 것과
어리석은 자가 대상을 경험하는 것과
어리석지 않은 자가 대상을 경험하는 것과 같다고
세 [무분별]지를 [차례대로] 말했다.
[전]5[식]이 대상을 경험하고 싶어하는 것과
[전]5[식]이 대상을 경험하는 것과
의[식]이 대상을 경험하는 것과 같다고
세 [무분별]지를 [차례대로] 말했다.
논서를 모르는 자가 논서[를 알고 싶어]하는 것과
법과 의를 차례대로 경험하는 것과 같다고
가행[무분별지] 등
세 [무분별]지를 그와 같다고 알아야 한다.

16 비유

/ mi zhig mig ni btsums pa ltar /
/ rnam rtog med pa'i shes de 'dra /
/ de nyid mig ni phye ba ltar /
/ de rjes thob pa'i shes de 'dra /
/ rnam rtog med pa'i shes de ni /
/ nam mkha' bzhin du shes par bya /
/ de la gzugs ni snang ba ltar /
/ de yi rjes thob shes de 'dra /

17 무공용의 활동

/ ji ltar nor bu sil snyan dag /
/ rtog pa med par rang las byung /
/ de ltar rtag tu rtog med par /
/ sangs rgyas phrin las sna tshogs 'byung /

16 비유

어떤 사람이 눈을 감은 것과 같이
그 [근본]무분별지는 그것과 닮았다.
바로 그 사람이 눈을 뜬 것과 같이
그 후득지는 그것과 닮았다.
그 [근본]무분별지는
허공과 같다고 알아야 한다.
거기에 색이 나타나는 것과 같이
후득지는 그것과 닮았다.

17 무공용의 활동

마치 보석[과] 천고 둘이
분별 없이 자신의 활동을 발생시키는 것처럼
항상 분별 없이도
붓다는 다양한 활동을 발생시킨다.[8)]

8) 중생을 성숙시키는 붓다의 활동이 노력이 없이, 다시 말해 의도와 분별이 없이 이루어진다는 것은 이미 『대승장엄경론』 「보리품」 18-19송에서 다루고 있다. 마치 때리지 않은 북에서 소리가 나듯이 승자에게는 노력이 없이 가르침이 발생한다. 마치 보석이 노력 없이 스스로 빛나듯이 붓다에게도 노력 없이 활동이 나타난다(aghaṭitebhyas tūryebhyo yathā syāc chabdasaṃbhavaḥ / tathājine vinābhogaṃ deśanāyāḥ samudbhavaḥ //18// yathā maṇer vinā yatnaṃ svaprabhāsanidar śanaṃ / buddheṣv api vinābhogaṃ tathā kṛtyanidarśanaṃ //19//).

텍스트

18 심오함

/ de la ma yin gzhan la min /

/ mi shes pa dang shes pa'ang min[2] /

/ shes bya dang ni khyad med pa'i /

/ shes gang de ni mi rtog nyid /

/ rnam par brtag bya med pas na /

/ chos rnams thams cad rang bzhin gyis /

/ rnam rtog med par gang phyir bzhed /

/ de phyir shes de mi rtog nyid /

2) mi shes pa dang shes pa'ang min = *shes dang mi shes pa ma yin(MSBh)*

역주

18 심오함

거기에 있지 않고 다른 곳에도 없다.
智[도 아니]고 智가 아닌 것도 아니다.
인식 대상과 구별이 없는
그 智는 무분별이다.
분별의 대상이 없기 때문에
법들은 모두 본성상
무분별이라고 설해졌으므로
그 때문에 그 智는 무분별이다.

19 종류

/ de la rnam par mi rtog pa la sbyor ba las byung ba'i ye shes ni rnam pa gsum ste / rgyu dang / 'phen pa dang / goms pa las byung bas rab tu dbye ba'i phyir ro /

/ rnam par mi rtog pa'i ye shes kyang rnam pa gsum ste / chog shes pa dang / phyin ci ma log pa dang / spros pa med pas rnam par mi rtog pa'i phyir ro /

/ de'i rjes las thob pa ni rnam pa lnga ste / rtgogs pa dang / rjes su dran pa dang / rnam par bzhag pa dang / 'dres pa dang / 'byor pa la dpyod pa tha dad pa'i phyir ro /

역주

19 종류

그 중에서 무분별에 대한 가행에서 발생하는 智는 세 가지다. 원인과 이끎과 수습으로부터 발생함에 의해 구별되기 때문이다.

[근본]무분별지도 세 가지다. 만족을 아는 것과 전도가 없는 것과 희론이 없기 때문에 무분별이기 때문이다[9].

후득[지]는 다섯 가지다. 통달과 기억과 확립과 종합적인 것과 자유자재에 대해 숙고하는 것이 다르기 때문이다.

---

9) 『대승아비달마집론』과 『잡집론』에서도 [근본]무분별지를 세 가지로 분류하고 설명하고 있다. 『대승아비달마집론』의 설명은 다음과 같다: 무분별성이란 무엇인가. 만족한 무분별성(지족무분별)과 전도가 없는 무분별성(무전도무분별)과 희론이 없는 무분별성(무희론무분별성)이다. 차례대로 범부들과 성문들과 보살들[의 무분별성]과 같다(AS P 138a3-4, D 117a2-3: rnam par mi rtog pa nyid gang zhe na / chog par 'dzin pa'i rnam par mi rtog pa nyid dang / phyin ci ma log pa'i rnam par mi rtog pa nyid dang / spros pa med pa'i rnam par mi rtog pa nyid de / so so'i skye bo rnams dang / nyan thos rnams dang / byang chub sems dpa' rnams dang go rim bzhin no //). 이에 대해 『잡집론』은 다음과 같이 주석한다: 무분별성은 지족무분별 등에 의해서 세 가지이다. 그 중에서 (i) 범부들이 만약 무상성 등 어떤 법성에 대해 마음의 궁극에 도달한 후 '이것은 이와 같다'하고 결정하고 만족을 얻는다면, 그것이 그들의 지족무분별이라고 불린다. 그 경우 모든 논리라고 하는 분별이 멈추기 때문이다. (ii) 성문들은 [5]온에 대해 상주 등의 전도를 대치함에 의해 색 등의 법뿐인 것을 비판적으로 고찰하면서 출세간지에 의해 무아성을 통달한다. 그러므로 그것이 그들의 무전도무분별성이라고 불린다. (iii) 보살들은 그 색 등의 법뿐인 것도 희론이라고 안 후 모든 법의 특징을 제거하면서 가장 적정한 출세간지에 의해 모든 곳에 존재하는 진여를 통달한다. 그러므로 그것은 보살들의 무희론무분별이라고 불린다(ASBh 139,4-12: nirvikalpatā tridhā saṃtuṣṭanirvikalpatādibhiḥ / tatra (i) pṛthagjanā yadi [a]nityatādikāṃ kāṃcid eva dharmatām ārabhya cittaparyavasānaṃ nītvā labdhaparitoṣā bhavanty evam etad iti niścinvantaḥ sā teṣāṃ saṃtuṣṭanirvikalpatety ucyate, tatra sarvatarkākhyavikalpoparateḥ / (ii) śrāvakāḥ skandheṣu nityādiviparyāsapratipakṣeṇa yathāvad rūpādikaṃ dharmamātraṃ* parīkṣamāṇā lokottareṇa jñānena nairātmyaṃ pratividhyanty ataḥ sā teṣām aviparyāsanirvikalpatety ucyate / (iii) bodhisattvās tad api rūpādidharmamātraṃ prapañca iti viditvā sarvadharmanimittāni vibhāvayantaḥ paramaśāntena lokottareṇa jñānena sarvatragāṃ tathatāṃ pratividhyanty ataḥ sā teṣāṃ niṣprapañcanirvikalpatety ucyate /)

* Tatia본은 dharmadhātuṃ이지만 티벳역(chos tsam du)과 한역(唯有色等法)에 따라 교정했다.

텍스트

20 무분별지의 증명

/ rnam par mi rog pa'i yes shes grub pa'i tshigs su bcad pa gzhan dag ni /

(1) yi dvags dud 'gro mi rnams dang /
/ lha rnams ji ltar 'os 'os su /
/ dngos gcig yid ni tha dad pas /
/ don rnams grub pa med par 'dod /

20 무분별지의 증명

무분별지를 증명하는 다른 게송[10]이 [설해졌다.]

(1) 아귀·짐승·사람들과
신들이 각자에 맞게,
대상은 하나지만 인식이 다르기 때문에
대상들이 성립해 있지 않다고 인정된다.

---

10) 이 게송의 출전에 대해서 『대승법원의림장』(대정45, 260a4)에서는 『아비달마계경』의 게송이라고 한다. 이 게송은 또한 『대승아비달마잡집론』(ASBh. 42,4-15)에 출전을 밝히지 않은 채 인용되어 있어 산스크리트어 원문을 확인할 수 있다. 이 게송은 유식무경의 증명(don med par grub pa)이라는 주제 하에 티벳역 『섭대승론』 제2장 제14절 B에도 인용되어 있지만 한역에는 누락되어 있다. 아마도 이는, 『대승장엄경론』의 번역과 마찬가지로, 무성의 해석에 가까운 형태로 『섭대승론』을 번역하려는 경향을 나타낸 것으로 추측된다. 長尾雅人[1987: 284]은 한역 쪽이 타당한 것으로 보고 있다. 이 게송을 산문으로 설명한 『섭대승론』 제2장 제14절 A와 동일한 내용이 『성유식론』 권7(대정31, 39a8-22)에 있다. 이를 주석한 『성유식론술기』(대정43, 488c9)에서는 이 게송이 『아비달마경』에서 인용한 것이라고 했다. 長尾雅人[1982: 315-322, 1987: 282-287] 참조. 『섭대승론』 II-14A에서는 이 게송의 내용을 보살의 4智로 설명하고 있다. 보살의 4智란 相違識相智(rnam par shes pa mi mthun pa'i rgyu mtshan nyid shes pa, viruddhavijñānanimittatvajñāna), 無所緣識現可得智(dmigs pa med pa'i rnam par rig pa dmigs pa shes pa, anālambanavijñaptyupalabdhijñāna (ASBh 42,1에서는 anālambanavijñānopalabdhijñāna)), 應離功用無顚倒智('bad pa med par yang phyin ci log med par 'gyur ba shes pa, yatnam antareṇāpy aviparyāsatvajñāna), 三種勝智隨轉妙智(shes pa rnam pa gsum gyis rjes su mthun par shes pa, trividhajñānānuvṛttitvajñāna)로 설명된다. 3종승지수전묘지란 『대승아비달마잡집론』(ASBh 42,2f)에 따르면 自在智(vaśitājñāna), 觀察智(vipaśyanājñāna), 無分別智(nirvikalpajñāna)이다. 여섯 게송 중 첫 3송은 앞의 3지에 해당하고 나머지 3송은 마지막 3종승지수전묘지에 해당한다. 이 게송의 산스크리트 원문은 다음과 같다.

pretatiryagmanuṣyāṇāṃ devānāṃ ca yathārhataḥ /
tulyavastumanobhedād arthāniṣpattir iṣyate // 1 //
atītādau tathā svapne pratibiṃbadvaye 'pi ca /
asannālaṃvanatvāc ca tadālaṃbanayogataḥ // 2 //
arthasyārthatvaniṣpatau jñānaṃ na syād akalpakaṃ /
tadabhāvāc ca buddhatvaprāptir naivopapadyate // 3 //
bodhisattve vaśiprāpte 'dhimuktivaśād yataḥ /
tathābhāvaḥ pṛthivyādau dhyāyināṃ copalabhyate // 4 //
niṣpannavicayasyeha dhīmataḥ śamalābhinaḥ /
sarvadharmamanaskāre tathārthakhyānato 'pi ca // 5 //
jñānacāre 'vikalpe hi sarvārthākhyānato 'pi ca /
arthābhāvopagantavyo vijñaptes tadabhāvataḥ // 6 //

(2) / 'das sogs de bzhin rmi lam dang /
/ gzugs brnyan rnam pa gnyis po la /
/ dmigs pa yod pa ma yin phyir /
/ de la dmigs pa ldan pa'i phyir /
(3) / don ni don du grub na ni /
/ ye shes rtog pa med mi 'gyur /
/ de med pas na sangs rgyas nyid /
/ 'thob par 'thad pa ma yin no /
(4) ① / byang chub sems dpa' dbang thob dang /
/ bsam gtan pa yi mos dbang gis /
/ 'di ltar sa la sogs pa dag /
/ dngos po de ltar dmigs par 'gyur /
② / 'di la rnam par 'byed grub pa /
/ blo ldan zhi ba thob pa yi /
/ chos kun yid la byed pa la /
/ de ltar don du snang phyir ro /
③ / ye shes rgyu ba rtog med la /
/ don rnams thams cad mi snang phyir /
/ don med khong du chud par bya /
/ de med pas na rnam rig med /

(2) 과거 등과 마찬가지로 꿈과
두 가지 영상에서
인식 대상이 없기 때문에
그것(마음)을 인식 대상으로 가지기 때문에
(3) 대상이 대상으로서 성립해 있다면
무분별지는 없게 된다.
그것이 없기 때문에 불과를
획득할 리가 없다.
(4) ① 자유자재를 얻은 보살과
정려를 얻은 자의 승해의 자재에 의해
이와 같은 地 등이
그와 같은 사물로 인식된다.
② 이 세상에서 분석력을 완성한 자,
지성을 갖추고 적정을 획득한 자가
모든 [교]법을 작의할 때
대상처럼 나타나기 때문이다.
③ 지의 활동이 무분별일 때
모든 대상이 현현하지 않기 때문에
대상이 없다고 알아야 한다.
그것이 없으므로 識(rnam rig, vijñapti)이 없다.

텍스트

21 반야바라밀과 무분별지

/ shes rab kyi pha rol tu phyin pa dang / rnam par mi rtog pa'i ye shes ni khyad par med de / ji skad du byang chub sems dpa' shes rab kyi pha rol tu phyin pa la mi gnas pa'i tshul gyis gnas nas de las gzhan pa'i pha rol tu phyin pa rnams bsgom pa s[3] yongs su rdzogs par byed do zhes gsungs pa lta bu'o / / ji ltar mi gnas pa'i tshul gyis yongs su rdzogs par byed ce na / gnas rnam pa lnga yongs su spong ba'i phyir te / (1) mu stegs can gyi ngar 'dzin pa'i gnas yongs su spong pa dang / (2) de kho na ma mthong ba'i byang chub sems dpa'i rnam par rtog pa'i gnas yongs su spong ba dang / (3) 'khor ba dang mya ngan las 'das pa'i mtha' gnyis kyi gnas yongs su spong ba dang / (4) nyon mongs pa'i sgrib pa spangs pa tsam gyis chog par 'dzin pa'i gnas yongs su spong ba dang / (5) sems can gyi don la mi lta ba phung po'i lhag ma med pa'i mya ngan las 'das pa'i dbyings kyi gnas yongs su spong ba'i phyir ro /

3) P. D. bsgoms pas

21 반야바라밀과 무분별지

반야바라밀과 무분별지는 차이가 없다. 다음과 같이 저 [『이만오천송반야경』]에서도 "보살은 반야바라밀에 머물지 않는 방식으로 머문 후 그 외에 다른 바라밀들을 수습함으로써 완성한다"11) 하고 설한 것과 같다. 어떻게 머물지 않는 방식으로 완성하는가. 다섯 가지 머뭄을 잘 끊었기 때문이다. (1) 외도가 아집에 머뭄을 끊은 것과 (2) 진실을 보지 못한 보살이 분별에 머뭄을 끊은 것과 (3) 윤회와 열반의 양 극단에 머뭄을 끊은 것과 (4) 번뇌장을 끊은 것만으로 만족한 머뭄을 끊은 것과 (5) 중생의 이익을 보지 않는 무여의열반계에의 머뭄을 끊었기 때문이다.

11) 불타선다역은 『대품반야』라고 했다. 그러나 『대품반야』에서 동일한 문장은 발견되지 않는다. 경전의 내용을 축약해 인용한 취의로 보인다. 長尾雅人[1987: 290. n.2]는 정확한 경전의 문장을 지적하고 있지 않지만, 역자가 확인한 바에 따르면, 『이만오천송반야경』의 다음과 같은 문장이 가장 유사하다. PVS 18,8-14: bodhisattvena mahāsattvena prajñāpāramitāyām sthitvā'sthānayogena dānapāramitā paripūrayitavyā aparityāgayogena deyadāyakapratigrāhakānupalabdhitām upādāya / śīlapāramitā paripūrayitavyā āpattyanāpattyanadhyāpattitām upādāya / kṣāntipāramitā paripūrayitavyā akṣobhaṇatām upādāya / vīryapāramitā paripūrayitavyā kāyikacaitasikavīryāsraṃsanatām upādāya / dhyānapāramitā paripūrayitavyā anāsvādanatām upādāya / prajñāpāramitā paripūrayitavyā prajñādauṣprajñānupalabdhitām upādāya // ; PVS 19,7-11: bodhisattvena mahāsattvena prajñāpāramitāyām sthitvā'sthānayogena dānapāramitā paripūrayitavyā aparityāgayogena deyadāyakapratigrāhakānupalabdhitām upādāya / evaṃ śīlapāramitā kṣāntipāramitā vīryapāramitā dhyānapāramitā prajñāpāramitā paripūrayitavyā prajñādauṣprajñānupalabdhitām upādāya // ; 『섭대승론』은 『반야경』의 이 구절을 인용하면서 각각의 바라밀을 열거하지 않고 축약해서 인용하고 있는 것이다.

텍스트

22 성문의 智와 보살의 智

/ nyan thos kyi ye shes dang / byang chub sems dpa'i ye shes gnyis la khyad par ci yod ce na / rnam pa lngas khyad par yod par rig par bya ste / (1) rnam par mi rtog pa'i khyad par ni phung po la sogs pa'i chos la rnam par mi rtog pa'i phyir ro / (2) / nyi tshe ba ma yin pa'i khyad par ni ① de kho na zad par rtogs pa dang / ② shes bya'i rnam pa thams cad la 'jug pa dang / ③ sems can thams cad kyi ched du bya ba'i nyi tshe ba ma yin pa'i phyir ro / (3) / mi gnas pa nyid kyi khyad par ni mi gnas pa'i mya ngan las 'das pa'i phyir ro / (4) / gtan du ba'i khyad par mya ngan las 'das pa'i dbyings su zad par mi 'gyur ba'i phyir ro / (5) / gong na med pa'i khyad par ni de'i gong na de ma yin pa'i theg pa ches khyad par du 'phags pa gzhan med pa'i phyir ro / / 'dir tshigs su bcad pa /

snying rje'i bdag nyid ye shes kyis /
/ rnam lnga khyad par 'phags pa rnams /
/ 'jig rten 'jig rten 'das pa yi /
/ phun sum tshogs dang mi ring brjod /

22 성문의 智와 보살의 智

성문의 智와 보살의 智 둘에서 [보살의 智의] 뛰어남은 무엇인가. 다섯 가지 측면에서 뛰어남이 있다고 알아야 한다[12]. (1) 무분별의 뛰어남은 오온 등의 법을 분별하지 않기 때문이다. (2) 부분적이지 않다는 뛰어남은 ① 진실을 통달하는 것과 ② 인식 대상의 모든 측면에 대해 발생하는 것과 ③ 모든 중생을 위해 해야 할 일이 부분적이지 않기 때문이다. (3) 머물지 않음의 뛰어남은 무주처열반이기 때문이다. (4) 궁극의 뛰어남은 열반계에서 소진되지 않기 때문이다. (5) 무상의 뛰어남은 그 위에, 그것과는 다른 대승이 별개의 뛰어난 것으로서 있는 것이 아니기 때문이다. 여기에 게송이[있다.]

悲를 본질로 하고 智에 의해
다섯 가지가 뛰어난 자들은
세간·출세간의 [공덕을]
머지않아 완전하게 한다고 설해졌다.

---

12) 보살의 智가 성문의 智에 비해 뛰어나다는 것은 이미 『섭대승론』 제3장 제15절에서 보살의 현관이 성문의 현관보다 11가지 측면에서 뛰어나다고 설명하면서 다루고 있다. 11가지 측면이란 ① 인식 대상, ② 지지(=자량), ③ 통달, ④ 열반, ⑤ 단계, ⑥ 번뇌의 습기를 끊는 청정, ⑦ 불국토의 청정, ⑧ 자타를 동일하게 보는 마음, ⑨ 출생, ⑩ 출현, ⑪ 결과를 가리킨다. 이 11가지와 이 절의 5가지는 내용상 대체로 중복된다.

텍스트

23 삼학수습의 결과

gang gi tshe byang chub sems dpa' de ltar lhag pa'i tshul khrims dang / lhag pa'i sems dang / lhag pa'i shes rab kyi yon tan phun sum tshogs pa dang ldan zhing nor thams cad la dbang 'byor pa thob par gyur pa de'i tshe / ci'i phyir sems can brel phongs can dag snang zhe na / (1) sems can de dag la de'i bgegs su gyur pa'i las mthong ba dang / (2) longs spyod de nye bar sgrub na dge ba'i chos skye ba'i bar du gcod pa nyid du mthong ba dang / (3) / kun tu skyo ba mngon du gyur par mthong ba dang / (4) longs spyod de nye bar sgrub na mi dge ba'i chos sogs pa'i rgyu nyid du mthong ba dang / (5) longs spyod de nye bar sgrub pa nyid de las gzhan pa'i sems can ches mang ba dag la gnod pa'i rgyu nyid du mthong ba'i phyir / sems can brel phong can dag snang ngo / / 'dir tshig su bcad pa /

las kyi[4] sgrib dang mngon gyur dang /
/ sogs dang gnod byed mthong ba'i phyir /
/ byang chub sems dpa' rnams kyis ni /
/ sems can longs spyod mi 'thob brjod /

4) kyi = dang(MSU)

23 삼학수습의 결과

보살이 그와 같이 증상계와 증상심과 증상혜의 완전한 공덕을 가지고 모든 재산에 대해 자유자재를 얻는다면, 왜 가난한 중생이 나타나는가. (1) 중생들에게서 그것(재산의 향수)에 장애가 되는 업을 보는 것과 (2) 그 재물을 준다면 선법이 생하는 데 대한 장애를 보는 것과 (3) [세간을] 혐오하는 것이 명백해지는 것을 보는 것과 (4) 그 재물을 준다면 불선법을 쌓는 원인인 것을 보는 것과 (5) 그 재물을 주는 것이 그 외 다른 많은 중생들에게 해를 끼치는 원인인 것을 보기 때문에 가난한 중생들이 나타난다. 여기에 게송이 [설해졌다.]

업과[13)]장애와 명백함과
쌓음과 해침을 보기 때문에
보살들에 의해 중생은
재물을 얻지 못한다고 설해진다.

13) 이 절의 (1)에서는 '장애가 되는 업(bgegs su gyur pa'i las)'을, (2)에서는 '선법이 생하는 데 대한 장애'를 설명하고 있으므로 내용상 '업과 장애'라고 하는 것이 타당해 보인다. 세친석은 이 부분이 결락되어 있어 확인할 수 없지만 무성석이 'las kyi sgrib' 대신 'las dang sgrib'이라고 한 것은 이를 지지한다. 따라서 長尾雅人본을 비롯한 본문은 모두 'las dang sgrib'으로 교정되어야 한다. 長尾雅人도 번역은 무성석과 같이 '업과 장애'라고 했다.

V 『섭대승론』「증상혜학분」 세친석 티벳역 텍스트

1 서론(P Li 212a8; D Ri 175a2; Pa 238c16; Dh 307a22; HV 363c15)

lhag pa'i shes rab brjod par bya ba'i dus la bab pas de brjod do // de la rnam par mi rtog pa'i ye shes ni lhag pa'i shes rab tu 'dod do // [P212b1] de yang rnam pa gsum ste / sbyor ba las byung ba'i rnam par mi rtog pa ste / kun tu tshol ba'i rnam par mi rtog pa dang / dngos gzhi dang / de'i rjes las thob pa'o // de la shes rab kyi dbang du byas pa ni

V 『섭대승론』「증상혜학분」 세친석 티벳역 역주

1 서론

증상혜를 말할 때에 도달했으므로 그것을 말한다. 그것에 대해 무분별지가 증상혜라고 인정된다. 그것은 또한 세 가지다. 노력에서 발생한 무분별(가행무분별지)로서 [근본무분별지를] 추구하는 무분별지(尋思慧)와 근본[무분별지 그 자체]와 그 [근본무분별지] 다음에 얻는 것(후득무분별지)[1]이다. 그 중에서 혜(근본무분별지)에 관한 것[2]이

1) 현장역은 직전의 가행무분별지를 설명할 때와 마찬가지로 근본무분별지와 후득무분별지 뒤에 각각 正證慧와 起用慧라는 말을 부가하고 있지만 달마급다역에는 없다. 이는 번역 당시에 현장이 부가한 말로 보인다. 달마급다역이 티벳역과 일치한다.

2) 현장은 悕求慧, 달마급다는 求欲智라고 번역했다. 長尾雅人[1987: 242]은 adhikāra-로 환범하고 있다.

텍스트

lhag pa'i shes rab dang po'o // nang gi bdag nyid kyi shes rab ni lhag pa'i shes rab gnyis pa'o // gang gnas pa'i shes rab ni lhag pa'i shes rab gsum pa'o // de la re zhig rnam par mi rtog pa nyid ni bsgrub par bya ba yin pas de'i phyir[1] de nyid ni 'bras bu yin la / kun tu tshol ba ni rgyur gyur pa yin no // 'bras bur gyur pa de ni rjes las[2] thob pa'i rgyur gyur pa yang yin pas de bsgrubs na de[3] gnyi ga yang bsgrub par byas par 'gyur ro //

---

1) D omits phyir
2) P, D: la
3) D omits de

역주

첫 번째 증상혜(가행무분별지)이다. 내면적인 혜[3]가 두 번째 증상혜다. [근본무분별지에] 근거한 혜[4]가 세 번째 혜다. 그 중에서 먼저 무분별성(근본무분별지)은 완성되어야 하는 것이기 때문에 그것(근본무분별지)은 결과이고, 회구하는 [무분별지]는 원인이다. 그 결과인 것(근본무분별지)은 후득[무분별지]의 원인이기도 하기 때문에, 그것(근본무분별지)이 완성될 때 그 [나머지] 둘이 완성된다[5].

---

3) 현장은 內證慧, 달마급다는 自內智라고 번역했다. 長尾雅人[1987: 242]은 adhyātma-로 환범하고 있다.

4) 현장은 攝持慧, 달마급다는 攝持智라고 번역했다. 長尾雅人[1987: 242]은 adhiṣṭhita-로 환범하고 있다. 그는 이상의 세 단어에 공통된 adhi-란 접두사를 취해서 세친이 adhiprajñā의 의미를 암시하고 있다고 보고 있다.

5) 근본무분별지를 중심으로 그 전후에 가행무분별지와 후득지를 상정하는 것은 『섭대승론』에서 처음 체계화된 것이다. 『섭대승론』는 근본무분별지를 중심에 놓고 설명하면서도 항상 가행무분별지와 후득지를 염두에 두고 설명하는 방식을 취하고 있다. 특히 제14절까지는 세 智의 중심으로서 근본무분별지를 설명하고 주로 제14절, 제15절, 제16절, 제19절에서 가행무분별지 및 후득무분별지와의 차이점을 비유 등을 통해 설명하고 있다.

텍스트

2 본질(P Li 212b4; D Ri 175a5; Pa 239b04; Dh 307b06; HV 363c28)

de la dang por re zhig rnam par mi rtog pa'i ye shes kyi ngo bo brjod par bya'o // 'dir ngo bo nyid de ni mtshan nyid ces brjod de /

byang chub sems dpa' rnams kyi shes //
rnam rtog med pa'i ngo bo nyid //
rnam pa lnga ni rnam spangs shing //
yang dag don la bkrar 'dzin med //

ces bya bar sbyar ro //

(1) rnam pa lnga ni yid la byed pa med pa tsam rnam par mi rtog pa'i ye shes nyid yin na gnyid log pa dang / ra ro ba dang /[4] bag med pa la sogs pa yang rnam par mi rtog pa'i ye shes su thal bar 'gyur ro //

(2) yang rnam par rtog pa dang bcas rnam par dpyod pa dang bcas pa'i sa las 'das pa rnam par mi rtog par 'dod na / de'i phyir bsam gtan gnyis pa la sogs pa thams cad kyang rnam par mi rtog par thal par 'gyur ro // de lta yin na ni 'jig rten pas kyang rnam par mi rtog pa thob par thal bar 'gyur ro //

---

4) P omits /

2 본질

그 중에서 첫 번째로 먼저 무분별지의 본질(svabhāva)을 말해야 한다. 여기에서 본질이야말로 특징(lakṣaṇa)이라고 말한다.

> **보살들의**
> **무분별지의 본질은**
> **다섯 가지를 끊은 것이고**
> **진실로서의 대상을 다양하게 파악함이 없는 것이다.**

라는 [게송]과 연결된다.

(1) 다섯 가지란 작의가 없는 것만으로 무분별이라면 숙면과 만취와 방탕함[6] 등도 무분별이라는 오류에 빠질 것이다.

(2) 또 심사(vitarka, 尋)를 동반하고 숙고(vicāra, 伺)를 동반한 단계를 넘어선 것[7]이 무분별이라고 인정된다면, 그 때문에 제2선 등 모든 것도 무분별이라는 오류에 빠질 것이다. 그와 같다면 세간사람도 무분별을 얻는다는 오류에 빠질 것이다.[8]

---

6) 티벳역에는 숙면, 만취, 방탕함 순으로 되어 있지만 한역의 경우 현장역(睡 · 醉 · 悶)만 이와 일치할 뿐 진제역(熟眠 · 放逸 · 狂醉)과 달마급다역(重睡 · 耽淫 · 極醉)은 뒤의 두 상태의 순서가 반대다.

7) 대응하는 <섭결택분>과 『대승아비달마집론』은 이를 다만 '[그것을] 넘어선 것(yang dag par 'das pa)'이라고만 하고 있다. 이를 첫 번째 규정과 관련지어 보면 문맥상 '작의'를 넘어선 것을 의미한다고 볼 수 있다. 이러한 해석은 <섭결택분>과 『대승아비달마집론』의 현장역을 통해 뒷받침된다(『유가사지론』(대정30, 706c3): 若由超過彼故者 ; 『대승아비달마집론』(대정31, 693a2-3): 二非超過作意故) ; 그러나 『대승아비달마잡집론』에 인용된 『대승아비달마집론』의 본문에는 단순히 '非超過故(대정장31, 765a9)'라고만 했다. 이는 『대승아비달마잡집론』의 주석 내용이 본문의 그것과는 다른 맥락에서 이루어지고 있기 때문이다. 『대승아비달마잡집론』의 작자는 <섭결택분>과 『대승아비달마집론』의 맥락보다는 『섭대승론』의 영향을 받은 것으로 보인다. 본 연구 제2장 제1절 3) 및 제2절 2) 그리고 제4절 2) 참조.

8) <섭결택분>과 『대승아비달마잡집론』의 대응하는 부분에서는 각각 khams gsum pa'i sems dang / sems las byung ba'i chos rnams ni rnam par rtog pa yin no ; vikalpasya śarīraṃ hi cittacaittāḥ

(3) yang na gang du sems dang sems [D175b1] las byung ba mi 'jug pa 'du shes dang tshor ba 'gog pa la sogs pa de'i gnas skabs rnam par mi rtog par 'dod na de ni ye shes nyid du mi 'gyur te / 'gog pa'i snyoms [P213a1] par 'jug pa la sogs pa'i dus na sems med pa'i phyir ro //

(4) yang na gzugs kyi ngo bo bzhin du rnam par shes pa 'dod na yang de'i phyir ji ltar gzugs bems po yin pa bzhin du rnam par shes pa yang bems po nyid du 'gyur ro //

(5) yang na gang de kho na nyid kyi don la bkra bar 'dzin par zhugs pa de rnam par mi rtog pa yin na / de nyid ni rnam par rtog par 'gyur te / 'di ni de kho na nyid do zhes rtog[5] pa'i phyir ro //

de lta bu'i rnam pa 'di lnga yongs su spangs pa'i ye shes kyis de kho na nyid kyi don la gal te zhugs par 'gyur na ni de kho na nyid kyi don ni 'di'o zhes de kho na nyid kyi don la bkra bar 'dzin par mi 'gyur ro // de lta bu ni rnam par mi rtog pa'i ye shes kyi mtshan nyid de kho na nyid kyi don la dmigs pa yin te / mig gi rnam par shes pa bzhin du sna tshogs kyi rang bzhin ma yin no zhes bya ba'i tha tshig go // don 'di dag nyid kyis tshigs su bcad pa dang po yang bstan par gyur pa yin no //

5) D: rtogs

(3) 또 마음과 마음작용이 발생하지 않는 그 상수멸 등의 상태가 무분별이라고 인정된다면 智가 아니다. 멸진정 등에서는 마음이 없기 때문이다.

(4) 또 색을 본질로 하는 것과 같은 인식이라고 인정된다면[9], 그 때문에 색이 [사고가 없는] 무생물인 것과 같이 인식도 [사고가 없는] 무생물이 된[다는 오류에 빠진]다[10].

(5) 또 진실로서의 대상에 대해 다양하게 파악한 그것이 무분별이라면, 바로 그것이 분별이 된다. '이것이 진실이다'하고 분별하기 때문이다.

이와 같은 다섯 가지를 끊은 [무분별]지가 만약 진실로서의 대상에 대해서 발생할 때는, '진실로서의 대상은 이것이다' 하고 진실로서의 대상을 다양하게 파악하지 않는다. 그와 같은 것이 진실로서의 대상을 인식 대상으로 하는 무분별지의 특징이다. 안식과 같이 다양성을 본질로 하지 않는다는 뜻이다. 이 의미들에 의해서 첫 번째 게송도 가르치게 되었다.

---

traidhātukāḥ라는 문장이 인용되어 있다. 이 문장의 정확한 전거는 아직 알려져 있지 않다. 다만 『능가경』(yena tannāma samudīrayati nimittābhivyañjakaṃ samavarmeti vā sa mahāmate cittacaittasaṃśabdato vikalpaḥ(Laṅk. 228,9-10. 安井[1976; 207, 342]에 따라 sama를 티벳어의 gdos pa(배)로 보고 dharma는 varma로 교정해서 번역했다.)과 <섭결택분>(D. Zhi 287b3)의 rnam par rtog pa gang zhe na / khams gsum na spyod pa'i sems dang sems las byung ba'i chos rnams so //)에 나타나는 문장이 가장 유사하다. 이 이외에 분별 대신 허망분별이라는 용어가 사용되긴 했지만 『중변분별론』의 abhūtaparikalpaś cittacaittās traidhātukāḥ(MAV Ⅰ, 8ab)가 유사한 문장으로 지적되어 있다. 이상은 袴谷憲昭[1985; n. 34] 참조. 이 문장의 전거에 대한 필자의 견해에 대해서는 본 연구 제2장 제4절 2) (1) ii) 참조.

9) 이 문장은 무분별지를 문제삼고 있는 위의 문장들과는 내용이 달라짐에도 불구하고 현장역은 윗 문장과 동일하게 번역했다. 문제가 되는 점은 rnam par shes pa라는 단어다. 이는 식(vijñāna)의 번역어로서 결코 무분별지를 의미하지는 않는다. 이를 현장이 무분별지라고 번역하고 진제와 달마급다가 단순히 智라고 번역한 것은 그들이 본 저본에는 jñāna라는 단어가 사용되었을 가능성을 암시한다. 무성석의 경우도 jñāna라는 단어를 사용해 설명하고 있다. 반면 세친석 티벳역에 따르면 이 단락에 두 번 나타나는 rnam par shes pa의 원어가 vijñāna였음을 추측하게 한다. 아마도 한역의 저본과 티벳역의 저본이 달랐거나, 혹은 세친석 티벳역이 상당히 늦게 이루어진 번역이라는 점을 고려하면 한역이 이루어진 이후 어느 시기엔가 jñāna가 vijñāna로 바뀌었을 가능성도 있는 것으로 보인다. 그렇다면 여기서는 무분별지 이전에 식(rnam par shes pa, vijñāna)의 성격을 문제로 삼고 있는 것으로 보인다. 무성석을 참고하면 색과 식의 관계를 4대와 4대소조색의 관계와 같은 것으로 파악하고 있는 듯하다.

10) 현장역은 이 문장 뒤에 다른 사람의 의견(復有餘義 若如色性 智不應成)을 덧붙이고 있으나 내용상 앞의 의견과 구별되지 않고 티벳역 및 다른 한역과도 일치하지 않는다.

텍스트

3 소의(P Li 213a5; D Ri 175b4; Pa 239c23; Dh 308a13; HV 364a27)

de ltar ngo bo nyid bstan nas gnas gang la de[6] 'byung bar 'gyur ba bstan par bya ste / de ltar bstan pa'i ye shes de'i gnas ni sems yin no // gal te de'i gnas sems yin na sems ni sems par byed pas na sems zhes bya ba yin pas sems kyi gnas la 'jug par 'gyur ba ni rnam par mi rtog pa zhes bya bar mi rigs so // yang sems med[7] pa yin na ni de ni shes pa ma yin pa thob par 'gyur ro zhe na / skyon gnyi ga spang bar bya ba'i phyir tshigs su bcad pa /

byang chub sems dpa' rnams kyi shes //
rnam par rtog pa med pa'i gnas //

zhes bya ba la sogs pa gsungs te / de'i gnas ni sems ni ma yin te / don la mi sems pa'i phyir ro // sems med pa yang ma yin te / gang de'i gnas sems kyi 'phen pa'i gnas skabs las [P213b1] de byung bar gyur pas na de sems kyi rgyu las byung ba'i phyir te / de'i phyir sems kho na zhes brjod par bya'o zhes bya ba'i tha tshig go //

6) D omits de
7) P omits med

3 소의

그와 같이 본질을 가르친 후, 어떤 소의에서 그것이 발생하는가를 가르쳐야 한다. 그와 같이 가르친 그 [무분별]지의 소의는 마음이다. 만약 그것의 소의가 마음이라면, 마음은 생각하기 때문에 마음이라고 하므로 마음이라는 소의에서 발생하는 것이 무분별이라는 것은 합리적이지 않다[고 상대방이 주장한다.] 또 마음이 아니라면, 그것은 智가 아니게 되어버린다고 [상대방이 주장]한다면, 두 가지 오류를 끊기 위해 게송이 [있다.]

보살들의
무분별지의 소의는

이라고 한 것 등이 설해졌다. 그것(무분별지)의 소의는 마음이 아니다. 대상을 생각하지 않기 때문이다. 마음이 아닌 것도 아니다. 마음이 이끄는 상태로부터 그것(무분별지)이 발생하게 되므로 [다시 말하면] 그것(무분별지)이 마음을 원인으로 해서 발생하기 때문에, 그것(무분별지)의 소의는 마음 그 자체라고 말해야 한다는 뜻이다.

텍스트

나 기원(P Li 213b1; D Ri 175b7; Pa 240a02; Dh 308a21; HV 364b08)

rgyu gang las 'byung bar 'gyur ba de tshigs su bcad pas bstan pa ni /

byang chub [D176a1] *sems dpa' rnams kyi shes //*
rnam par rtog pa med pa'i gzhi //
thos pa'i bag chags brjod bcas pa'i //[8)]

zhes bya ba la sogs pa la / gang gzhan gyis bstan pa thos pa las ni[9)] bag chags so // gang bag chags kyi rgyu las ni yid kyi brjod pa yid la byed pa ste / de ni tshul bzhin yid la byed pa zhes bya'o //

---

8) P omits //
9) D: thos pa la

4 기원

어떤 것을 기원으로 해서 발생하는가를 게송으로 가르친 것이 [다음 게송이다.]

보살들의
무분별지의 기원은
聞薰習[에서 발생하고] [意]言을 동반한

이라고 한 것 등에서, 다른 사람에 의한 가르침을 듣는 것으로부터는 [문]훈습이 [발생한]다. [문]훈습을 원인으로 해서 [발생하는 것]이 의언작의이다. 그것이 여리작의라고 하는 것이다.

텍스트

5 인식 대상(P Li 213b3; D Ri 176a2; Pa 240a14; Dh 308a24; HV 364b15)

yang ye shes de'i dmigs pa gang yin pa de de las gzhan pa'i tshigs su bcad pas bstan pa la /

byang chub sems dpa' rnams kyi shes //
rnam rtog med pa'i dmigs pa ni //[10)]

zhes bya ba la / de la gang kun tu brtags pa'i ngo bo nyid kyi chos thams cad ni brjod par bya ba med pa yin pas na

chos rnams brjod du med pa nyid

do // yang de'i brjod du med pa nyid gang yin zhe na /

bdag med de bzhin nyid kyang de //[11)]

de ni gang zag dang chos kyi bdag med pa ste / kun tu brtags pa'i ngo bo nyid kyi bdag med pa'o // de'i ngo bo ni[12)] de bzhin nyid do // des na chad par lta bar ma gyur cig pa'o //

---

10) P omits //
11) P: /
12) adds de nyid ; D adds de nyid de/

역주

5 인식 대상

또 그 [무분별]지의 그 인식 대상을 그것과 다른 게송으로 가르칠 때,

보살들의
무분별지의 인식 대상은

이라고 한 것에서, 그 중에서 변계소집성인 모든 법은 언어의 대상이 없기 때문에 **법들이 언어표현되지 않는 것이다.** 또 그 언어표현되지 않는 것이란 무엇인가.

또 그것은 무아와 진여이다.

그것은 인[무아]와 법무아이다. 변계소집성인 자아가 없는 것이다. 그것(무아성)을 본질로 하는 것이 진여이다[11]. 그러므로 단멸론에 빠지지 말라.

11) 진제역: 此無我不無 故說名眞如 ; 달마급다역: 此無體之體 名爲眞如 ; 현장역: 卽此無性所顯有性 說名眞如

6 행상(P Li 213b6; D Ri 176a4; Pa 240b07; Dh 308a28; HV 364b24)

yang de la dmigs par byed pa'i rnam pa gang yin zhe na / de ston pa'i tshigs su bcad pa /

byang chub sems dpa' rnams kyi shes //
rnam par mi rtog rnam pa ni //
shes bya dmigs pa de nyid la //
mtshan ma med pa gang yin pa'o //[13)]

zhes bya ba la / ye shes de ni de bzhin nyid de la mnyam pas mnyam par 'byung bas mtshan ma med pa tha mi dad pa'i rnam pa ste / 'di ni rnam pa'o // ji ltar mig gis gzugs rnams 'dzin pa na de la sngon po la sogs pa mthong ba nyid kyi rnam pa dang /[14)] gzugs sngon po la sogs pa nyid gzhan [P214a1] ma yin pa de bzhin du / 'dir yang ye shes dang de bzhin nyid dag gzhan ma yin pa ni rnam pa'o //

13) P omits //
14) P omits /

역주

6 행상

또 그 중에서 인식하는 행상은 무엇인가. 그것을 가르치는 게송이

보살들의
무분별지의 행상은
인식해야 할 인식 대상에 대해
無相(mtshan ma med pa, animitta)인 것이다.

라고 한 것에서, 그 [무분별]지는 그 진여에 대해 완전히 동일하게 발생하기 때문에 무상과 다르지 않은 행상을 가지고, 이것이 [무분별지의] 행상이다. 마치 눈이 색을 취할 때, 그것에 대해 파랑 등을 보는 것의 행상과 파란색 등이 다르지 않은 것과 같이, 여기에서도 [무분별]지와 진여가 다르지 않은 것이 [무분별지의] 행상이다.

7 반론에 대한 대답(P Li 214a1; D Ri 176a6; Pa 240b15; Dh 308b04; HV 364c05)

yang gal te chos thams cad brjod du med pa yin na de lta na gang la rnam par rtog par byed ce na /

sbyor[15] *las byung ba'i rang bzhin te*[16] /

don du /[17]

rnam brtags de las gzhan du min //[18]

de bas na de las gzhan du ma yin no // yang ji ltar byas nas zhe[19] na / de bsgrub[20] par bya ste /

yi ge phan tshun sbyor bas na /
don de sbyor las byung ba yin /[21]

te / yi ge gzhan dang gzhan dag lhan cig tu brjod pa'i don ni sbyor ba las byung ba'i don yin te / ji ltar mig ces bya ba lta bu'i yi ge rnam par ma chad par [D176b1] brjod pa'i don ni 'di

---

15) D adds ba
16) MS(下): de
17) P omits /
18) P: /
19) D: she
20) P: sgrub
21) P omits /

7 반론에 대한 대답

또 만약 모든 것이 언어표현되지 않는다면 무엇에 대해 분별하는가.

결합으로부터 발생한 것을 본질로 하고

대상으로서

그 [분별의 대상]과 다른 것이 아니다.

그러므로 그것과 다른 것이 아니다. 또 만약 어째서 그런가 하고 [묻는다]면, 그것을 증명하기 위해,

음절이 서로 결합하기 때문에
결합으로부터 그 대상이 발생한다.

[고 했]다. 각각의 음절들을 동시에 말한 의미가 결합에서 발생한 대상이다. 만약 '눈'[12]이라고 한 것과 같이 단절되지 않은 채 발설된 음절의 의미가 이와 같이 결합에서 생한 것이고[13], 그 분별의

12) 현장역(斫芻)에 따르면 눈을 뜻하는 산스크리트어 cakṣu로서, 두 음절이 연이어 발음된다.

13) 음절이 단절됨이 없이 이어진 것, 곧 결합된 것이 유의미(=대상이 있는 것)한 것이고 그렇지 않을 경우 무의미(=대상이 없는 것)한 것이라는 사고방식은 『중변분별론』의 다음과 같은 게송에서도 잘 나타나 있다: [게송] 결합해 있기 때문에 익숙해져 있기 때문에, 그리고 그와 마찬가지로 분리되어 있기 때문에 또한 익숙해져 있지 않기 때문에, 의미가 있기도 하고 없기도 하다. 그것이 문자에 대해 전도가 없는 것이다. (14) [주석] 문자가 결합되어 있을 때, 단절이 없이 발음되는 것에 의해 '이것의 이름은 이것이다'하고 익숙해져 있기 때문에 유의미한 것이다. 그 반대이기 때문에 무의미한 것이다(MAV 65,15-20: saṃyogāt saṃstavāc caiva viyogād apy asaṃstavāt / arthasatvam asatvāñ ca vyañjane so 'viparyayaḥ //14// saṃyoge sati vyañajānām avicchinnoccāraṇatayā "asya cedaṃ nāme"ti saṃstavāt sārthakatvaṃ viparyayān nirarthakatvam iti /)

ltar sbyor ba las byung ba[22] ste / rnam par brtags par bya ba de yin no // chos thams cad brjod par bya ba med pa yin no zhes bstan pa de gang gis grub pa yin zhe na / 'di ltar /[23]

brjod pa med par brjod bya[24] *la //*
shes pa 'jug pa ma yin no //

rjod par byed pa la ma byang ba'i phyir brjod par bya ba yod na yang de'i blor mi 'gyur ro // yang gal te rjod par byed pa ni brjod par bya ba'i blor 'gyur ro zhe na /

'gal ba'i phyir na brjod la min

te / rjod par byed pa dang /[25] brjod par bya ba mtshan nyid gzhan yin pa'i phyir 'gal ba nyid do // rjod par byed pa dang / brjod par bya ba dag /[26]

de phyir thams cad brjod du med //[27]

ces bya ba ste / rjod par byed pa dang / brjod par bya ba dag rgyu de'i[28] phyir brjod du med do[29] zhes bya ba'i tha tshig go //

---

22) D omits las byung ba
23) P omits /
24) D: ces
25) P omits /
26) P omits /
27) P omits //
28) P: rgyu'i
29) P adds //

대상이다.

'일체법은 언어표현되지 않는다'[14] 하고 가르친 그것은 무엇에 의해 증명되는가. 다음과 같이,

언어가 없다면 언어의 대상에 대한
인식이 발생하지 않는다.

[언어가 없어도 언어의 대상에 대한 이해가 발생한다고 주장한다면] 언어를 이해하지 못하기 때문에 언어의 대상이 있어도 그것에 대한 인식이 발생하지 않는다.

또 만약 [언어의 대상은 존재하지만] 언어가 [있을 때 비로소] 언어의 대상에 대한 인식이 [발생한다고 주장한다]면, [다음과 같이 설한다.]

모순되기 때문에 언어에 [언어의 대상에 대한 인식은] 없다.

[라고 말한]다. 언어와 언어의 대상은 다른 특징을 가지기 때문에 모순된다. 언어와 언어의 대상은 [언어표현되지 않는다.]

그 때문에 모든 것은 언어표현되지 않는다.

라고 했다. 언어와 언어의 대상이 그 때문에 언어표현되지 않는다는 뜻이다[15].

---

14) 『섭대승론』 제8장 제4절 인식 대상을 설명한 게송의 c구를 산문으로 재서술한 것이다.
15) 이상의 논리에 대한 자세한 설명은 본 연구 제2장 제4절 3) 참조.

8 근거(P Li 214a7; D Ri 176b3; Pa 240c13; Dh 308b15; HV 364c23)

yang rnam par mi rtog pa'i ye shes de gang gi rten yin zhe na /

rnam par mi rtog ye shes de[30] *//*[31]
byang chub sems dpa'i de rjes la //
thob pa'i spyod pa'i rten yin te //

gang rnam par mi rtog pa'i ye shes kyi rjes la byang chub sems dpa'i spyod pa thob par 'gyur bas de'i phyir ye shes de'i rten du 'gyur ro //

[P214b1] *de ni 'phel bar 'gyur phyir ro //*[32]

zhes bya ba ste / de'i phyir de lta bu'i byang chub sems dpa'i spyod pa 'phel bar 'gyur ba'i phyir yang rnam par mi rtog pa'i[33] ye shes ni rten du 'gyur ro //

---

30) MS(下): ni
31) P: /
32) P, D omits //
33) P omits pa'i

8 근거

또 그 무분별지는 무엇의 근거인가.

무분별지는
그 뒤에 얻는
보살행의 근거이다.

무분별지 이후에 보살행을 얻기 때문에 그 [무분별]지가 그것의 근거가 된다.

그것이 확장되기 때문이다.

라고 했다. 그러므로 그와 같이 보살행이 확장되기 때문에 무분별지가 근거가 된다.

9 반려(P Li 214b1; D Ri 176b5; Pa 240c21; Dh 308b19; HV 365a01)

yang de'i grogs gang yin zhe na /

byang chub sems dpa' rnams kyi shes //
rnam par rtog pa med pa'i grogs //
lam gnyis su ni brjod pa ste //
pha rol phyin lnga'i rang bzhin no //

de la *lam gnyis* ni tshogs kyi lam dang / rten gyi lam mo // de la tshogs kyi lam ni sbyin pa dang / tshul khrims dang / bzod pa dang / brtson 'grus kyi pha rol tu phyin pa'o / rten gyi lam ni bsam gtan gyi pha rol tu phyin pa ste / gang gi phyir sngar bstan pa'i pha rol tu phyin pa las yang dag par byung ba'i dge ba[34] dang / bsam gtan la brten nas rnam par mi rtog pa'i ye shes shes rab kyi pha rol tu phyin pa zhes bya ba de 'byung bar 'gyur bas so //

34) P: dge ba'i rtsa ba ; Pa: 善法 ; Dh: 善根 ; HV: 善

9 반려

또 그것의 반려는 무엇인가.

보살들의
무분별지의 반려는
두 가지 길이라고 말해진다.
다섯 바라밀을 본질로 한다.

그 중에서 두 가지 길이란 자량도와 의지도이다. 그 중에서 자량도란 보시[바라밀]과 지계[바라밀]과 인욕[바라밀]과 정진바라밀이다. 의지도는 정려바라밀이다. 앞서 [「피입인과분」에서] 가르친 [4]바라밀로부터 발생하는 善과 정려[바라밀]로부터 반야바라밀이라고 말하는 그 무분별지가 발생하기 때문이다.

텍스트

1Δ 이숙과(P Li 214b5; D Ri 176b7; Pa 241a05; Dh 308b26; HV 365a10)

sangs rgyas nyid ma thob kyi bar du rnam par mi rtog pa'i ye shes des rnam par smin pa gang sgrub par 'gyur zhe na /

byang chub sems dpa' rnams kyi shes //
rnam rtog med pa'i [D177a1] *rnam smin ni //*[35]
sangs rgyas dkyil 'khor gnyis su ste[36] *//*

sangs rgyas rnams kyi dkyil 'khor gnyis ni longs spyod rdzogs pa'i dkyil 'khor dang / sprul pa'i dkyil 'khor te / gang gi tshe gang gis rnam par mi rtog pa'i sbyor ba la zhugs pa'i rnam par smin pa ni sprul pa'o // rnam par mi rtog pa'i don thob pa de'i rnam par smin pa ni longs spyod rdzogs par 'gyur ro // de dag nyid kyi don bstan pa ni /[37]

sbyor ba dang ni thob pas so //

zhes bya ba yin no //

35) D: /
36) P: te
37) P omits /

10 이숙과

불과(buddhatva)를 얻지 못하는 동안 그 무분별지는 어떤 이숙[과]를 얻는가.

보살들의
무분별지의 이숙[과]는
붓다의 두 설법처에 [태어나는 것이다.]

붓다들의 두 설법처란 수용신의 설법처와 변화신의 설법처다. 어떤 때 누군가가 무분별에 대해 가행할 때 발생한 이숙[과]는 변화[신의 설법처에 태어나는 것]이다. 무분별의 의미를 획득한 그 자의 이숙과는 수용[신의 설법처에 태어나는 것]이다. 그 두 가지 의미를 가르친 것이

가행과 획득에 의한 것이다.

라고 한 것이다.

11 등류과(P Li 214b8; D Ri 177a2; Pa 241a22; Dh 308c02; HV 365a18)

ye shes de'i rgyu mthun pa gang yin zhe na /

byang chub sems dpa' rnams kyi shes //
rnam rtog med pa'i rgyu mthun ni //
phyi ma phyi ma'i tshe [P215a1] *rnams su* //[38]

zhes bya ba ste / bshad ma thag pa'i dkyil 'khor gnyis po dag phyi ma phyi ma'i tshe la rnam par rtog pa med pa'i rgyu mthun bas /[39]

khyad par du ni 'gro bar 'dod //[40]

ces bya ba ste / gang rnam par mi rtog pa'i ye shes bye brag tu gyur pa de nyid de'i rgyu mthun par blta bar bya'o //

38) P omits //
39) P omits /
40) P omits //

역주

11 등류과

그 [무분별]지의 등류[과]는 무엇인가.

보살들의
무분별지의 등류[과]는
이후의 생들에서

라고 했다. 직전에 설한 두 가지 설법처가 이후의 생들에서 무분별의 등류[과]가 되기 때문에

뛰어나게 되는 것이라고 인정된다.

라고 했다. 무분별지가 뛰어나게 되는 것 자체가 그것의 등류[과]라고 보아야 한다.

12 벗어남(P Li 215a2; D Ri 177a4; Pa 241b03; Dh 308c06; HV 365a25)

de ji ltar nges par 'byung bar 'gyur zhe na / de la /

byang chub sems dpa' rnams kyi shes //
rnam rtog med pa'i nges 'byung[41] *ni //*

zhes bya ba la / mthar thug par 'gro ba ni nges par 'byung ba ste / mya ngan las 'das pa zhes bya ba'i tha tshig go //

thob pa dang ni grub phyir ro //[42]

zhes bya ba la / ye shes de dang po thob pa dang ldan par 'gyur ro // de nas bskal pa brgya stong du ma na grub pa dang ldan par 'gyur ro //

sa bcu dag tu shes bya ste //[43]

zhes bya ba la / dang po nas brtsams nas rim pa 'di nyid kyis sa dang po la ni thob ba tsam du 'gyur ro // dus phyis ni chen po nyid du 'grub par 'gyur te / de'i phyir 'di ltar bskal pa grangs med pa gsum gyis mya ngan las 'da'[44] bar 'gyur te / 'di ltar byang chub sems dpa' rnams kyis de srid kyis rnam par mi rtog pa'i mthar nges bar 'byung bar 'gyur ro //

---

41) MS(下): 'byung ba
42) P omits //
43) P omits //
44) D: 'das

12 벗어남

그것은 어떻게 벗어나는가. 그 중에서

보살들의
무분별지의 벗어남은

이라고 한 것에서, 궁극에 도달한 것이 벗어남이다. 열반이라는 뜻[16]이다.

획득과 완성 때문이다.

라고 한 것에서, [획득이란] 그 [무분별]지가 최초로 획득을 갖추는 것이다. [완성이란] 그 후에 수십만 겁[17] 동안 완성을 갖추는 것이다.

십지들에서 알아야 한다.

라고 한 것에서, 처음부터 이 순서대로 초지에서는 획득뿐이다. 나중에는 오랜 [시간에 걸쳐] 완성된다. 그러므로 이와 같이 삼무수겁에 걸쳐 열반한다. 이와 같이 보살들은 그 기간에 걸쳐 무분별의 궁극을 향해 벗어난다.

---

16) 세친석에서는 벗어남을 열반의 의미로 해석한다. 그리고 이것을 다음 항목인 궁극과도 연결시킨다. 그러나 궁극에서 설명되는 것은 열반이 아니라 붓다의 삼신의 완성이다. 『섭대승론』에서 열반은 제9장 「피과단분」의 주제이고 삼신은 「피과지분」의 주제이다. 이 점에서 벗어남, 곧 열반과 삼신을 동일시한 세친석의 설명은 이해하기 힘들다. 이 점을 의식한 듯 무성석은 벗어남의 설명을 열반과 연결시키지 않고 있다.

17) 여기에 사용된 수십만 겁이라는 시간과 아래에 나오는 삼무수겁이라는 시간의 관계는 분명하지 않다. 아마도 서로 다른 설명방식이 병치된 것으로 보인다.

13 궁극(P Li 215a6; D Ri 177a6; Pa 241b15; Dh 308c12; HV 365b07)

mthar thug par 'gro ba gang yin zhe na / 'di ltar bshad ma thag pa'i rim pa 'di nyid kyis thob par gyur pa ni mthar thug pa ste /

byang chub sems dpa' rnams kyi shes //
rnam rtog med pa'i mthar thug pa //
dag pa'i sku gsum thob phyir dang //[45]

zhes bya ba'i don te / *dag pa* smos pa ni 'dir 'di ltar sku gsum po de[46] sa dang po nyid du thob pa yin la / [D177b1] bcu pa la ni shin tu rnam par dag par 'gyur ro //

dbang gi mchog ni thob phyir ro //[47]

zhes bya ba ni dag pa'i sku gsum 'ba' zhig thob pas mthar thug par 'gro ba ma yin gi / gang yang ye shes rnam par [P215b1] mi rtog pa[48] 'chad par 'gyur ba'i dbang bcu po de dag thob pas kyang yin par blta bar bya'o //

---

45) P omits //
46) D omits de
47) P omits //
48) P, D adds dang / ; Dh: 此無分別智 非唯清淨三身得究竟 復有十種自在 如後說彼亦是得應知, HV: 無分別智非唯證得淸淨三身以爲究竟 而復獲得十種自在 此如後說應知其相

13 궁극

궁극에 도달한 것은 무엇인가. 이상과 같이 직전에 설명한 것 다음에 획득하는 것이 궁극에 도달하는 것이다.

보살들의
무분별지의 궁극은
청정한 삼신을 얻기 때문이고

라고 한 의미다. **청정**이라고 한 것은 여기에서 이와 같이 그 삼신이 초지에서는 획득된 것이고 십[지]에서는 매우 청정한 것이다.

최상의 자재를 획득했기 때문이다.

라고 한 것은 청정한 삼신만을 획득한 것에 의해 궁극에 도달한 것이라 아니라, 무분별지가[18] [10장에서] 설명할 십자재[19]를 획득했기 때문이기도 하다고 보아야 한다.

---

18) 티벳역은 '무분별지와'라고 되어 있으나 현장역과 달마급다역은 무분별지를 주어로 번역하고 있다. 이것이 의미상 타당하다. 진제역은 무분별지라는 말을 번역하지 않고 있다.

19) 열 가지 최상의 자재는 법신을 다루는 제10장 제3B절에 나타난다. 열 가지 자재는 육바라밀을 완성함으로써 획득된다. 곧 보시바라밀을 완성함으로써 ① 수명, ② 마음, ③ 생활도구에 대한 자유자재를, 지계바라밀을 완성함으로써 ④ 행위, ⑤ 태어남의 자유자재를, 인욕바라밀을 완성함으로써 ⑥ 승해의 자재를, 정진바라밀을 완성함으로써 ⑦ 서원의 자재를, 정려바라밀을 완성함으로써 오신통에 포함되는 ⑧ 위신력의 자재를, 반야바라밀을 완성함으로써 ⑨ 첩, ⑩ 교법의 자재를 획득한다고 한다.

14 장점(P Li 215b1; D Ri 177b1; Pa 241b22; Dh 308c18; HV 365b11)

rnam par mi rtog pa de'i phan yon gang yin zhe na / de la re zhig rnam par mi rtog pa ni rnam pa gsum ste / sbyor ba las byung ba'i rnam par mi rtog pa nyid dang rtsa ba ste / gang rnam par mi rtog pa nyid dang / rnam par mi rtog pa'i rjes las thob pa'o // de la[49] sbyor ba las byung ba'i rnam par mi rtog pa nyid ni gang byang chub sems dpa' des dang por pha rol po las rnam par mi rtog pa thos[50] la de nas bdag nyid kyis rigs pas dpyad nas lhag par mos par byed cing / lhag par mos pa de la brten nas gang nges par zhugs pa'i rnam par mi rtog pa (52… de ni[51] sbyor ba las byung ba'i rnam par mi rtog pa zhes bya bas…52) / de lta bu nyid ni rnam par mi rtog pa nyid du 'gyur ro // sbyor ba las byung ba de'i phan yon gang zhe na /

rnam rtog med pa'i ye shes de //
gos pa med de nam mkha' bzhin //

gang gis ma gos zhe[53] na / de bstan pa /

sdig pa sna tshogs drag rnams kyis

---

49) P, D: de las
50) P, D: thob ; Pa, Dh, HV: 聞
51) D adds /
52) P: zhes bya ba ste / 'di ltar de'i phyir rnam par mi rtog pa zhes bya bas
53) D: she

14 장점

그 무분별[지]의 장점이 무엇인가. 그 중에서 먼저 무분별[지]는 세 가지이다. 가행무분별성과 근본으로서 무분별성과 무분별후득[지]다. 그 중에서 가행무분별성이란 [다음과 같다.] 그 보살은 처음에 다른 사람으로부터 무분별[에 관한 가르침]을 듣고, 그 후 개별적으로 논리에 의해 숙고한 후 승해한다. 그리고 그 승해에 근거해서 확정된 그 무분별이 가행무분별[지]라고 하기 때문에, 그와 같은 것이 [근본무분별지를 발생시키므로][20] 무분별성이 된다.

그 가행[무분별지]의 장점은 무엇인가.

그 [가행]무분별지는
허공과 같이 염오가 없다.

무엇에 의해 염오되지 않는가. 그것을 가르친다.

여러 종류의 극심한 악들로부터

---

20) 달마급다역(由此觀行故無分別得生), 진제역(無分別智從此信樂生起故) 및 현장역(由此能生無分別智)에 따라 삽입했다. 제1절에도 같은 취지의 설명이 제시되고 있다.

텍스트

so // rgyu gang gis ma gos pa de bstan pa /

dad pa tsam dang mos pa yis //

zhes bya ba la / dad pa tsam dang / gang rnam par mi rtog pa la lhag par mos pa de ni de'i phyir ngan 'gror 'gro ba'i gnyen po nyid yin zhing / sgrib pa spangs par gyur bas mi gos pa'o //

rtsa ba rnam par mi rtog pa'i phan yon yang /

gos pa med de nam mkha' bzhin //[54]

gang zhe na /

rnam rtog med pa'i ye shes de //[55]

de[56] gang gis she[57] na /

sgrib pa kun las

so / ji ltar zhes na /

thob dang grub dang ldan pas na //[58]

---

54) P, D: /
55) P: /
56) D omits de
57) P: zhe
58) P omits //

이다. 어떤 이유로 염오되지 않는가를 가르친다.

믿음뿐인 것과 승해에 의해

라고 한 것 중에서, 믿음뿐인 것과 무분별에 대한 그 승해가, 그 때문에 악취에 떨어지는 것을 대치하고 장애를 끊으므로 염오되지 않는다. 근본무분별[지]의 장점도

허공과 같이 염오가 없다.

[3智 중] 어떤 [무분별지]인가.

그 [근본]무분별지는

그것은 무엇으로부터 [염오되지 않는]가.

모든 장애로부터

이다. 어떻게 [벗어났는]가.

획득과 완성을 갖춘 것에 의해

텍스트

zhes bya ba ste / sa rnams thob pa dang ldan pa dang / grub pa dang ldan pa'i phyir ro // 'dis ni sgrib pa de'i gnyen po nyid bstan par 'gyur ro // rnam par mi rtog pa'i rjes las thob pa'i phan yon ji lta bu [P216a1] yin zhe na / de yang /

rnam rtog med pa'i ye shes de //
gos pa med de nam mkha' bzhin //
'jig rten dag na rnam rgyu yang //
'jig rten chos kyis[59] *rtag mi gos //*[60]

zhes bya ba la / ye shes de nyid kyis ni sems can gyi don mthong nas srid pa dag tu yang skye bar 'gyur [D178a1] la / de 'jig rten du skyes par gyur na yang de la 'jig rten gyi chos kyis ni mi gos te / 'jig rten gyi chos ni rnyed pa dang ma rnyed pa dang grags pa dang / ma grags pa dang / bstod pa dang / smad pa dang / bde ba dang / sdug bsngal zhes bya'o // de yang rnam par mi rtog pa nyid yin te / rnam par mi rtog pa'i ye shes las de byung ba'i phyir ro //

59) P: kyi
60) P omits //

라고 했다. 地들을 획득하는 것을 갖추는 것과 완성하는 것을 갖추기 때문이다. 이것에 의해 저 장애의 대치를 가르쳤다.

무분별후득[지]의 이익은 어떤가. 그것도

그 무분별[후득]지는
허공과 같이 염오가 없다.
세간들에서 행해도
세간법에 의해 언제나 염오되지 않는다.

라고 한 것에서, 그 [무분별후득]지에 의해서는 중생의 이익을 보고, 청정한 생존에도 태어나지만, 그가 세간에 태어났을 때도 거기에서 세간법에 의해 염오되지 않는다. 세간법이란 이익과 손해, 명예와 불명예, 칭찬과 비난, 행복과 고통이다. 그것(후득지)도 무분별이다. 무분별로부터 그것(무분별후득지)이 발생했기 때문이다.

텍스트

15 차이(P Li 216a4; D Ri 178a2; Pa 242a22; Dh 309a09; HV 365c24)

gang ye shes gsum po de dag nyid kyi bye brag ni ji ltar de dag bstan pa bzhin du de yang bstan par bya'o // ji ltar

lkugs pas don ni myong 'dod dang[61)]

ste[62)] / brjod pa med pa ltar sbyor ba las byung ba'i rnam par mi rtog pa ni de bzhin no //

ji ltar lkugs pas don myong dang

ste /[63)] brjod pa med pa de lta bu ni dngos gzhi rnam par mi rtog pa'o //

ma lkugs pas ni don myong ltar

te / brjod pa ltar de bzhin du rnam par mi rtog pa'i rjes las thob pa'i rnam par mi rtog pa blta bar bya'o // 'dir brjod pa ni yi ge[64)] brjod pa yin par bzhed do //

61) P, D: ltar ; MS(下): dang
62) D: te
63) P, D omit /
64) P: ger

15 차이

그것(장점)들을 설명한 것처럼, 그 3지의 차이도 설명해야 한다. 곧 [게송에서]

벙어리가 대상을 경험하고 싶어하는 것과

[라고 했]다. [벙어리가 대상을 경험하고 싶어도] 말이 없는 것처럼, 가행무분별[지]도 그와 같다.

벙어리가 대상을 경험하는 것과

[라고 했]다. [벙어리가 대상을 경험하고 있지만] 말이 없는 것과 같은 것이 근본무분별[지]다.

벙어리가 아닌 자가 대상을 경험하는 것과 같다고

[라고 했]다. [벙어리가 아닌 자가 대상을 경험하면서] 말하는 것과 같이 [근본]무분별[지] 이후에 획득하는 무분별[지]를 보아야 한다. 여기에서 말이란 문자로 말하는 것이라고 인정된다.

rmongs pas don ni myong 'dod dang //[65)]

zhes bya ba la / 'dir tha snyad la ma byang ba ni rmongs pa yin par bzhed do // rmongs pa 'di dag gang ye shes gsum dang dpe yang lkugs pa bzhin du sbyar bar bya'o //

lnga pos don ni myong 'dod dang //[66)]

zhes bya ba la / lnga smos pas ni rtog pa med pa'i mig la sogs pa rnams bsdu bar blta bar bya'o // de dag gi *'dod pa* dang *myong ba* zhes bya ba ni thams cad lkugs pa bzhin du ye shes gsum dang sbyar bar bya'o //

yid kyis don ni myong ba ltar //[67)]

zhes bya ba la / ji ltar yid [P216b1] kyis don la rnam par rtog cing nyams su myong ba ltar de'i rjes las thob pas nyams su myong ba yang de bzhin te / rnam par rtog par byed do[68)] zhes bya ba'i tha tshig go //

---

65) P omits //
66) P omits //
67) P omits //
68) P adds //

어리석은 자가 대상을 경험하고자 하는 것과

라고 한 것에서, 여기에서 언설을 이해하지 못하는 자가 어리석은 자라고 간주된다. 이 어리석은 자들도, 벙어리의 비유와 마찬가지로, 3지와 상응한다.

[전]5[식]이 대상을 경험하고자 하는 것과

라고 한 것에서, 다섯이라고 말한 것은 무분별인 안[식] 등을 포함한다고 보아야 한다. 그것들이 **[경험]하고자 하는** 것과 **경험하는** 것은 모두 벙어리[의 비유]와 같이 3지와 상응한다.

의[식]이 대상을 경험하는 것과 같다고

라고 한 것에서, 의[식]이 대상을 분별하고 경험하는 것과 같이 후득[지]가 경험하는 것도 그와 같다. 분별한다는 뜻이다.

bstan bcos mi[69] shes pas bstan bcos 'dod pa lta bu ni sbyor ba las byung ba'o //

ji ltar bstan bcos de'i chos[70] myong ba lta bu ni rnam par mi rtog pa'o // 'dir chos ni yi ge tsam du bzhed do //

ji ltar bstan bcos shes pas chos dang don myong ba de lta bur ni de'i rjes las thob par[71] blta bar bya'o //

go rim smos pa ni 'dir chos dang don dang ye shes gnyis bstan pa yin no //

---

69) D: ma
70) P, D: chos dang don ; Pa: 但能受法 未能受義 ; Dh: 但受用於法 ; HV: 但受於法
71) P: pa

역주

논서를 모르는 자가 논서를 [알기] 원하는 것과 같은 것이 가행[무분별지]다. 그 논서의 [교]법을[21] 경험하는 것과 같은 것이 [근본]무분별지다. 여기에서 [교]법이란 문자뿐이라고 간주된다. 논서를 아는 자가 [교]법과 의[미]를 경험하는 것과 같은 것이 후득[무분별지]라고 보아야 한다. 순서라고 한 것은 여기에서 [교]법과 의[미]가 [근본무분별지와 후득지라는] 두 [지][22]를 [순서대로] 가리킨[다는 뜻]이다.

---

21) 티벳역에는 P. D 양본 모두 chos dang don이라 해서 교법과 함께 의미도 포함시키고 있다. 그러나 한역에는 오직 교법뿐이라고 했다. 한역에 따라 티벳역을 교정하고 이와 같이 번역했다. 무성석도 이와 같다.

22) 한역본에 따라 숫자가 조금씩 다르다. 현장역은 3지(단 궁본에는 2지)라고 했고, 진제역은 명확하지 않지만 3지로 해석될 수 있는 번역을 하고 있다. 달마급다는 2지라고 번역해서 티벳역과 일치한다.

16 비유(P Li 216b3; D Ri 178a7; Pa 242c13; Dh 309a22; HV 366a19)

mi zhig mig ni btsums[72] *pa ltar //*[73]

zhes bya ba la sogs pa'i tshigs su [D178b1] bcad pa ni rnam par mi rtog pa dang / de'i rjes las thob pa gnyis po de dag gi bye brag bstan to //

nam mkha' bzhin du

zhes bya ba ni / ji ltar nam mkha' khyab pa dang / ma gos pa dang / mi rtog pa dang / brtag par bya ba ma yin pa de bzhin du rnam par mi rtog pa'i ye shes kyang chos thams cad la ro gcig pa stong pa nyid kyis khyab pas na khyab pa'o // chos thams cad kyis ma gos pas na gos pa med pa'o // rang nyid kyis rnam par mi rtog pas ni rnam par rtog pa med pa'o // gzhan kyis brtag par bya ba ma yin pa nyid kyis rnam par brtag par bya ba ma yin pa ste / rnam par mi rtog pa'i ye shes ni de ltar blta bar bya'o //

de la gzugs ni snang ba ltar //
de yi rjes thob shes de 'dra //[74]

---

72) P: btsum
73) P omits //
74) P: /

16 비유

어떤 사람이 눈을 감은 것과 같이

라고 한 것 등의 게송은 [근본]무분별[지]와 후득[지] 둘의 차이를 가르친다.

허공과 같다고

라고 한 것은 마치 허공이 충만하고 더럽혀지지 않으며 분별의 주체가 아니고 분별의 대상도 아닌 것과 같이[23], [근본]무분별지도 모든 법에 대해 공성이라는 一味로 충만하기 때문에 충만한 것이다. 모든 법에 의해 더럽혀지지 않기 때문에 더럽혀지지 않는 것이다. 스스로 분별하지 않기 때문에 분별이 없는 것(분별의 주체가 아닌 것)이다. 다른 것에 의해 분별되지 않기 때문에 분별의 대상이 아닌 것이다. [근본]무분별지를 그와 같이 보아야 한다.

거기에 색이 나타나는 것과 같이
후득지는 그것과 닮았다.

---

23) 허공이 가진 네 가지 속성에 대해 현장역과 달마급다역은 티벳역과 일치하지만 진제역은 매우 다르다. 진제는 허공이 가진 네 가지 속성을 無染·無礙·無分別·無邊이라고 하고 무분별지도 이에 따라 설명하고 있다.

텍스트

ji ltar nam mkha' la gzugs kyi snang ba rnam par brtags pa ltar / de bzhin du de'i rjes las thob pa'i ye shes blta bar bya ste / rnam par brtag[75] par bya ba la rnam par rtog pa[76] zhes bya ba'i tha tshig go //

75) P: brtags

76) P, D: rnam par rtog pa med pa ; Pa: 謂此是能分別 亦是所分別 ; Dh: 亦是能分別 亦是所分別 ; HV: 是所分別 亦能分別

역주

마치 허공에 색이 나타나 분별되는 것처럼, 그와 같이 후득지를 보아야 한다. 분별의 대상에 대해 분별[의 주체]라는 뜻이다[24].

---

24) P, D는 rnam par rtog pa med pa라고 하고 있지만 한역 3본은 med pa가 없는 형태로 번역하고 있다. 곧 진제역은 '이것은 분별의 주체이기도 하고 분별의 대상이기도 하다(謂此是能分別亦是所分別)', 달마급다역은 '이것은 분별의 주체이기도 하고 분별의 대상이기도 하다(亦是能分別 亦是所分別)', 현장역은 '이것은 분별의 대상이기도 하고 분별의 주체이기도 하다(是所分別亦能分別)'라고 번역해 후득지가 분별을 동반한 지라는 것을 명확히 하고 있는 것이다. 한역에 따라 티벳역을 교정하고 이와 같이 번역했다.

17 무공용의 활동(P Li 216b8; D Ri 178b3; Pa 243a08; Dh 309b01; HV 366b04)

yang gal te de lta bu'i rnam par mi rtog pa'i ye shes kyis rab tu bsgos pa'i sangs rgyas [P217a1] nyid des sems can gyi rnam par rtog pa med pa de bzhin du / de'i sems can gyi don mdzad pa yang rnam par rtog pa med par ji ltar 'gyur zhe na / de tshigs su bcad pas nor bu dang sil snyan gyi dpes bstan pa /

ji ltar nor bu sil snyan dag //[77]

ces bya ba la / ji ltar yid bzhin gyi nor bu rnam par rtog pa med pa bzhin du yang sems can rnams kyi 'dod pa'i don gyi las byed pa dang / lha rdzas kyi sil snyan rnams ma brdungs par yang der skyes pa'i sems can rnams kyi 'dod pa bzhin du sgra 'byung bar 'gyur ba ltar / sangs rgyas rnams kyang rnam par rtog pa mi mnga' bzhin du yang phrin las rnam pa sna tshogs 'byung bar 'gyur ro[78] zhes shes par bya'o //

---

77) P omits //
78) P adds //

역주

17 무공용의 활동

또 만약 그와 같은 무분별지에 의해 잘 수습된 그 불과가 중생이라는 분별이 없는 것처럼, 어떻게 [붓다가] 그 중생을 위해 행하셔도 분별이 없는가. 그것을 게송에서 보석과 천고의 비유에 의해 가르쳤다.

마치 보석[과] 천고 둘이

라고 한 것에서, 마치 여의주가 분별이 없는 것 같아도 중생이 바라는 내용의 작용을 하고, 천고는 때리지 않아도 거기(천상)에 태어난 중생들이 바라는 대로 소리가 나는 것처럼, 붓다들도 분별이 없는 것 같아도 여러 가지 행위를 행한다고 알아야 한다.

18 심오함(P Li 217a4; D Ri 178b6; Pa 243a23; Dh 309b07; HV 366b16)

rnam par mi rtog pa'i zab pa nyid brjod par bya ste / ① ci ye shes de gzhan gyi dbang zhes brjod pa'i rnam par brtag[79] par bya ba'i dngos po la 'jug gam / ② 'on te gzhan zhig la dmigs /[80] de cir 'gyur / ①-1 gal te rnam par brtag par bya ba la dmigs na ni de'i rnam par mi rtog pa nyid mi dmigs so // ②-1 gzhan la dmigs[81] so zhe na / de'i dmigs pa gzhan ni med pa nyid kyi phyir /

de la ma yin gzhan la min //[82]

zhes bya ste / de la re zhig de la ni ma yin [D179a1] te / rnam par brtag par bya ba la dmigs pa ni mi 'gyur te / rnam par mi rtog pa yin pa'i phyir ro // gzhan la yang ma yin te / gang gi phyir gzhan gyi dbang zhes brjod pa'i chos de nyid kyi chos nyid la dmigs pa'i phyir te / de'i chos nyid dang[83] chos de dag ni gcig pa nyid dang gzhan pa nyid du brjod par bya ba ma yin pa nyid do // de'i phyir rnam par brtag par bya ba la dmigs pa'am / gzhan la dmigs pa yin zhes brjod par mi bya'o //

---

79) P: brtags
80) D omits /
81) D: mi dmigs
82) P omits //
83) P omits dang

18 심오함

무분별[지]의 심오함을 말해야 한다.

[반론] ① 저 [무분별]지는 의타라고 하는 분별의 대상으로서의 事象(dugos po, vastu)에 대해 작용하는가, ② 아니면 [그것과는] 별개의 것을 인식하는가. 그것은 어떻게 되는가. ①-1 만약 분별의 대상을 인식 대상으로 한다면, 그것의 무분별성이 지각되지 않는다[는 오류가 발생한다.] ②-1 다른 것을 인식 대상으로 한다면, 그 다른 인식 대상은 존재하지 않는다. [따라서 무분별지도 존재하지 않는다는 오류가 발생한다]

[답변] 그 때문에 [게송에서]

거기에 있지 않고 다른 곳에도 없다.

라고 했다. 그 중에서 먼저 거기에는 있지 않다. 분별의 대상을 인식 대상으로 하는 것은 아니[라는 뜻이]다. 무분별이기 때문이다. 다른 곳에도 없다. 의타라고 하는 그 법의 법성을 인식 대상으로 하기 때문이다. 그 법성과 그 법들은 동일하다거나 다르다고 말할 수 없는 것이다. 그 때문에 분별의 대상을 인식하는 것도 아니고 다른 것을 인식 대상으로 하는 것도 아니라고 말해야 한다.

gzhan yang de [P217b1] ③ shes pa yin nam / ④ yang na ma yin / des cir 'gyur / ③-1 gal te shes pa yin na ni de ji ltar rtog pa[84] med par 'gyur / ④-1 'on te mi shes pa'i[85] ngo bo yin na ni ji ltar na ye shes rnam par mi rtog pa zhes brjod par bya zhe na /

shes dang mi shes pa ma yin[86] //[87]

zhes bya bas bstan te / re zhig de shes pa ni ma yin te / 'di ltar sbyor ba las byung ba'i rnam par rtog pa dang bcas pa'i ye shes kyi ngo bo ltar mi 'jug pas so // de mi shes pa yang ma yin te / gang gi phyir sbyor ba las byung ba rnam par rtog pa dang bcas pa'i ye shes rgyur gyur pa las de byung ba'i phyir ro //

de la ma yin gzhan la min //
shes dang mi shes pa ma yin //[88]

zhes bya ba'i don gzhan yang gang gi phyir rnam par rtog pa 'jug pa de la yang ma yin te / des na shes pa yang ma yin no // gang gi phyir chos nyid la 'jug pas gzhan[89] pa yang ma yin te / des na mi shes pa ma yin no // de ni snga ma phyi mas bshad par gyur pa yin no[90] //

---

84) D: rtogs
85) P: pa
86) MS(下): mi shes pa dang shes pa'ang min
87) P omits //
88) P omits //
89) D: de las gzhan
90) P, D: ma yin no

역주

[반론] 또 그것(무분별지)은 ③ 智이거나 ④ 智가 아니다. 왜 그런가. ③-1 만약 智라면 그것이 어떻게 무분별인가 ④-1 만약 智가 아닌 것을 본질로 한다면 어떻게 무분별지라고 말할 수 있는가.

[답변]

智[도 아니]고 智가 아닌 것도 아니다.[25]

라고 한 것에 의해 가르쳤다. 먼저 그것은 智가 아니다. 가행으로부터 발생한 분별을 동반한 智를 본질로 하는 것처럼 발생하는 것은 아니[기 때문이]다. 또 그것은 智가 아닌 것도 아니다. 가행으로부터 발생한 분별을 동반한 智를 원인으로 발생하기 때문이다.

거기에 있지 않고 다른 곳에도 없다.
智[도 아니]고 智가 아닌 것도 아니다.

라고 한 다른 뜻도 [다음과 같다.] 그 분별이 발생한 곳에 있는 것은 아니므로 智도 아니다. 법성에서 발생하기 때문에 다른 것도 아니므로, 智가 아닌 것도 아니다. 그것(다른 뜻)은 앞 [구]가 뒷 [구]에 의해 설명된 것이다[26].

---

25) 長尾雅人본 『섭대승론』 본문에는 '智가 아닌 것[도 아니]고 智도 아니다(mi shes pa dang shes pa'ang min)'라고 되어 있다. 어느 쪽이든 의미는 동일하다.

26) 이 문장은 한역본에 따라 텍스트의 부정사 'ma'를 빼고 긍정으로 해석했다. 세 한역본은 이 구절을 모두 긍정으로 번역하고, 앞 구와 뒷 구의 관계를 티벳역과는 달리 해석하고 있다. 진제는 '이 게송은 앞 구가 뒷 구를 해석한다(此偈前句卽釋後句)', 현장은 '전후 2구가 서로 해석한다(前後二句互相解釋)', 달마급다는 '앞 구로써 뒷 구를 해석한다(卽以前句釋後句)'고 하고 있다. 진제와 달마급다는 앞 구가 뒷 구를 해석한다고 번역한 반면 현장은 전후 2구가 서로 해석한다고 번역했다. 의미상 앞 구가 뒷 구의 이유가 되고 있으므로 진제와 달마급다역이 가장 정확하다.

shes bya dang ni khyad med pa'i //[91]
shes gang de ni mi rtog nyid //[92]

ces bya ba la / gang gzung ba dang 'dzin pa'i ngo bor 'jug pa'i sbyor ba las byung ba lta bu'i[93] rnam par mi rtog pa ma yin gyi / gang yang gzung ba shes bya[94] tha mi dad par 'jug pas mnyam pa nyid du 'jug pa de ni rnam par mi rtog pa nyid do // ye shes de ni gzung ba dang 'dzin pa'i ngo bo la mi gnas pa nyid do //

gang yang bcom ldan 'das kyis mdo gzhan las / chos thams cad rnam par rtog pa med pa'o zhes gsungs pa de bstan par bya ba'i phyir /

chos rnams thams cad rang bzhin gyis //[95]
rnam rtog med par

zhes bya ba la / chos thams cad ni rang bzhin gyis rnam par rtog pa med pa'o[96] zhes bya ba'i tha [D179b1] tshig go // gang gi phyir zhe na /

91) P: /
92) P omits //
93) D: bu ni
94) P, D: gzung ba dang shes bya
95) P: /
96) P adds //

인식 대상과 구별이 없는 智
그것이 무분별[지]다.

라고 한 것에서, 소취·능취관계로 발생하는 가행[무분별지]와 같은 무분별[지]는 아니지만, 또한 소취인 인식 대상[27]과 다르지 않게 발생하기 때문에 동일하게 발생하는 그것이 무분별성이다. 그 [무분별]지는 소취와 능취 관계에 머물지 않는 것이다.

또 세존이 다른 경[28]에서 '모든 법은 무분별이다' 하고 설한 것을 가르치기 위해

법들은 모두 본성상
무분별이라고

하고 설한 것 중에서, [이 게송의 의미는] '모든 법이 본성상 무분별이다'라고 하는 뜻이다. 왜 그런가.

---

27) P, D에서는 '소취와 인식 대상(gzung ba dang shes bya)'이라고 하고 있지만 소취와 인식 대상이 별개가 되어 버려 의미가 이해하기 힘들다. 원래의 산스크리트 문장 또한 grāhyajñeya-라는 복합어 형태를 하고 있었을 것으로 추측된다. 이 복합어는 병렬복합어와 동격한정복합어로 모두 분석이 가능하다. 진제역을 제외한 한역 또한 병렬복합어인지 동격한정복합어인지 판단하기 곤란하다. 여기서는 진제역에 근거해 동격한정복합어로 간주했다. 진제는 '만약 지가 소취와 다르지 않고 완전히 동일하게 일어난다면(若智與所取不異 平等平等起)'이라고 해서 소취와 인식 대상을 동일시 해서 번역했기 때문이다. 이에 근거해 소취와 인식 대상을 동격으로 해석해 티벳어 텍스트를 교정하고 번역했다. 다른 한역은 다음과 같다. 달마급다역: '만약 소취인 인식 대상(爾炎, shes bya, *jñeyam)에 대해 차이가 없이 완전히 동일하게 발생한다면(若於所取爾炎中 無別異平等平等生)', 현장역: '소취인 대상과 차이가 없이 발생한다(與所取境 無差別轉).'

28) 다른 경에 대해 長尾雅人[1987: 277]은 아함 계통의 경전도 아니며 반야 계통과도 조금 다른 경전인 것으로 보고 있다. 필자가 확인한 결과 『보적경』 계통에 속하는 『부자합집경』(대정11, 932a15)의 다음과 같은 문장이 가장 유사하다: 牟尼超越於三界 了<u>諸法性無分別</u>. 그러나 이 경전은 현재 산스크리트 본이 남아 있지 않아 정확한 원문을 확인할 수 없다.

rnam par [P218a1] *brtag bya med pas na* //[97]

zhes bya ba ste / gang gi phyir brtag par bya ba'i dngos po med pas so // gang yang de ltar rnam par brtag par bya ba med pas rang bzhin gyis chos rnams rnam par mi rtog pa nyid yin pa de'i phyir des na sems can thams cad gang gi phyir thar par mi 'gyur zhe na / 'di ltar /[98]

shes de mi rtog nyid[99] //[100]

ces bya bas chos thams cad rang bzhin gyis rnam par rtog pa med pa nyid yin na yang sems can la thar pa med par bstan pa ni gang yang rnam par rtog pa mi brten pa nyid yod pa'i phyir ro // des na[101] chos thams cad rang bzhin gyis rnam par mi rtog pa nyid yin na yang / gal te der rtogs pa'i ye shes skyes par gyur na des mngon sum du mthong bar 'gyur la / de ni rnam par mi rtog pa nyid do //

des kyang grol bar 'gyur te skyes par ma gyur na ni grol ba r[102] mi 'gyur ro zhes bya ba'i tha tshig go // de'i phyir ye shes de ni rnam par mi rtog pa'o //

97) P omits //
98) P omits /
99) P, D: shes gang de ni mi rtog nyid
100) P omits //
101) D omits na
102) P omits grol bar

분별의 대상이 없기 때문에

라고 했다. 분별의 대상인 事象(dngos po, vastu)이 없기 때문이다. 또 그와 같이 분별의 대상이 없기 때문에 법들이 본성상 무분별성임에도 불구하고, 무엇 때문에 모든 중생이 [저절로] 해탈하지 못하는가. [그 이유를 게송에서] 이와 같이,

그 智는 무분별이다[29].

라고 한 것에 의해 모든 법이 본성상 무분별성임에도 불구하고 중생에게 해탈이 없다고 가르친 것은, 어떤 분별도 의지함이 없기 때문이다[30]. 그러므로 모든 법이 본성상 무분별임에도 불구하고, 만약 그것을 통달하는 智가 발생할 때 [비로소] 그것에 의해 명확하게 보게 되고, 그것이 무분별인 것이다. 또 그것에 의해 해탈하고, [무분별지가] 발생하지 않았을 때는 해탈하지 못한다는 뜻이다. 그러므로 그 智는 무분별이다.

---

29) 이 게송은 P, D 양본에는 제18절 제1송의 d구인 shes gang de ni mi rtog nyid를 인용하고 있다. 그러나 모든 한역이 제18절 제2송의 d구인 shes de mi rtog nyid를 인용하고 있으므로 거기에 따랐다. 티벳역에서는 의미상의 차이가 없지만, 한역에 따르면 제18절 제2송의 d구는 달마급다역이 '無無分別智', 진제역이 '彼無無分別', 현장역이 '無分別智無'이라 해서 3역 모두 '[중생에게] 무분별지가 없다'는 의미로 번역하고 있다. 그러나 가장 고역인 불타선다역은 '彼智無分別'이라 하여 티벳역과 일치한다. 의미상으로는 불타선다역을 제외한 한역 3역이 자연스러우나, 長尾雅人[1987: 277f]이 지적하듯이 텍스트상의 문제가 있어 확정하기는 어렵다.

30) '어떤 분별도 의지함이 없기 때문이다'고 하는 이 구절의 티벳역은 이 자체로는 이해하기 힘들다. 뿐만 아니라 세 한역에는 이 구절에 해당하는 문장을 발견할 수 없다. 아마도 역시 착간과 결락이 있는 듯하다.

19 종류(P Li 218a5; D Ri 179b3; Pa 243c08; Dh 309c18; HV 367a01)

(1) 3종의 가행무분별지

ye shes gsum pa de rnams kyi[103] rab tu dbye pa bstan par bya ba'i phyir *rgyu dang* /[104] *'phen pa dang / goms pa las byung bas rab tu dbye ba'i phyir ro* zhes bya ba ste / de la rnam par mi rtog pa'i sbyor ba las byung ba ni rnam pa gsum ste / 'di ltar kha cig ni rigs kyi stobs las /[105] kha cig ni 'phen pa'i stobs las /[106] kha cig ni da ltar gyi dus su goms pa'i stobs las 'byung bar 'gyur ro // de la rigs kyi stobs las ni der rgyur gyur pa las 'byung bar 'gyur ba nyid do // de la[107] 'phen pa'i stobs las ni de skye ba snga ma la goms par byas pa'i rgyu nyid las 'byung bar 'gyur ro // gang goms pa'i stobs las da ltar gyi skye ba nyid la skyes bu byed pa'i stobs kyi rgyu las de 'byung [P218b1] bar 'gyur ba'o //

---

103) P: kyis
104) P, D omit / ; MS(下): /
105) P omits /
106) P omits /
107) P, D omit la

역주

19 종류

(1) 3종의 가행무분별지

그 세 [무분별]지의 구별을 설명하기 위해 **원인과 이끎과 수습으로부터 발생함에 의해 구별되기 때문**이라고 했다. 그 중에서 무분별인 가행으로부터 발생한 것은 세 가지다. 곧, 어떤 사람은 종성의 힘으로부터, 어떤 사람은 이끎의 힘으로부터, 어떤 사람은 현생에서 수습의 힘으로부터 발생하는 것이다. 그 중에서 종성의 힘으로부터란 그것(종성)이 원인이 되어 발생한 것이다. 그 중에서 이끎의 힘으로부터란 그가 전생에서 수습한 것을 원인으로 해서 발생한 것이다. 수습의 힘으로부터란 현생에서 노력한 것을 원인으로 해서 발생한 것이다.

(2) 3종의 근본무분별지

chog shes pa dang / phyin ci ma log pa dang / spros pa med pa s[108] *rnam par mi rtog pa'i phyir ro*[109] zhes bya ba la / de la chog shes pas rnam par mi rtog pa ni thos pa dang bsam[110] pa las byung ba'i mthar phyin pa yin par blta bar bya ste / chog shes pa las[111] rnam par mi rtog pa ni chog shes pas rnam par mi rtog pa'o[112] zhes de ltar byas nas thos pa'am bsam[113] pa gang gis blo gang gi mthar phyin par gyur pa de ni so so'i skye bo'i sa la gnas pa'i byang chub sems dpa'i chog shes pa 'byung bar 'gyur ba [D180a1] ste / de ni re zhig 'di tsam mo zhes de ltar byas ba'i don 'dis chog shes pa'i rnam par mi rtog pa'o // don gzhan yang 'jig rten pa'i chog shes pa'i rnam par mi rtog par blta bar bya ste / gang srid pa'i rtse mor phyin par gyur pa de ni mya ngan las 'da' bar blta bas de'i pha rol na rtogs par bya ba gzhan med do[114] zhes chog shes pa 'byung[115] bar 'gyur ba'o //

phyin ci ma log pa'i rnam par mi rtog pa[116] ni nyan thos la sogs pa rnams kyi yin par blta bar bya ste / gang gi phyir de dag rnams kyi de kho na nyid rab tu rtogs pa'i ye shes de ni mi rtag pa la sogs pa'i phyin ci ma[117] log pa rnam pa bzhi las de rtag pa la sogs pa'i rnam pa bzhi[118] phyin ci log tu rnam par mi rtog pa'i phyir ro //

---

108) P adds /
109) P omits ro
110) D: bsams
111) P: chog shes pas
112) P adds //
113) P, D: bsams
114) P adds //
115) P: byung
116) P, D: phyin ci ma log pa'i rnam par rtog pa
117) P omits ma
118) P, D omit bzhi

(2) 3종의 근본무분별지

만족을 아는 것과 전도가 없는 것과 희론이 없기 때문에 무분별이라고 한 것에서, 그 중에서 지족무분별[지]는 청문과 사유로부터 발생한 [혜의] 궁극이라고 보아야 한다. 만족을 알았기 때문에 [더 이상] 분별하지 않는 것이 지족무분별[지]이다. 이상과 같이, 청문 혹은 사유에 의해 지성의 궁극에 도달한 것이 범부의 단계에 머무는 보살의 지족이 발생하는 것이고, '그것은 일단 이 정도다'라고 [만족] 하는 이 [첫 번째] 의미에 의해 지족무분별[지]이다. 다른 [두 번째] 의미도 세간의 지족무분별[지]라고 보아야 한다. 유정[천]에 도달한 그 [보살이 유정천을] 열반으로 보고 '그 너머에는 분별해야 할 다른 것은 없다' 하고 만족하는 것이다.

무전도무분별[지]는 성문 등의 [무분별지]라고 보아야 한다. 진실을 통달한 그들의 그 [무분별]지는 무상 등에 대한 네 가지 무전도[를 얻고], 그 [무분별지]는 상주 등의 네 가지를 전도되게 분별하지 않기 때문이다.

yang spros pa med pas rnam par mi rtog pa ni byang chub sems dpa' rnams kyi yin par blta bar bya ste / gang gi phyir chos thams cad nas byang chub kyi bar du[119] yang spros pa med par rnam par mi rtog pa nyid kyi phyir rnam par rtog par mi byed do // yang spros pa med pa ni ngag[120] gi yul las yang dag [P219a1] par 'das pa dang / 'jig rten pa'i shes pa'i yul las yang dag par 'das pa yin par rig par bya ste / gang gi phyir tshig gis bstan par mi nus pa dang / 'jig rten pa'i shes pas shes par mi nus pa'i phyir ro //

(3) 3종의 후득무분별지

yang rnam par mi rtog pa'i rjes las thob pa de yang rab tu dbye ba rnam pa lngar blta par bya ba yin pas *rtogs pa dang / rjes su dran ba dang / rnam par bzhag pa dang / 'dres pa dang / 'byor pa la dpyod pa tha dad pa'i phyir ro*[121] zhes bya ba la / de yang rtogs pa la dpyod pa[122] dang / rjes su dran pa la dpyod pa dang / rnam par gzhag[123] pa la dpyod pa dang / 'dres pa la dpyod pa dang / 'byor pa la dpyod pa zhes bya ba ste rab tu dbye ba rnam pa lnga yin no //

de la rtogs pa la dpyod pa ni / gang rtogs[124] pa'i dus nyid na bdag gyis 'di ltar rtogs so zhes dpyod pa ste / khong du chud pa ni 'dir dpyod pa yin par 'dod do //[125]

---

119) D: la
120) P: gang
121) P adds //
122) P: rtog pa la spyod pa
123) P: bzhag
124) P: rtog
125) D: /

또 무희론무분별[지]는 보살들의 [무분별지]라고 보아야 한다. 모든 법에서 심지어 보리에 이르기까지 희론하지 않고, 무분별성이기 때문에 분별하지 않는다. 또 무희론은 언어의 영역을 초월하고 세간지의 영역을 초월했다고 이해해야 한다. 언어로 보여줄 수 없고 세간지로 알 수 없기 때문이다.

(3) 3종의 후득무분별지

또 그 무분별후득지도 다섯 가지라고 보아야 하기 때문에, **통달과 기억과 확립과 종합적인 것과 자유자재에 대한 숙고가 다르기 때문이**라고 한 것 중에서, 그것은 또한 통달에 대한 숙고와 기억에 대한 숙고와 확립에 대한 숙고와 종합적인 것에 대한 숙고와 자유자재에 대한 숙고이고, [그것이] 다섯 가지인 것이다.

rjes su dran pa la dpyod pa ni gang langs pa na bdag gis rnam par mi rtog pa rtogs so zhes dran pa'o //

rnam par bzhag pa la dpyod pa ni gang pha rol la bdag gis rtogs pa de ston par byed pa'o //

[D180b1] 'dres pa la dpyod pa ni gang chos thams cad 'dres shing bsdus pa la dmigs pa'i ye shes kyi[126] mthong ba ste /[127] 'di ltar rten gnas gyur pa nyid do //

rten gnas gyur pa de nyid[128] las ni 'byor pa la spyod[129] par 'gyur te / gang ci bsams pa de thams cad 'byor bar 'gyur ro // de yang ji ltar sa la sogs pa yang de ltar brtags na gzhan gser la sogs par 'gyur ba'o // yang de ni brtags pas 'byor par 'gyur bas na 'byor [P219b1] pa la dpyod pa ste[130] / ji ltar dpyod pa de bzhin du 'byor par 'gyur ba'o // rnam par mi rtog pa'i rnam par bzhag pa bstan zin to //

---

126) D: kyis
127) P omits /
128) P omits gyur pa de nyid
129) D: dpyod
130) P: dang

그 중에서 통달에 대한 숙고란, 통달했을 때 '내가 이와 같이 통달한다' 하고 숙고하는 것이다. 여기서는 통달이 곧 숙고라고 인정된다.

기억에 대한 숙고란, [선정에서] 나왔을 때 '내가 무분별을 통달했다' 하고 기억하는 것이다.

확립에 대한 숙고란, 다른 사람에게 '내가 통달했다' [하고] 그것을 가르치는 것이다.

종합적인 것에 대한 숙고란, 모든 법을 종합하고 모은 것을 인식 대상으로 하는 [무분별]지가 보는 것이고, 이와 같이 所依가 전환한 것이다.

그 轉依 후에는[31], 자유자재에 대해 숙고하고 의도하는 대로 모든 것을 이룬다. 또 그것은 땅 등을 분별했을 때, 금 등의 다른 것이 되는 것이다. 또한 그것은 분별에 의해 자유자재가 되었기 때문에 자유자재에 대한 숙고이다. 숙고하는 대로 자유자재가 되는 것이다[32].

무분별지의 분류를 설명했다.

---

31) 현장역(和合思擇者 謂總緣智觀一切法皆同一相 由此智故進趣轉依 <u>或轉依已</u>重起此智)은 이 구절을 네 번째 화합사택에 대한 설명에 포함시키고 있다. 그러나 진제역(由此智菩薩<u>已得轉依</u> 如菩薩所思欲 如意皆成 謂於地等諸大 轉爲金等故 稱如意顯示)과 달마급다역(如意顯示者 <u>由此轉依故</u>卽得如意顯示 由隨心所念一切自在 由此自在 若以地等爲金等卽得成就)은 다섯 번째 여의사택에 포함시키고 있으므로 이에 따랐다.

32) 달마급다역(何以故 由經說 以顯示及如意故)과 현장역(如有說言 由思擇故便得如意)은 이 문장을 다른 사람의 견해 혹은 경전을 인용한 것으로 간주하고 있다. 진제역에는 해당하는 부분이 없다.

텍스트

20 무분별지의 증명(P Li 219b1; D Ri 180b2; Pa 244a23; Dh 310b09; HV 367b23)

sgrub par byed pa ma bstan pas de ston par byed pa'i tshigs su bcad pa ni /

(1) 相違識相智(viruddhavijñānanimittatvajñāna)

yi dags[131] *dud 'gro mi rnams dang //*
lha rnams ji ltar 'os 'os su //[132]

zhes bya ba ste / dud 'gro rnams kyis[133] chu la / yi dags[134] rnams kyis thang du dang / mi rnams kyis mi gtsang ba[135] dang / dud 'gro phag la sogs pas gtsang bar[136] mthong ba dang / mi rnams la zas de dag gtsang ba la / lha rnams la de dag mi gtsang ba de ltar byas nas / dngos gcig yid ni tha dad par mthong bas na don rnams grub pa med par 'dod par bya'o //

---

131) P: yi dwags
132) P omits //
133) P: kyi
134) P: yi dwags
135) P omits ba
136) D: gcang bar

20 무분별지의 증명

증명을 설명하지 않았기 때문에 그것을 설명하는 게송이,

(1) 相違識相智(viruddhavijñānanimittatvajñāna)

아귀· 짐승· 사람들과
신들이 각자에 맞게,

라고 했다. [동일한 사물에 대해] 짐승들은 물로 아귀들은 평원으로 사람들은 더러움으로 돼지 등의 짐승들은 깨끗함으로 보는 것과, 사람들에게는 그 음식들이 깨끗하지만 천신들에게는 더러운 것과 같이, 동일한 사물을 마음이 다르게 보기 때문에 대상이 성립해 있지 않다고 인정된다[33].

33) 마지막 구절은 게송의 cd구를 산문으로 재서술한 문장이다.

(2) 無所緣識現可得智(anālambanavijñaptyupalabdhijñāna)

de la bden pa nyid du ma grub pas don gang yang yod pa ma yin te / des na rnam par shes pa dmigs pa med pa nyid du 'gyur ba yin no // de'i phyir 'di ni dmigs pa med pa yin te / 'di'i dmigs pa ni rmi lam ji lta ba bzhin no // ji ltar 'das pa dang ma 'ongs pa la de dmigs pa dang / ji ltar me long dang /[137] ting nge 'dzin gyi spyod yul lta bu yin pas de tshigs su bcad pas ston pa ni /

'das sogs de bzhin rmi lam[138] *dang* //[139]

zhes bya ba la sogs pa ste / de yang phyed snga mas[140] phyi ma dang go rim[141] ji lta ba bzhin du blta bar bya'o // 'di ltar yod pa[142] ma yin pa'i dmigs pa ni / dmigs pa yod pa ma yin pa'i phyir te / dmigs pa med pa nyid do // de nyid la dmigs pa ni de la dmigs pa ste / rang gi gzugs brnyan la dmigs pa nyid do zhes bya ba'i tha tshig go // de yang 'das pa dang / ma 'ongs pa dang / rmi lam dang / gzugs brnyan dag go rim[143] bzhin du sbyar bar bya'o //

---

137) P: adds ting nge 'dzin me long dang
138) D: phyi lam
139) P omits //
140) P: de phyed snga mas
141) D: go rims
142) P omits yod pa
143) D: go rims

(2) 無所緣識現可得智(anālambanavijñaptyupalabdhijñāna)

그 중에서 진실로서 성립해 있지 않기 때문에 어떤 대상도 존재하는 것이 아니다. 그러므로 인식 대상이 없는 識(rnam par shes pa)이 존재한다. 그 때문에 이것(식)은 인식 대상이 없고, 이것(식)의 인식 대상은 꿈과 같다. 그것(無所緣識)이 과거와 미래를 인식하는 것 그리고 거울과 삼매의 대상[을 인식하는 것]과 같기 때문에, 그것을 게송으로 설명한 것이 [다음 게송이다.]

과거 등과 마찬가지로 꿈과

라고 한 것 등이다. 그것은 또한 전반 게송으로 후반 게송과 차례대로 보아야 한다[34]. 이와 같이 존재하지 않는 인식 대상이란, 인식 대상이 존재하는 것이 아니기 때문이고 인식 대상이 없는 것이다. 그 자체를 인식 대상으로 하는 것이 **그것을 인식 대상으로 하는 것**이다. 자신의 영상을 인식 대상으로 한다는 뜻이다. 그것(게송의 d구)도 과거와 미래와 꿈과 영상들이 차례대로 연결되어야 한다[35].

---

34) a구는 c구와 연결되고 b구는 d구와 연결된다. c구와 d구가 각각 a구와 b구의 이유이기 때문이다.

35) 앞서 a구는 c구와 연결되고 b구는 d구와 연결된다고 했지만 여기서는 결론적으로 다시 d구가 ab구에 모두 연결된다고 설명한다. 결국은 모든 것은 마음 자체가 영상으로 나타난 것이고 마음을 자신의 영상을 인식할 뿐이라는 것이 된다.

(3) 應離功用無顚倒智(yatnam antareṇāpy aviparyāsatvajñāna)

don ni don du grub na ni //[144]
ye shes rtog pa med mi 'gyur //[145]

zhes bya ba la / gal te don gyi ngo bo nyid du yod na ni des na rnam par mi rtog [D181a1] pa'i ye shes [P220a1] med par 'gyur ro //[146] 'on te de med pa'i ngo bo nyid ni 'dod pa yin no zhe na / des na rnam par mi rtog pa de med pas na sangs rgyas nyid kyang 'thob par mi 'gyur ro //

(4) 三種勝智隨轉妙智(trividhajñānānuvṛttitvajñāna)

① 自在智(vaśitājñāna)

des na nges par 'di ltar 'dod par bya ba yin pas /

byang chub sems dpa' dbang thob dang //[147]

zhes bya ba ste / dbang thob par gyur pa zhes bya ba'i tha tshig go // *mos dbang gis* zhes bya ba ni bsam pa'i dbang gis de lta bu med pa'i sa la sogs pa dag 'di ltar gser la sogs pa'i rang bzhin du 'gyur ba zhes bya ba'i tha tshig go // *bsam gtan pa'i* zhes bya ba ni nyan thos la sogs pa gzhan gyi yang ngo //

144) P: /
145) P omits //
146) D: /
147) P omits //

(3) 應離功用無顚倒智(yatnam antareṇāpy aviparyāsatvajñāna)

대상이 대상으로서 성립해 있다면
무분별지는 없게 된다.

라고 한 것 중에서, 만약 [대상이] 대상을 본질로 하는 것으로서 존재한다면 무분별지는 없게 된다[는 오류가 발생한다]. 그리고 그것(무분별지)이 비존재를 본질로 하는 것이 인정된다면, 무분별지가 없기 때문에 불과도 획득하지 못하게 된다[는 오류가 발생한다.][36)]

(4) 三種勝智隨轉妙智(trividhajñānānuvṛttitvajñāna)

① 自在智(vaśitājñāna)

그러므로 결정적으로 이와 같이 인정되어야 하는 것이기 때문에

자유자재를 얻은 보살과

라고 했다. 이미 자재를 얻었다는 뜻이다. **승해의 자재에 의해**라고 한 것은 의도의 자재에 의해 마치 비존재하는 땅 등이 이와 같이 금 등의 본질을 가진 것이 된다는 뜻이다. **정려를 얻은 자의**라고 한 것은 [보살을 제외한] '다른 성문 등도' [라는 뜻이]다.

36) 이 문장의 뒷 구절은 게송 cd구를 산문으로 바꿔서 설명한 것으로서 한역에서는 게송의 인용문으로 번역하고 있다.

② 觀察智(vipaśyanājñāna)

'di la rnam par 'byed grub pa //[148]

zhes bya ba ni lhag mthong grub pa zhes bya ba'i tha tshig go // *blo ldan* zhes bya ba ni byang chub sems dpa'o // *zhi ba thob pa* zhes bya ba ni ting nge 'dzin thob pa zhes bya ba'i don te nang gi bdag nyid kyi'o //

chos kyun yid la byed pa la //[149]
de ltar don du snang phyir ro //

zhes bya ba la 'di ltar ji lta[150] ji ltar mdo sde[151] la sogs pa'i chos rnams kyi don yid la byed pa na de la de lta[152] de lta bur snang bar 'gyur te / gal te sangs rgyas nyid yin no zhes chos de dang de dag yid la byed pa na sangs rgyas kyi don du snang bar 'gyur ro // de bzhin du gzugs dang tshor ba la sogs pa yang de bzhin no //

---

148) P omits //
149) P: /
150) P omits ji lta
151) D: mdo sda
152) P: de ltar

② 觀察智(vipaśyanājñāna)

이 세상에서 분석력을 완성한 자

라고 한 것은 觀(vipaśyanā)을 완성한 자라는 뜻이다. **지성을 갖춘 자**라고 한 것은 보살이다. **적정을 획득한 자**라고 한 것은 삼매를 얻는 자라는 의미고, [마음을] 내면으로 [모은 자라는 뜻이다.]

모든 [교]법을 작의할 때
대상처럼 나타나기 때문이다.

라고 한 것에서, 이와 같이 다양한 경 등의 [교]법의 의미를 작의할 때, 그와 같이 [작의하는대로] 현현하는 것이다. 만약 '붓다'라는 그 모든 법을 작의할 때 붓다라는 대상이 현현한다. 마찬가지로 색과 수 등도 그와 같다.

③ 無分別智(nirvikalpajñāna)

*ye shes rgyu ba rtog med la //*153)
*don rnams thams cad mi snang phyir //*154)

zhes bya ba la / rnam par rtog pa med pa'i ye shes kyi rgyu ba 'jug pa la 'di ltar don thams cad snang bar mi 'gyur ro // de'i phyir /

don med khong du chud par bya

ste / des na155) gal te don med pa yin na rnam par rig pa yang med par 'gyur ro // ji ltar zhe na / rnam par rig pa med pa bstan par bya [P220b1] ba'i phyir /156)

*de*157) *med pas na rnam rig med //*158)

ces bya ba la / rnam par rig par bya ba'i don med na /159) rnam par rig pa yang rigs par mi 'gyur bas de med par blta bar bya'o // don 'di ni shes bya'i mtshan nyid du go sla bar160) phye zin to //

153) P: /
154) P omits //
155) P: de na
156) P omits /
157) P, D: don ; MS(下): de
158) P omits //
159) P omits rnam par rig par bya ba'i don med na /
160) P: go bla bar

③ 無分別智(nirvikalpajñāna)

지의 활동이 무분별일 때
모든 대상이 현현하지 않기 때문에

라고 한 것에서, 무분별지의 활동이 발생할 때 그와 같이 모든 대상이 현현하지 않게 된다. 그 때문에

대상이 없다고 알아야 한다.

고 했다. 그러므로 만약 대상이 없다면 識(rnam par rig pa, vijñapti)도 없게 될 것이다. 왜 그런가. 識(rnam par rig pa, vijñapti)이 없다는 것을 가르치기 위해

그것이 없으므로 識(rnam rig, vijñapti)이 없다.

라고 한 것 중에서, 인식해야 할 대상이 없을 때, 識(rnam par rig pa, vijñapti)[이 있다는 것]도 합리적이지 않기 때문에 그것이 없다고 보아야 한다. 이 의미는 「소지상[분]」에서 이해하기 쉽게 이미 분석했다.

텍스트

21 반야바라밀과 무분별지(P Li 220b1; D Ri 181a7; Pa 245a21; Dh 310c18; HV 368a05)

de lta bu'i rnam par mi rtog pa'i ye shes gang yin pa de ni shes rab kyi pha rol tu phyin pa yin te / gang gi phyir de ni *shes rab kyi pha rol tu phyin pa la mi gnas pa'i tshul gyis gnas nas* zhes bya ba la sogs pa 'byung bas so // de dag nyid kyi don gsal bar bya bar 'dod nas gzhung [D181b1] 'di dag gis bstan te / ji ltar *mi gnas pa'i tshul gyis gnas nas pha rol tu phyin pa rnams bsgom pa yongs su rdzogs par byed* ce na /

(1) *mu stegs can gyi*[161] *ngar 'dzin pa'i gnas yongs su spong pa dang*[162] zhes bya ba la mu stegs can shes rab la gnas nas nga rgyal dang bcas par 'gyur te / bdag ni shes rab la gnas pa / bdag gi shes rab ni 'di lta bu zhes mu stegs kyi gnas pa'i rnam par rtog pa spong ba'i phyir shes rab kyis gnas pa med pa'i tshul gyis gnas par 'gyur ro //

161) P omits gyi
162) P adds /

21 반야바라밀과 무분별지

이와 같은 무분별지는 반야바라밀이다. [『이만오천송반야경』에서] 그는(보살은) **반야바라밀에 머물지 않는 방식으로 머문 후**라는 것 등을 설했기 때문이다. 그것들의 의미를 분명하게 하기 위해 다음의 문장들에 의해 자세히 설명한다. 어떻게 **머물지 않는 방식으로 머문 후 [다른][37] 바라밀들을 수습해 완성하**는가?

(1) **외도가 아집에 머묾을 끊은 것과**라고 한 것에서, 외도는 반야에 머물러 아만을 가지고 '나는 반야에 머문다. 나의 반야는 이와 같다'[38]고 하는 외도의 머묾을 끊기 때문에, [보살은] 반야에 의해 머물지 않는 방식으로 머물게 된다[39].

---

37) 본문 및 무성석의 인용문에 따라 보충했다.

38) 진제역: 我今住般若 般若卽是我所 ; 달마급다역: 我住般若中 此是般若 ; 현장역: 我能住般若 般若是我所.

39) 현장역은 이 구절에 해당하는 '應知說名非處相應 安住般若波羅蜜多'라는 구절이 각 절에 반복된다.

(2) *de kho na ma mthong ba'i byang chub sems dpa'i rnam par rtog pa'i*[163] *gnas yongs su spong ba dang* zhes bya ba la / ji ltar de kho na ma mthong ba'i byang chub sems dpa' rnams shes rab kyi pha rol tu phyin pa rnam par brtag par bya ba med pa la 'di ni shes rab kyi pha rol tu phyin pa'o[164] zhes rnam par rtog par byed pa de bzhin du rnam par rtog par mi byed do // des na[165] mi gnas pa'i tshul gyis[166]

(3) *'khor ba dang mya ngan las 'das pa'i mtha' gnyis kyi gnas yongs su spong ba dang* zhes bya ba la / ji ltar 'jig rten pa 'khor ba'i mtha' [P 221a1] la gnas pa dang / nyan thos mya ngan las 'das pa'i mtha' la gnas pa de bzhin du byang chub sems dpa' gnas pa ma yin te / de ltar na mi gnas pas gnas pa ni ji ltar rigs pa nyid du blta bar bya'o //

(4) *nyon mongs pa'i sgrib pa spangs pa tsam gyis chog par 'dzin pa'i gnas yongs su spong ba dang* zhes bya ba la / ji ltar nyan thos rnams nyon mongs pa'i sgrib pa spangs pa tsam gyis chog par[167] 'dzin pa de bzhin du byang chub sems dpa' ni ma yin te / de'i phyir na dgongs pa 'dir byang chub sems dpa'[168] rnams mi gnas pa'i tshul gyis gnas par rig par bya'o //

---

163) P, D: pa ; MS(下): pa'i
164) P adds //
165) P: ni
166) P, D: zhes rnam par rtog par byed pa des na mi gnas pa'i tshul gyis de bzhin du rnam par rtog par mi byed do // ; Pa: 如地前菩薩未見眞如 分別無分別爲般若波羅蜜 謂此是般若波羅蜜 若菩薩已見眞如 在般若波羅蜜中 則無此分別 故言離分別處 以不應彼處故 ; Dh: 如不見眞實菩薩 於無分別般若波羅蜜中 分別言 此是般若波羅蜜 無如是分別故 名不住相應 ; HV: 謂如未見眞如菩薩 於無分別般若波羅蜜多中 分別此是般若波羅蜜多 菩薩遠離如是分別 應知說名非處相應 安住般若波羅蜜多.
167) P: ma chog par
168) D: byang chub sems

(2) **진실을 보지 못한 보살이 분별에 머묾을 끊은 것과**라고 한 것에서, 진실을 보지 못한 보살들이 분별의 대상이 아닌 반야바라밀에 대해 '이것이 반야바라밀이다' 하고 분별하는 것과 같이는 분별하지 않는다. 그러므로 머물지 않는 방식으로 [머문다고 알아야 한다.][40)]

(3) **윤회와 열반의 양 극단에 머묾을 끊은 것과**라고 한 것에서, 세간 사람이 윤회라는 극단에 머물고 성문이 열반이라는 극단에 머무는 것처럼, 보살이 머무는 것은 아니다. 그와 같이 머물지 않음으로써 머무는 것이 합리적인 것이라고 보아야 한다.

(4) **번뇌장을 끊은 것만으로 만족한 머묾을 끊은 것과**라는 것에서, 성문들이 번뇌장을 끊은 것만으로 만족하는 것처럼 보살이 [만족하는 것은] 아니다. 그 때문에 이 의도에 보살들은 머물지 않는 방식으로 머문다고 알아야 한다.

40) 이 구절은 텍스트상에 결락과 착간이 있는 것으로 보인다. 티벳역의 P본과 D본은 zhes rnam par rtog par byed pa des na mi gnas pa'i tshul gyis de bzhin du rnam par rtog par mi byed do //로 되어 있지만 이대로는 문장의 의미가 통하지 않는다. 또한 'des na mi gnas pa'i thul gyis'라는 구절은 이 절을 제외한 다른 모든 절에는 가장 마지막에 놓여져 있다. 한역을 참조해서 이와 같이 번역했다.

텍스트

(5) *sems can gyi don la mi lta ba phung po'i*[169] *lhag ma med pa'i mya ngan las 'das pa'i dbyings kyi gnas yongs su spong ba* zhes bya ba la / ji ltar nyan thos rnams sems can gyi don la ltos pa[170] med par[171]

169) D: po ; MS(下): po'i
170) P: bltos pa
171) 이하부터 10. 28. A까지 결락.

역주

(5) **중생의 이익을 보지 않는 무여의열반계에의 머묾을 끊은 것**이라고 한 것에서, 성문들은 중생의 이익을 보지 않고...[41]

41) 이하부터 제10장 제28절 A까지 결락되어 있다.

VI 『섭대승론』「증상혜학분」 무성석 티벳역 텍스트

1 서론(P Li 322a7; D Ri 266a4; HA 429b17)

sems mnyam par bzhag na yang dag pa ji lta ba bzhin rab tu shes so zhes 'byung bas ting nge 'dzin kyi 'og tu lhag pa'i shes rab kyi bslab pa brjod par bya'o // bslab pa ni rig pa 'dzin pa yin pas shes rab dang bslab pa gnyis tha dad pa med pa ma yin nam zhes [P 322b1] na gal te de lta na lhag pa'i shes rab nyid bslab pa'o[1] zhes gzhi mthun par bya'o // de lta na yang dbang du bya ste shes bya ba'i don med de / de las gzhan pa ci'i dbang du byas nas lhag pa'i shes rab ces bya / ji ltar bslab pa snga ma gnyis tshul khrims kyi dbang du byas /

1) P adds //

VI 『섭대승론』「증상혜학분」 무성석 티벳역 역주

1 서론

'마음이 삼매에 머물 때 여실하게 인식한다'[1]고 하므로 삼매 뒤에 增上慧學을 설해야 한다.

[반론] 학이란 지혜[明]를 취하는 것이기 때문에 혜와 학 둘은 차이가 없는 것이 아닌가. 만약 그렇다면 증상혜가 바로 학이라고 하는 동격(gzhi mthun pa, samānādhikaraṇa, 同處釋)을 이룰 것이다. 그런데 그렇다면 [adhiprajñā의 접두사 adhi에] '~에 관한' 이라는 의미가 없어진다. 그것(학)과는 별개의 어떤 것(혜)에 관해 증상혜[학]이라고 이름한다. 마치 이전의 다른 두 가지, [곧] 계에 관한

---

1) 티벳역은 인용문 형식으로 되어 있지만 한역은 그렇지 않다. 삼학의 맥락에서 이 문장과 유사한 문장이 『유가론』 <사소성지>(대정장30, p.385b26 ; 正定心故 能如實知), 『유가론』 <성문지>(대정장30, 405c16): 心得定故 能如實知 能如實見 ; 특히 대정장30, 436a17-24 ; ŚrBh 263,16: samāhitacitto yathābhūtaṃ prajānāti / yathābhūtaṃ paśyati) 등에 나타난다. 삼학에 관해서는 『유가론』 권28(대정장30, p.435c23ff), ŚrBh. 261,8ff. 참조

텍스트

sems kyi dbang du byas nas bslab pa shes rab gzhan yod pa ltar lhag pa'i shes rab ces bya ba 'dir ni de lta ma yin no zhe na / de lta na 'o na ni sbyor ba las byung ba'i shes rab ni dngos gzhi'i dbang du byas pa'o // dgnos gzhi ni de'i rjes la thob pa'i dbang du byas pa ste / gnyi ga yang ye shes bla na med pa'i dbang du byas pa'o //

[그리고] 심에 관한 학이 [계와 심과는] 별개인 혜인 것과 같다. [그러나] 이 증상혜라고 하는 것에는 그것이 적용되지 않는다.[2)]

[대답] 그렇다면 이 경우에는(증상혜학의 경우)[3)] 가행으로부터 생한 혜는 근본[무분별지]에 관한 것이다. 근본[무분별지]는 그 다음에 얻는 것에 관한 것이고, 양자[4)]는 모두 無上의 智에 관한 것이다.[5)]

---

2) 이 반론에 대한 長尾雅人의 해석은 長尾雅人[1987: 242f] 및 본 연구 제2장 제4절 1) 참조.

3) 이하 무성의 설명은 증상계학 및 증상심학에 적용된 어의 해석과는 다른 어의 해석을 통해 이루어진다. 이것은 다음과 같은 <성문지>의 해석에 유래하는 것으로 보인다: 그 중에서 무엇 때문에 증상계학을 증상계라고 하는가. 마찬가지로 증상심, 증상혜라고 하는가. '무엇에 관한(adhikāra)'이라는 의미와 '최고(adhika)'라는 의미 때문이다. 그 중에서 '무엇에 관한'이라는 의미는 무엇인가. 증상심에 관한 계가 증상계학이다. 증상혜에 관한 심, 곧 삼매가 증상심학이다. 번뇌를 끊는 것에 관한 지견이 증상혜학이다. [증상계학], 증상심[학], 증상혜학 등 이 학들은 바로 이 가르침(불교)에만 있고 다른 외도와 공통되지 않기 때문에 최고라는 의미이다(ŚrBh 264,5-15: tatra kena kāraṇenādhiśīlaṃ śikṣā adhiśīlam ity ucyate / evam adhicittam adhiprajñam adhikārārthenādhikārthena* ca / tatra katham adhikārārthenādhicittam adhikṛtya yac chīlaṃ sā adhiśīlaṃ śikṣā / adhiprajñam adhikṛtya yaś cittasamādhiḥ / sā adhicittaṃ śikṣā / kleśaprahāṇam adhikṛtya yaj jñānaṃ darśanaṃ / sā adhiprajñaṃ śikṣā / yā cādhicittaṃ / yā cādhiprajñaṃ śikṣā / etāḥ śikṣāḥ asminn eva śāsane asādhāraṇā ito bāhyair evam adhikārthena [/]). <성문지>도 adhi를 '무엇에 관한'이라는 의미와 '뛰어난'이라는 의미를 취하는 것은 동일하다. 그러나 '무엇에 관한'이라는 해석을 취할 때, 예를 들어 증상계학의 경우, 長尾雅人처럼, '계에 관한 학'이라는 의미로 해석하는 것이 아니라 증상심에 관한 계를 배우는 것이 곧 증상계학이라는 의미로 해석한다. 다시 말하면 한 단계 위의 선정, 지혜, 번뇌의 단멸에 위한 계 · 정 · 혜에 대한 학이라는 의미를 취하고 있는 것이다. 그러므로 이하에 설명되는 무성의 해석은 <성문지>의 응용이라고 볼 수 있다.

* Shukla는 adhikārārthena가 두 번 겹쳤다고 간주해서 두 번째 adhikāra를 삭제할 것을 제안한다. 그러나 한역에 따르면 두 번째 단어는 adhikārārthena(所趣義)가 아니라 adhikārthena(最勝義)이므로 이와 같이 교정했다.

4) 양자(gnyi ga)란 근본무분별지와 후득무분별지를 가리키는 것으로 보았다.

5) 한역은 '그 후득혜는 둘에 의지해 중단 없이 일어나 학을 닦는다(其後得慧 依二無間 而起修學)'라고 해서 의미가 전혀 다르다. 무성은 『섭대승론』 「서장」에서는 증상혜학에 대해 다음과 같이 주석한다: 혜에 관한 학이 증상혜학이다. 무분별지는 희론인 모든 분별의 대치다. 그 중에서 가행[무분별지]는 근본[무분별지]에 관해서, [근본무분별지는] 후득[지]에 관해, [후득지는] 그 무상인 것에 관한 것이고, 이 계[학]과 정[학]과 혜학은 도를 본질로 하는 것이다(shes rab kyi dbang du byas pa'i bslab pa ni lhag pa'i shes rab kyi bslab pa'o // rnam par mi rtog pa'i ye shes ni spros pa'i rnam par rtog pa thams cad kyi gnyen po'o // de la sbyor ba pa'i dngos gzhi'i dbang du byas / de'i rjes la thob pa'i dbang du byas / de'i bla na med pa'i dbang du byas nas tshul khrims dang / ting nge 'dzin dang / shes rab kyi bslab pa 'di dag ni(P omits dag ni) lam kyi rang bzhin no //). 이는 가행→근본→후득→무상이라는 순차적인 이해 방식을 나타내는 것으로서 다소 다른 의미로 이해된다. 片野道雄[1998: 286f] 참조.

텍스트

lhag pa'i shes rab kyi bslab pa de gang zhe na / rnam par mi rtog pa'i ye shes te / de ni ngo bo nyid la sogs pa zab pa nyid la thug pa'i bar dag gis bzhad do //

역주

그 증상혜학은 무엇인가? [그것은] 무분별지인데, 그것은 본질[自性] 등[으로부터] 심오함(深甚)에 이르는 사이의 것들에 의해 설해질 것이다.

텍스트

2 본질(P Li 322b4; D Ri 266a7; HA 429c01)

ngo bo nyid kyi dbang du byas nas *rnam pa lnga rnam par spangs pa* zhes bya ba smos so // bzlog [D266b1] pa'i sgo nas mtshan nyid ston te / dmus long la gzugs bsnyad pa bzhin du bsgrub pa'i sgo nas brjod par mi nus pa'i phyir ro // rnam par rtog pa bsal[2] ba'i sgo nas rnam par mi rtog pa'i ye shes bsgrub tu rung gi gzhan du na rnam par rtog pa dang bcas par 'gyur ro // rnam par mi rtog pa de dag gang zhe na / *yid la mi byed pa* zhes bya ba la sogs pa rgyas par smos pa'o //

(1) gal te yid la mi byed pa nyid rnam par mi rtog pa'i ye shes yin du zin na / gnyid kyis log pa dang ra ro ba la sogs pa yid la ci yang mi byed pa yang rnam par mi rtog pa'i ye shes su 'gyur ro // de yang 'dod pa ma yin te 'bad pa med par yang thams cad phyin ci log med par thal bar 'gyur ba'i phyir ro //

(2) *rtog pa dang bcas shing dpyod pa dang bcas pa* zhes bya ba la sogs pa ni gal te rtog pa dang dpyod pa las 'das pa[3] rnam par mi rtog pa'i ye shes yin na ni des na bsam gtan gnyis pa yan chad kyi so so'i skye bo dang /[4] nyan thos la sogs pa yang rnam par mi rtog pa'i ye shes su [P323a1] 'gyur bas de yang 'thad pa ma[5] yin no //

---

2) D: bstsal
3) P: pas
4) P omits /
5) P omits ma

2 본질

본질에 관해 **다섯 가지를 끊은 것**이라고 설했다. 부정적인 방식으로 특징을 가르쳤다. 장님에게 색을 이야기하는 것과 같이[6] 긍정적인 방식으로 말할 수 없기 때문이다. 분별을 제거하는 방식으로 무분별지를 증명할 수 있지만, 그렇지 않으면(긍정적인 방식으로 말한다면) 분별을 가지게 된다. 그 무분별들은 무엇인가. **주의력이 없는 것(무작의)**이라는 것 등이 설해졌다.

(1) 만약 무작의성이 무분별지라면, 숙면과 만취 등 어떤 무작의라도 무분별지가 될 것이다. 그러나 그것은 인정되지 않는다. 노력 없이도 모든 [중생이] 무전도에 도달하게 될 것이기 때문이다.

(2) **심사(vitarka, 尋)와 숙고(vicāra, 伺)를 동반한 [단계]**라고 한 것 등은, 만약 심사와 숙고를 넘어선 것이 무분별지라면 그 결과 제2정려 이상의 범부와 성문 등도 무분별지에 [도달하게] 될 것이기 때문에 그것도 타당하지 않다.

---

6) '장님에게 색을 이야기하는 것과 같이'라는 구절은 한역에는 빠져 있다.

텍스트

(3) *'du shes dang tshor ba 'gog pa* zhes bya ba la sogs pa yang gal te 'du shes dang tshor ba rnam par zhi ba rnam par mi rtog pa yin na ni des na rnam par mi rtog pa'i ye shes nyid du mi 'gyur[6] te / sems med par sems las byung ba rnams mi 'byung ba'i phyir ro // 'gog pa'i snyoms par 'jug pa la sogs pa la yid kyi rnam par shes pas sems dang bcas pa nyid du 'gal te /

sems las byung ba med par ni //[7]
sems ni nam[8] kyang mi 'byung ste //[9]
nyi ma dang ni 'od zer bzhin //[10]
de dag nyid dang lhan cig 'byung //

zhes ji skad[11] bshad pa lta bu'o //

(4) *gzugs kyi ngo bo nyid yongs su spangs pa* zhes bya ba ni gal te rnam par mi rtog pa'i gzugs la sogs pa lta bu yin na ni des na ye shes nyid du mi 'gyur te / 'byung ba las gyur pa yin pa'i phyir ro //

---

6) D: rnam par mi 'gyur
7) P: /
8) D: nams
9) P: /
10) P omits //
11) P omits ji skad

(3) **상과 수가 멸한 [적정]**이라고 한 것 등도, 만약 상과 수가 적정한 것이 무분별이라면 그 결과 무분별지성이 되지 않는다. 심이 없을 때 심소들이 발생하지 않기 때문이다. 멸진정 등[7])에서 의식이 있으므로 유심의 상태라는 것[8])과는 모순된다.[9])

심소가 없을 때는
심이 결코 발생하지 않는다.
해와 햇빛과 같이
그것들과 상호간에 생한다.[10])

하고 설한 것과 같다.

(4) **색을 본질로 하는 것을 끊은 것**이라고 한 것은, [무분별지가] 만약 분별이 전혀 없는 색 등과 같은 것이라고 한다면, 그 결과 智를 본질로 하지 않는다[는 뜻이다]. 2차적 물질(bhautika)이기 때문이다.

---

7) '등'이란 무상정을 포함한다는 의미다.

8) 『섭대승론』 제1장 제52절에 동일한 문장이 나타난다: 'gog pa'i snyoms par 'jug pa la yid kyi rnam par shes pa yod pas sems dang bcas pa ; 長尾雅人[1982: 240, n.1]은 『성유식론』에서 이를 경량부의 견해로 본다고 지적해 놓았다. 티벳역에는 없지만 한역에 삽입된 '如前已說'이란 이를 가리킨다(Lamotte[1973]가 지적한 Ⅰ§7은 적절하지 않은 듯하다) ; 綺谷憲昭[1974; 1107] 참조.

9) 설일체유부의 입장에서 멸진정은 무상정과 함께 심심소가 모두 존재하지 않는다는 점에서 무심정이다. 유가행파는 멸진정에서도 알라야식은 존재하는 것으로 인정하므로 엄밀한 의미에서는 무심정일 수 없다. 하지만 의식과 그에 상응하는 심소가 없다는 점에서는 무심정이라고 인정하는 것이다. 이는 세우 등과 같이 멸진정에도 [미세한] 심(의식)이 남아 있어서 유심정이라고 한 설과 대치되는 것이다(AKBh 72,21-22)

10) 이 게송과 유사한 구절이 『능가경』에 보인다(Laṅk. 227,12-15: yaḥ punar mahāmate tadāśrayapravṛtto vikalpaś cittacaittasaṃśabdito yugapat kālodita āditya iva raśmisahito vicitralakṣaṇasvabhāvo vikalpādharakaḥ sa mahāmate svabhāvaḥ paratantra ity ucyate /). 이 게송은 현장역에는 누락되어 있다. 현장역에 누락된 이유에 관해서는 본 연구 제2장 제4절 2) (1) iii) 참조.

텍스트

(5) *de kho na'i don la bkra bar 'dzin pa* zhes bya ba la sogs pa ni gal te de kho na'i don la rnam par mi rtog pa[12] bkra bar 'dzin pa 'byung ba gang yin pa de rnam par mi rtog pa yin na ni de rnam par mi rtog [D267a1] pa nyid du mi 'grub ste / bkra bar 'dzin pa nyid rnam par[13] rtog pa'i phyir ro //

rnam pa lnga po 'di dag nyid tshigs su bcad pa rtsa ba gsum gyis bkag nas rtsa ba bzhi pas rnam par mi rtog pa'i ye shes kyi ngo bo nyid ston te /[14]

yang dag don la bkra 'dzin med //[15]

ces bya ba ni bkra bar mi 'dzin pa'i ngo bo nyid ces bya ba'i tha tshig go //

12) P rnam par mi rtog pas rnam par mi rtog pa
13) P omits par
14) P: to //
15) P omits //

(5) **진실로서의 대상**[11]**을 다양하게 파악하는 것**이라고 한 것 등은, 만약 진실한 대상을 무분별[지]가 다양하게 파악하는 것[12]으로서 발생하는 것이 무분별[지]라면, 그것은 무분별성으로서 성립되지 않는다. 다양하게 파악하는 것은 분별이기 때문이다.

이 다섯 가지들을 게송에서는 세 구로 부정한 후, 제4구로 무분별지의 본질을 가르쳤다.

진실로서의 대상을 다양하게 파악함이 없는 것이다.

라고 한 것은 다양하게 취하지 않는 것을 본질로 한다는 뜻이다.[13]

---

11) <섭결택분>과 『대승아비달마집론』, 그리고 『대승아비달마잡집론』에는 단순히 dmigs pa(=arthālambana)로 되어 있다. 袴谷憲昭[1984] 참조.

12) <섭결택분>과 『대승아비달마집론』에서는 인식 대상에 대해 의욕작용을 가진 것(ālambane 'bhisaṃskāra)이라 하고 있다.

13) 현장역에는 이 문장 뒤에 '自性自體 義無差別 如說環釧 金爲自體'라는 문장이 부가되어 있다.

3 소의(P Li 323a6; D Ri 267a2; HA 430a02)

'di ltar gnas brtag par 'dod nas tshigs su bcad pas smras pa /

byang chub sems dpa' rnams kyi shes //
rnam par rtog pa med pa'i gnas //[16)]

zhes bya ba la sogs pa ste / ye shes ni sems las byung ba yin pas sems ni gnas su 'gyur ba yin no // sems gnas yin dang rnam par mi rtog pa ni mi rung ste / sems kyi sgra ni sems pa'i rgyu las byung ba'i phyir ro //

ji ste sems med pa gnas yin na ni des na ye shes nyid du mi 'gyur te / gzugs bzhin no zhe na / nyis 'geg gi [P323b1] thag pa 'di tshigs su bcad pa phyed kyis lan 'debs so //

don la mi sems rgyus byung phyir //[17)]

zhes bya ba ni rnam par mi rtogs pa'i[18)] gnas sems ma yin te / 'di ltar don la mi sems pa'i phyir ro // sems med pa yang de'i gnas ma yin te / sems kyi rgyu las byung ba'i phyir ro // 'di ltar de ni sems kyi las 'byung ste / bsgoms pa'i dbang gis gang na sems dang sems med par rnam par rtog pa las shin tu 'das pa'i gnas zhes brjod pa'i gnas skabs de 'thob po //

---

16) P omits //
17) P omits //
18) D: pa de'i

3 소의

이와 같이 **소의**를 가르치고자 해서 게송으로 말했다.

보살들의
무분별지의 소의는

하고 설한 것 등이다.

[반론] ① [무분별]지는 마음에서 생한 것이므로 마음이 소의가 되는 것이다. 마음이 소의인 것과 무분별은 합치하지 않는다. 마음이라는 말은 생각하다[는 말]로부터 만들어진 것이기 때문이다. ② 만약 마음이 아닌 것이 소의라면 그 결과 智를 본질로 하지 않는다. 색과 같은 것[이기 때문]이다.

[대답] 이 두 가지 장애의 해결을 반 게송으로 대답한다.

대상을 생각하지 않고, [마음을] 원인으로 해서 발생했기 때문이다.

라고 한 것 [중에서 먼저] 무분별의 소의는 마음이 아니다. 대상을 생각하지 않기 때문이다. 마음이 아닌 것도 그것(무분별지)의 소의가 아니다. 마음을 원인으로 발생했기 때문이다. 이와 같이 그것(무분별지)은 마음을 원인으로 발생하지만, 수습의 힘에 의해 마음과 마음이 아닌 것이라는 분별을 훨씬 넘어선 소의라고 하는 그 상태를 획득했다.

4 기원(P Li 323b3; D Ri 267a5; HA 430a13)

gshi zhes bya ba ni rgyu ste / byed rgyu'o // de'i dbang du byas nas /

thos pa'i bag chags brjod bcas pa'i //[19]

zhes bya ba smos so // gzhan dag las sgra thos pa de ni mnyan par bya ba yin pa'i phyir *thos pa* ste / gzhan ni ma yin no // de goms pa'i phyir nus pa khad par can ni *bag chags* te / de'i rgyu las byung ba yid kyi brjod pa yid la byed pa'o //

de ni tshul bzhin

zhes bya ba ni rigs pa ste / rnam par byang ba zhes bya ba'i tha tshig go //

19) P omits //

4 기원

기원이라고 한 것은 원인으로서 能作因[이란 뜻]이다. 그것에 관해

聞薰習[에서 발생하고] [意]言을 동반한

이라고 말했다. 다른 사람들로부터 말을 듣는 것이 聞이다. 들어야 하는 것이기 때문이다. 다른 것(곧 사유하는 것 등)은 [聞이] 아니다. 그 [들은] 것을 수습하기 때문에 특별한 능력을 가진 것이 薰習이다. 그것을 원인으로 발생한 것이 意言作意이다.

그 [작의가] 이치에 맞는 것이다.

라고 한 것[에서 이치에 맞는 것]이란 합리적인 것이고, 청정이라는 뜻이다.

5 인식 대상(P Li 323b5; D Ri 267a7; HA 430a22)

dmigs pa dang bcas pa'i phyir ye shes kyi dmigs pa ston te /

byang chub sems dpa' rnams kyi shes //
rnam rtog med pa'i dmigs pa ni //
chos rnams brjod du med pa nyid //[20]

ces bya ba la sogs pa'o // [D267b1] *brjod du med pa nyid* ces bya ba ni brjod pa rang bzhin med pa nyid de / brjod pa kun brtags pa'i ngo bo nyid dang bral ba'o //

bdag med de bzhin nyid kyang de //[21]

zhes bya ba ni grags pa'i tshig gnyis kyis gsal bar byed pa ste / gang zag dang chos med pa'i ngo bo nyid sgro btags pa dang skur pa[22] 'debs pa'i mtha' las grol ba ni rnam par mi rtog pa'i ye shes kyi dmigs pa'o //

20) P omits //
21) P omits //
22) P: bskur pa

5 인식 대상

[무분별지도] 인식 대상을 가진 것이기 때문에, [무분별]지의 인식 대상을 설한다

보살들의
무분별지의 인식 대상은
법들이 언어표현되지 않는 것이다.

이라고 한 것 등이다. **언어표현되지 않는 것**(*nirabhilāpyatā)이라고 한 것은 언어를 본질로 하지 않는 것(*nir-abhilāpyasvabhāva)으로서, 변계소집자성인 언어와 분리된 것이다.

또 그것은 무아와 진여이다.

라고 한 것은 널리 인정된(grags pa) 두 단어로 명료하게 한 것이다. 인[무아]와 법무[아]를 본질로 하고 增益과 損減의 극단으로부터 벗어난 것이 무분별지의 인식 대상이다.

6 행상(P Li 323b7; D Ri 267b2; HA 430b02)

dmigs pa dang bcas pa'i chos rnams ni rnam pa dang bcas pa'i phyir dmigs pa 'dzin par byed do // rnam par mi rtogs pa'i ye shes kyi rnam pa ni de bzhin nyid la dmigs par brjod do //

mtshan ma med pa gang yin pa'o //[23]

zhes bya ba ni mtshan ma thams cad yid [P324a1] la mi byed pa ste / rnam pa med pa nyid rnam pa'o[24] zhes bstan par 'gyur ro //

23) D omits //
24) P adds //

6 행상

인식 대상을 가진 법들은 행상을 가지기 때문에 인식 대상을 취한다. 무분별지의 행상은 진여를 인식 대상으로 한다고 말했다.

無相(mtshan ma med pa, animitta)인 것이다.

라고 한 것은 모든 相을 작의하지 않는[다는 뜻]이다. '행상이 없는 것이 행상이다' 하고 설한다.[14)]

14) 이 절은 주석이 너무 간략해서 이해하기 힘들다. 이에 대해 현장의 한역은 티벳역과 동일한 문장은 나타나지 않고 티벳역에는 없는 설명을 부가하고 있다. 그 내용은 다음과 같다. 먼저 행상(ākāra)이란 식이 대상을 파악하는 양상으로 정의된다. 그러므로 행상은 인식 대상과 유사하게 발생하는 식의 양상이라고 할 수 있다. 무분별지가 진여를 인식 대상으로 한다고 할 때 진여는 無相(animitta)을 특징으로 한다. 그렇다면 그것을 파악하는 무분별지 역시 진여와 유사한 형태로 발생하는 것이므로 그 행상 또한 무상이라고 설명하는 것이다. 세친석도 이와 동일한 취지로 해석하고 있다. 하지만 과연 현장의 이러한 설명이 티벳역 무성석의 본래 취지인가 하는 점은 의심스럽다. 무성의 주석은 두 가지 점에서 세친의 그것과는 차이를 보이고 있다. 첫째 무상(animitta)을 상(nimitta)을 작의하지 않는 것으로 이해하는 점, 둘째, 무행상이야말로 행상이라고 보는 점이다. 세친이 무분별지의 행상을 무상이라고 한 것은 진여와의 동일성이라는 측면을 언급한 것이다. 반면 무성은 이를 智 자체의 측면에서 해석해서 무분별지가 가진 작용 중 상을 작의하지 않는 것(a-nimittamanasikāra)이 동시에 무상을 작의하는 것(animitta-manasikāra)으로 이해하고 있음을 알 수 있다. 이와 같은 사고방식은 無相取를 설명하는 <섭결택분>에 그 기원을 찾을 수 있다. <섭결택분>에 따르면 '무상계를 취할 때도 그가 상을 취하지 않기 때문에(*a-nimittagrāhanāt) 무상을 취한다는 것(*animitta-grāha)이 성립한다(ViSg P 'i 14b5-6, D Zi 13b7: mtshan ma med pa'i dbyings la 'dzin pa na yang de mtshan mar mi 'dzin pas mtshan ma med pa 'dzin par 'thad do // ; 대정30, 701a20-21)'라고 했다. 보다 자세한 것은 본 연구 제2장 제4절 4) 참고

텍스트

7 반론에 대한 대답(P Li 324a1; D Ri 267b3; HA 430b12)

gal te rnam par brtag par bya ba'i don med na rnam par brtag par bya ba 'di ci zhe na / de'i don bstan pa'i phyir /

sbyor las byung ba'i rang bzhin te[25] //[26]

zhes bya ba la sogs pa smos te / yi ge'i 'bru phan tshun du[27] sbyor bas rta lcag ces bya ba la sogs pa rgyun ma chad par brjod pa brda la 'dris pa la / bltos nas don kun brtags pa'o //

de las gzhan du min //[28]

zhes bya ba ni sbyor ba las byung ba de las gzhan du ma yin pa ste / 'drel ba brjod pa med na de med pa'i phyir don dam pa[29] ma yin zhes bya ba'i tha tshig ste /

brjod du med pa zhes bya ba ji ltar brjod du med ces bya ba'i 'thad pa smos pa /

25) MS(下): de
26) P: /
27) P omits du
28) P, D omit //
29) P adds pa

7 반론에 대한 대답

만약 분별의 대상(所分別)인 [외계의] 대상이 없다면, 이 분별의 대상이란 [도대체] 무엇인가. 그 대상을 가르치기 위해,

결합으로부터 발생한 것을 본질로 하고

라고 한 것 등이 설해졌다. 음절이 서로 결합함에 의해 단절 없이 발음된 '착슈(cakṣus, 눈)'[15]라고 하는 것 등의 일상적 개념(saṃketa)에 익숙해지고 본 후 대상이 변계되었다.

그 [분별의 대상]과 다른 것이 아니다.

라고 한 것은 그 결합에서 발생한 것(의미를 가진 단어)과 다르지 않은 것이다. 결합인 언어가 없다면 그것(분별)이 없기 때문에 승의[적으로는] 없다고 하는 뜻이다.

[법들은] 언어표현되지 않는다[16]고 했는데, 어떻게 언어표현되지 않는 것의 증명이 말해졌는가.[17] [그러므로 설한다.]

---

15) 원문인 rta lcag은 채찍이라는 뜻이지만, 티벳역 세친석(mig)을 참고로 하면 산스크리트어로 눈을 뜻하는 cakṣus를 음사한 단어의 오기로 보인다. 세친석 달마급다역(如斫芻二字不斷說故 卽有眼義和合生(斫芻隋云眼))과 현장역(如言斫芻 二字不斷 說成眼義)도 이를 지지한다. 그러나 무성석 한역에는 이 구절이 누락되어 있어 확정하기는 힘들다.

16) 『섭대승론』 제8장 제4절 인식 대상을 설명한 게송의 c구 중 일부를 인용한 것이다.

17) 제법의 언어표현불가능성을 논리적으로 증명하는 부분이다. 여기에 소개된 논리는 『유가론』 <보살지> 「진실의품」까지 그 연원을 거슬러 올라갈 수 있다. <보살지>에서는 '그 중에서 어떤 논리에 의해 모든 법의 불가언설성을 이해해야 하는가'하는 질문을 던진 후 세 가지 논리를 들어 불가언설성을 증명하고 있다. 세 가지 논리에 관해서는 본 연구 제2장 제4절 3) 참조.

텍스트

brjod[30] *pa med par brjod bya la* //[31]
shes pa 'jug pa ma yin no //[32]

zhes bya ba la sogs pa ste / i) gal te brjod par bya ba'i don zhig yod na ni brjod[33] pa med par yang de shes par 'gyur ba'i rigs na brjod pa la ma byang ba ni brjod par bya ba yod kyang de'i blo mi 'byung bas brjod par bya ba'i don med par nges so //

ii) ji ste brjod[34] pa la brjod par bya ba'i blo 'byung ngo snyam na / de spang ba'i don du[35]

'gal ba'i phyir na[36] *brjod la min* //[37]

---

30) D: rjod
31) D omits //
32) P, D omit //
33) D: rjod
34) D: rjod
35) D omits du
36) D omits na
37) P, D omit //

언어가 없다면 언어의 대상에 대한
인식이 발생하지 않는다.

라고 한 것 등이다. i) 만약 [실재론자가 주장하듯이] 언어의 대상이 되는 어떤 대상이 있을 때 언어가 없어도 그것(언어의 대상)을 인식하게 된다는 논리라면[18], 언어를 이해하지 못하는 자[도 언어의 대상을 인식해야 한다. 그러나 실재로는 그]는 언어의 대상이 있어도 그것을 인식하지 못한다[19]. 그러므로 언어의 대상이 없다는 것이 확정적이다.

ii) 만약 [언어의 대상은 있지만 그것만으로는 인식이 발생하지 않고] 언어에서(언어가 있을 때) [비로소] 언어의 대상에 대한 인식이 발생한다고 생각한다면, 그것을 끊기 위해,

모순되기 때문에 언어에 [언어의 대상에 대한 인식은] 없다[20].

---

18) <보살지>의 세 번째 논리. <섭결택분>의 첫 번째 논리, 『섭대승론』 제2장 제24절의 첫 번째 논리에 해당한다.

19) 예를 들어 언어를 모르는 유아나 동물은 책상이나 칠판을 보아도 그것에 대해 책상이라든가 칠판이라든가 하는 개념적 인식은 발생하지 않는다.

20) 이 논리는 『섭대승론』 제2장 제24절의 두 번째와 세 번째 논거를 언어와 언어의 대상 간에 존재하는 근본적인 차이의 문제로 단일하게 파악한 후 하나로 묶어 정리한 것으로 이해할 수 있다. 총카파는 다음과 같은 예를 들어 명료하게 이 두 가지 논거를 설명하고 있다. 곧 전자의 예로는 인드라신이 인드라라는 이름 외에 '힘을 가진 자(śakra, brgya byin)', '마을의 약탈자(grāmaghātaka, grong 'joms)' 등의 이름을 가지고 있는 것을 들고 있다. 여러 가지 명칭이 결국 그 근거가 되는 사물의 힘에 의해 발생하는 것이라면, 그 사물은 여러 가지 본질을 갖고 있다는 모순이 발생한다는 것이다. 후자의 예로는 다른 두 사람이 같은 우파굽타(upagupta, nyer sbas)라는 이름을 갖고 있는 경우이다. 이 역시 전자와 마찬가지로 명칭은 결국 그 근거가 되는 사물의 힘에 의해 발생하는 것이라면 다른 두 사람이 한 사람이라는 모순에 빠지게 된다는 것이다. 이와 같은 이유로 법의 본성은 언어를 넘어서 있는 것(nirabhilāpya-svabhāvatā)이다. 片野道雄[1998: 231] 참조.
그러나 현장역(或謂外義 雖定實有 要待能詮 所詮智起)에 따르면 법 혹은 事(vastu)가 비록 먼저 존재하지만 언어를 기다려서 그 언어대상에 대한 지식이 생한다고 한다. 이것은 <보살지>의 두 번째 논거와 일치한다.

zhes bya ba smos te / mtshan nyid mi 'dra ba[38] zhes bya ba'i tha tshig go // dbang po tha dad pas gzung bas[39] brjod[40] pa ni brjod par bya ba dang mtshan nyid mi 'dra ba yin na de ji ltar brjod par bya bar rung /

de[41] *phyir thams cad brjod du med* //[42]

ces bya la / *thams cad* ces bya ba smos pas ni brjod pa dang brjod par bya ba dang[43] [D268a1] gnyi ga smos pas mjug sdud do //

38) P omits ba
39) D: ba yin pas
40) D: rjod
41) D: de'i
42) P, D omit //
43) P adds /

라고 말한다. 특징이 닮지 않았다는 뜻이다.

다른 감관에 의해 파악되기 때문에[21], 언어가 언어의 대상과 특징이 닮지 않은 것이라면 그것(언어)이 어떻게 언어의 대상과 일치할 수가 있겠는가.

그 때문에 모든 것은 언어표현되지 않는다.

라고 한 것에서, **모든 것**이라고 한 것에 의해서 언어와 언어의 대상 양자를 말함으로써 결론짓는다.

21) 이 문장이 정확히 무엇을 의미하는지는 알기 힘들다. 아마도 유가행파의 법체계에서 언어 그 자체는 명신 · 문신 · 구신을 본질로 하는 심불상응행법에 속하는 것으로서 의근의 대상이지만, 외계의 대상은 전5근의 대상이라는 의미인 것으로 보인다. 티벳역은 문장이 계속 이어지지만 현장역은 티벳역과 의미도 조금 다르고 문장도 여기서 끊어진다: 以能詮名 與所詮義 別相取故.

텍스트

8 근거(P Li 324a7; D Ri 268a1; HA 430c01)

rnam par mi rtog pa'i ye shes de gang gi rten yin zhe na /

rnam par mi rtog ye shes ni[44] //
byang chub sems dpa'i de rjes la //
thob pa spyod pa'i rten yin te //[45]

zhes bya ba smos te / ye shes de ni rnam par mi rtog pa'i ye shes kyi rjes las byang chub sems dpa'i spyod pa gang thob pa de'i rten te gnas yin no //

de ni [P324b1] *'phel bar 'gyur phyir ro* //

zhes bya ba ni byang chub sems dpa'i spyod pa de 'phel bar 'gyur ba'i phyir te / rten gyi dgos pa bstan to //

44) P: de ; D: te ; MS(下): ni
45) P: /

8 근거

그 무분별지는 무엇의 근거인가.

무분별지는
그 뒤에 얻는
보살행의 근거이다.

라고 설했다. 그 [근본무분별지]는 [근본]무분별지[의 획득] 이후에 얻는 보살행의 근거이다. [그 보살행의] 의지처[라는 뜻]이다.

그것이 확장되기 때문이다.

라고 한 것은 그 보살행이 확장되기 때문이다. 근거의 필요성을 설명했다.

9 반려(P Li 324b1; D Ri 268a2; HA 430c09)

gcig pus ni mi nus pa'i phyir ye shes de'i grogs gang zhe na /

byang chub sems dpa'i rnams kyi shes //
rnam par rtog pa med pa'i grogs //
lam gnyis su ni brjod pa ste //[46]

zhes bya ba smos te / tshogs kyi lam dang / rten gyi lam mo //

pha rol tu phyin pa lnga'i rang bzhin no //[47]

zhes bya ba ni de'i ngo bo nyid do // de la pha rol tu phyin pa bzhi ni tshogs[48] kyi lam mo // bsam gtan gyi pha rol tu phyin pa ni rten gyi lam mo // sems mnyam par gzhag pa sngar bshad pa'i pha rol tu phyin pa'i dge bas brtan pa la shes rab kyi pha rol tu phyin pa[49] zhes brjod pa'i rnam par mi rtog pa'i ye shes 'byung ngo //

---

46) P: /
47) D omits //
48) D: tshigs
49) D adds pha rol tu phyin pa

9 반려

혼자서는 할 수 없기 때문에 [무분별]지의 반려가 무엇인가[를 밝혀야 한다].

보살들의
무분별지의 반려는
두 가지 길이라고 말해진다.

하고 말했다. [두 가지 길이란] 자량도와 의지도이다.

다섯 바라밀을 본질로 한다.

라고 한 것은 그것의 본질이다. 그 중에서 네 바라밀은 자량도이다. 정려바라밀은 의지도이다. 선정에 든 마음이 앞서 [「피입인과분」에서] 설한 [네 가지] 바라밀의 善에 의해 견고할 때, 반야바라밀이라고 말하는 무분별지가 생한다.

텍스트

10 이숙과(P Li 324b4; D Ri 268a4; HA 430c18)

ji srid du sangs rgyas nyid ma thob pa de srid du rnam par mi rtog pas gang du rnam par smin par byed snyam pa la /

byang chub sems dpa' rnams kyi[50] *shes //*
rnam rtog med pa'i rnam smin ni //[51]
sangs rgyas dkyil 'khor gnyis su ste //[52]

zhes bya ba smos te / longs spyod rdzogs pa'i dkyil 'khor dang /[53] sprul pa'i dkyil 'khor ro //

sbyor ba dang ni thob pas so //[54]

zhes bya ba ni rnam par smin pa'i don brjod kyi / 'di rnam par smin pa'i rgyu ni ma yin te / de'i gnyen po yin pa'i phyir ro // 'di ni rnam par smin pa'i don gzhan yin te / 'di lta ste / bdag po'i don to // gal te rnam par mi rtog pa'i don du brtson par gyur na ni de'i tshe de'i dbang gis sprul pa'i dkyil 'khor du skye'o // ji ste rnam par mi rtog pa thob par gyur na ni / de'i tshe longs spyod rdzogs pa'i dkyil 'khor du skye'o //

50) D: kyis
51) P, D: /
52) P omits //
53) D: //
54) P omits //

10 이숙과

불과(buddhatva)를 얻지 못하는 동안 무분별[지]는 어디에 이숙[과]를 발생시키는가 하고 생각할 때,

보살들의
무분별지의 이숙[과]는
붓다의 두 설법처에 [태어나는 것이다.]

라고 말했다. [두 설법처란] 수용[신]의 설법처와 변화[신]의 설법처이다.

가행과 획득에 의한 것이다.

라고 한 것은 이숙[과]의 의미를 말하는 것이만, 이 [무분별지]가 이숙인은 아니다. 그것(이숙인)의 대치이기 때문이다. 이것은 이숙[과]의 의미와 다른 것인데, 곧 [실재로는] 증상[과]의 의미이다. 만약 무분별의 의미에 대해 노력할 때는 그것에 의해 변화[신]의 설법처에 태어난다. 만약 무분별을 획득했을 때는 수용[신]의 설법처에 태어난다.

텍스트

11 등류과(P Li 324b7; D Ri 268a6; HA 430c28)

ye shes de'i rgyu mthun pa gang yin snyam pa la /

byang chub sems dpa' rnams kyi[55] *shes //*
rnam rtog med pa'i rgyu mthun ni //
phyi ma phyi ma'i tshe rnams su //[56]

zhes bya ba la sogs pa smos te / dkyil 'khor gnyis po de nyid du tshe rabs [P325a1] phyi ma phyi ma dag la rnam par mi rtog pa'i ye shes de nyid khyad zhugs par khyad par 'gyur te / phyis skyes pa'i [D268b1] khyad par de nyid de'i rgyu mthun pa'o //

55) D: kyis
56) P: /

역주

11 등류과

그 智의 등류[과]는 무엇인가 하고 생각할 때,

보살들의
무분별지의 등류[과]는
이후의 생들에서

라는 것 등을 말했다. 그 두 가지 설법처에 [태어나는] 이후의 생들에서 그 무분별지 자체가 더욱 뛰어나게 되는 것이다. 이후에 태어남의 뛰어남 그 자체가 그것의 등류[과]이다.

텍스트

12 벗어남(P Li 325a1; D Ri 268b1; HA 431a04)

de'i nges par 'byung ba ji lta bu snyam pa la /

byang chub sems dpa' rnams kyi[57] *shes //*
rnam rtog med pa'i nges 'byung[58] *ni //*
sa bcu dag tu shes bya ste //[59]
thob pa dang ni grub phyir ro //

zhes bya ba smos te / sa dang po la zhugs na mthong ba'i lam gyi gnas skabs su sa thams cad thob pa'i phyir rnam par mi rtog pa nges par 'byung ngo // bsgom pa'i lam la ni de dag nyid du grub po //

---

57) D: kyis
58) MS(下): 'byung ba
59) P: /

12 벗어남

그것의 벗어남은 무엇과 같이 [보아야 하는가] 하고 생각할 때,

보살들의
무분별지의 벗어남은
십지들에서 알아야 한다.
획득과 완성 때문이다.

하고 말했다. 초지에 들어갔을 때 견도위에서 모든 地를 [처음으로] 얻기 때문에 무분별은 출리한다. 수도에서는 그것들(각각의 단계)을 완성한다.

텍스트

13 궁극(P Li 325a3; D Ri 268b2; HA 431a10)

mthar phyin pa'i dbang du byas nas /

dag pa'i sku gsum thob phyir dang //[60)]

zhes bya ba smos te / *dag pa* smos pa ni 'di ltar sa dang po nyid la sku gsum thob cing sa bcu pa la ni dag pa yin te / des na gang gi tshe dag pa'i sku gsum thob par 'gyur gyi / sku gsum tsam du mi zad la /[61)] de thob pas kyang dbang dam pa bcu yang thob pa yin gyi / dag pa'i sku gsum 'ba' zhig thob pa ni ma yin pa de'i tshe rnam par mi rtog pa'i ye shes kyi mthar phyin to //

---

60) P omits //
61) D omits /

13 궁극

궁극에 관해 [게송에서는]

청정한 삼신을 얻기 때문이고

라고 했다. **청정**이란 이와 같이 초지에서 삼신을 얻고 제10지에서는 청정한 것이다. 그러므로 청정한 삼신은 얻었지만 삼신[을 얻은 것]만으로 그친 때가 아니라, 그것을 얻은 것에 의해 열 가지 최상의 자재[22]도 얻어 청정한 삼신만 얻은 것이 아닌 그 때(제10지)가 무분별지의 궁극이다.

22) 최상의 자재에 대해서는 세친석 참조.

텍스트

14 장점(P Li 325a5; D Ri 268b3; HA 431a18)

ye shes de[62] gang dag gis ci 'dra bar gang gis gos pa med snyam pa la /

rnam rtog med pa'i ye shes de //
dad pa tsam dang mos pa yis //
sdig pa sna tshogs drag rnams kyis //
gos pa med de nam mkha' bzhin //[63]

zhes bya ba smos so // gang dag gis shes pa gang smos pa ni *sdig pa sna tshogs drag po rnams kyis* so // ci 'dra bar zhes bya ba ni *de nam mkha' lta bur* pa'o // gang gis zhes gang smos pa ni /[64] *dad pa tsam dang mos pas* ni /[65] dad pa tsam gyi shes rab dang /[66] mos pa'i rgyus mi gos pa'o //

sgrib pa kun las grol ba'i phyir //[67]

zhes bya ba ni nyon mongs pa'i sgrib pa dang shes bya'i sgrib pa dang bral ba'i phyir ro //

---

62) D adds /
63) P omits //
64) P, D: //
65) P, D: //
66) P, D: //
67) P omits //

14 장점

그 智는 무엇들로부터[23], 무엇과 같이[24], 무엇에 의해 염오가 없는가 하고 생각할 때

그 [가행]무분별지는
믿음뿐인 것과 승해에 의해
여러 종류의 극심한 악들로부터
허공과 같이 염오가 없다.

하고 말했다. '무엇들로부터'라고 한 것 중에서, '무엇'이라고 한 것은 **여러 종류의 극심한 악들로부터**이다. '무엇과 같이'라고 한 것은 그것이 **허공과 같이** 된 것이다. '무엇에 의해'라고 한 것에서 '무엇'이라고 한 것은, **믿음뿐인 것과 승해에 의해**[서이다. 그것에 의해]서는 오직 믿음만을 [수반한] 혜와 승해를 원인으로 하기 때문에 염오되지 않는[다는 뜻이]다[25].

모든 장애로부터 벗어났기 때문에

라고 한 것은 번뇌장과 소지장에서 분리되기 때문이다.

---

23) 주석에 따르면, 첫 번째 질문인 gang dag gis는 더럽힘의 수단을 나타낸다. 따라서 이를 더럽힘을 방지한다는 관점에서 보아 탈격으로 해석했다. 한역은 從何라 번역했다. 이에 반해 세 번째 질문인 gang gis는 더럽힘을 방지하는 수단을 의미한다. 한역은 由何이다.

24) 첫 번째 질문과 두 번째 질문은 한역과 순서가 다르다. 곧 한역은 무엇과 같이[如何]가 먼저이고, 무엇으로부터[從何]가 두 번째 질문으로 되어 있다.

25) 이 문장은 티벳역에는 운문 형식으로 되어 있지만 한역은 산문으로 번역하고 있다. 여기서는 한역에 따라 산문으로 번역했다. 단 한역은 티벳역과 약간 의미를 달리한다(唯由信由慧勝解, 以爲因故).

thob dang grub dang ldan pas na //[68]

zhes bya ba ni sa dang po la ni thob po // sangs rgyas kyi sa la ni grub po //

'jig rten dag na rnam rgyu [P325b1] *yang* //
'jig rten chos kyis rtag mi gos //[69]

zhes bya ba ni skye ba'i gnas thams cad du skye ba ston kyang rnyed pa la sogs pa 'jig rten gyi chos brgyad po dag dang mi 'dre bas 'jig rten las 'das pa ste / pa dma bzhin no //

68) P omits //
69) P omits //

획득과 완성을 갖춘 것에 의해

라고 한 것은 초지에서는 획득이고 불지에서는 완성이다.

세간들에서 행해도
세간법에 의해 언제나 염오되지 않는다.

라고 한 것은 태어날 수 있는 모든 곳에서 태어남을 보여도 이익 등 여덟 가지 세간법들과 섞이지 않기 때문에 세간으로부터 벗어나는 것이다. 마치 연꽃과 같다.

텍스트

15 차이(P Li 325b1; D Ri 268b7; HA 431b15)

'o na sbyor ba las byung ba dang / dngos gzhi dang /[70] rjes las thob pa rnam par mi rtog pa'i ye shes rnam pa gsum khyad par ci yod ce na / khyad par bstan pa'i phyir /

lkugs pas don ni myong 'dod dang //[71]

zhes bya ba la sogs pa smos te / dper na lkugs pas don myong bar 'dod [D269a1] pa la re zhig mi myong ba de bzhin du sbyor ba las byung bar blta'o // dper na lkugs pas don myong yang mi brjod pa[72] de bzhin du dngos gzhir[73] blta'o // ji ltar ma lkugs pas don myong zhing smra ba de bzhin du de'i rjes la thob par blta'o //

rmongs pas don ni myong 'dod dang //[74]

zhes bya ba ni tshigs su bcad pa 'di'ang de bzhin du bshad par bya'o //

rnam par shes pa

---

70) P, D omit /
71) P: /
72) D: rjod pa
73) D: gzhi
74) P omits //

15 차이

이제, 가행[무분별지]와 근본[무분별지]와 후득무분별지 세 가지는 어떤 차이가 있는가. 차이를 가르치기 위해 [게송으로]

벙어리가 대상을 경험하고 싶어하는 것과

라고 하는 것 등을 말했다. 예를 들면 벙어리가 대상을 경험하고자 할 때, 먼저 경험하지 못하는 것과 같이 가행[무분별지]를 보아야 한다. 예를 들면 벙어리가 대상을 경험해도 말하지 못하는 것과 같이 근본[무분별지]를 보아야 한다. 벙어리가 아닌 자가 대상을 경험하고 말하는 것과 같이 후득[무분별지]를 보아야 한다.

어리석은 자가 대상을 경험하고자 하는 것과

라고 한 것은 이 게송도 [앞 게송]과 같이 말해야 한[다는 뜻이]다. 식이 [곧]

lnga pos don ni myong 'dod dang //

zhes bya ba ni don myong bar mos shing don myong bar 'dun pa zhes bya ba'i tha tshig ste / de lta bur ni sbyor ba las byung bar blta'o // dper na rnam par shes pa lnga po dag gi don myong yang rnam par mi rtog pa de lta bu ni dngos gzhi'o // dper na yid kyi rnam par shes pa dgos pa gnyi ga can gyis ni myong zhing rnam par rtog par[75] yang byed de / de lta bu[76] ni de'i rjes la thob pa'o //

de bzhin du bstan bcos mi shes pa bstan bcos shes par 'dod pa dang / bstan bcos brjod pa ni tshig 'bru myong ba dang / de nyid nyan pas chos kyi don rtogs par 'gyur te // dpe gsum po dag gis sbyor ba la sogs pa gsum go rim[77] bzhin du dpe dang bstun to //

75) P: pa
76) P, D: bur
77) D: rims

[전]5[식]이 대상을 경험하고자 하는 것과

라고 한 것은 대상을 경험하기를 원하고 대상을 경험하기를 바란다고 하는 뜻이다. 그와 같이 가행[무분별지]를 보아야 한다. 예를 들면 전오식들의 대상을 경험해도 무분별인 것[26]처럼, 근본[무분별지를 보아야 한다.] 예를 들면, 필요한 것 두 가지[27]를 갖춘 의식에 의해서는 경험하고 분별하기도 한다. 그와 같이 후득[무분별지를 보아야 한다.]

마찬가지로 논서를 알지 못하는 자가 논서를 알고자 하는 것과, 논서를 말하는 자가 문자[28]를 경험하는 것과, 그것을 듣는 것에 의해 교법의 의미를 아는 것[이 차례대로 가행, 근본, 후득지에 해당한]다.

세 가지 실례[29]로 가행[무분별지] 등 세 가지를 차례대로 실례와 함께 [가르쳤다.]

---

26) 일반적으로 유부는 전5식은 무분별로 간주한다. 전5식은 자성분별, 수념분별, 계탁분별이라는 세 가지 분별 중 자성분별만 갖고 있기 때문이다(AKBh 22,20ff). 그러나 세친은 이를 부정하고 다른 측면에서 전5식이 무분별이라고 한다. 야쇼미트라에 따르면 세친이 이를 부정한 까닭은 자성분별의 본질인 심사(vitarka)가 별개의 법이 아니라 慧와 思의 양태라고 보기 때문이다. 설일체유부가 인정하는 자성분별은 세친의 입장에서 보면 존재하지 않는 것이다. 세 분별 중 두 개가 없다는 의미에서 전5식이 무분별이라고 간주하는 유부에 대해, 세친이 전5식을 무분별이라고 간주하는 것은 바로 이러한 의미에서다(AKVy 64,22ff. ; 이종철[2001: 27ff] 참조).

27) 의근과 대상을 가리킨다.

28) 본문의 게송에서는 chos(=dharma)로 되어 있다.

29) 본문 게송에서는 세 가지가 아니라 네 가지이다. 곧 벙어리, 어리석은 자, 전오식과 제육식, 논서가 그것이다. 한역에서는 수를 명확히 제시하지 않고 衆多譬喩라고만 했다.

텍스트

16 비유(P Li 325b8; D Ri 269a4; HA 431c12)

mi zhig mig ni btsums[78] *pa ltar* //[79]

zhes bya ba la sogs pa ni dngos gzhi dang rjes la[80] thob pa'i dpe ste /

rnam rtog med pa'i shes de ni //
nam mkha' bzhin du shes par bya //[81]

zhes bya ba [P 326a1] dang /[82] tshigs su bcad pa 'di gnyis kyis ni dngos gzhi dang rjes la thob pa'i khyad par bstan to //

de la gzugs ni snang ba ltar //[83]

shes bya ba ni nam mkha' la'o // de'i rjes la thob pa'i ye shes ni de ltar blta bar bya ba ste / rnam par brtag par bya ba dang /[84] rnam par rtog pa zhes bya ba'i tha tshig go //

---

78) P: btsum
79) P omits //
80) P: las
81) P omits //
82) D omits /
83) P omits //
84) D omits /

역주

16 비유

어떤 사람이 눈을 감은 것과 같이

라고 한 것 등은 근본[무분별지]와 후득[지]의 비유다.

그 [근본]무분별지는
허공과 같다고 알아야 한다.

라고 한 것과 이 두 게송에 의해서 근본[무분별지]와 후득[지]의 차이를 가르쳤다.

거기에 색이 나타나는 것과 같이

라고 한 것은 [색이] 허공에 [나타난 것]이다. 후득[지]는 그와 같이 보아야 한다. [그것은] 분별의 대상과 분별[의 주체]라는 뜻이다.

텍스트

17 무공용의 활동(P Li 326a2; D Ri 269a6; HA 431c15)

sbyor ba las byung ba ni rnam par mi rtog pa'i rgyu yin pas rnam par mi rtog pa'o // rjes la thob pa ni de'i rgyu las byung ba'i phyir ro // gal te sangs rgyas nyid rnam par mi rtog pa'i ye shes kyis rab tu phye ba yin na sems can du rnam par rtog pa mi mnga' bar[85] sems can gyi don ji ltar mdzad ce na / nor bu dang sil snyan la sogs pa'i dpe rnams kyis lhun gyis grub par mdzad par ston to //

ji ltar nor bu sil snyan dag //[86]

ces bya ba la sogs pa'o // de dag ni sems pa med pa'i phyir 'di snyam du bdag cag gis 'bar bar bya'o // sgra 'byung bar bya'o snyam du mi sems mod kyi / 'on kyang yid bzhin gyi[87] nor bu rnams dang lha'i sil snyan ma dkrol ba[88] rnams der skyes pa'i sems can gyi dbang gis 'bar ro // sgro 'byung ngo // de bzhin du sangs rgyas bcom ldan 'das rnams[89] kyi mdzad pa yang sems can la sogs pa'i rnam par rtog pa mi mnga' bar gdul ba ji lta ba bzhin du phan 'dogs pa sna tshogs 'byung ngo //

---

85) P: ba
86) P omits //
87) P omits gyi
88) P: dgrol ba
89) P omits rnams

17 무공용의 활동

가행[무분별지]는 [근본]무분별[지]의 원인이기 때문에 무분별이다. 후득[지]는 그것(근본무분별지)을 원인으로 발생했기 때문[에 무분별]이다. 만약 불과가 무분별지에 의해 특징지워지는 것이라면, 중생에 대해 분별이 없으신데 어떻게 중생을 위해 활동하시는가. 보석과 천고 등의 예들에 의해 저절로 이루어지고 행하신다고 가르쳤다.

마치 보석[과] 천고 둘이

라고 한 것 등이다. 그 둘은 의도가 없기 때문에 다음과 같이 '우리는 빛을 내야 한다, 소리를 내야 한다'고 의도적으로 생각하지 않더라도, 여의주들과 때리지 않은 천고들은 거기(천상)에 태어난 중생의 힘에 의해 빛을 내고 소리를 낸다. 그와 같이 불세존들의 활동도 중생 등의 분별이 없지만, 교화의 대상에 적절하게 여러 가지 유용함이 생긴다.

18 심오함(P Li 326a6; D Ri 269b2; HA 432a09)

rnam par mi rtog pa de nyid kyi zab pa brjod de /[90] ji lta zhe na / 'di la rnam par mi rtog pa'i ye shes ① gzhan gyi dbang zhes bya ba rnam par rtog pa la dmigs pa zhig gam / de ② las gzhan pa'am / ③ de bzhin du shes pa zhig gam / ④ mi shes pa zhig ce na /[91] ①-1 gal te gzhan gyi bdang rnam par rtog pa la dmigs na ji ltar rnam par mi rtog par 'gyur / ②-1 ji ste de las gzhan pa zhig ces[92] byar ni de[93] med pa nyid do // ③-1 gal te mi shes pa zhig na ni rnam par mi rtog pa'i ye shes kyang ji skad du bya / ④-1 ji ste[94] shes [P326b1] pa yin na yang de'i shes bya dgos par 'gyur bas rnam pa thams cad du yang nyis par 'gyur ro zhe na /

de la ma yin gzhan la min //[95]

---

90) P omits /
91) D adds 'dis ci zhes bya /
92) P: shes
93) P omits de
94) P: ci ste
95) P omits //

18 심오함

저 무분별성의 심오함을 말한다. [그것은] 어떠한가.

[반론] 이중에서 무분별지는 ① 분별인 의타[기]라고 하는 것을 인식 대상으로 하는가, 혹은 ② 그것과는 다른 것[을 인식 대상으로 하는]가. 혹은 ③ 그와 같이 [무분별지는] 智인가, ④ 智가 아닌가. ①-1 만약 분별인 의타를 인식 대상으로 한다면 어떻게 무분별이 되는가. ②-1 만약 그것과 다른 어떤 것[을 인식 대상으로] 한다면, 그것은 존재하지 않는 것[이므로 인식 대상이 될 수 없]다. ③-1 만약 智가 아니라고 한다면 무분별지도 이와 같다고 해야 한다(=智가 아니어야 한다). ④-1 또한 만약 智라고 한다면 그것의 인식 대상이 필요하게 되기 때문에 모든 양상에 오류가 있다고 한다면 [다음과 같이 게송으로]

거기에 있지 않고 다른 곳에도 없다.

zhes bya ba la sogs pas de'i lan 'debs so // ①-1 re zhig rnam par mi rtog pa'i phyir gzhan gyi dbang zhes bya ba rnam par rtog pa la 'jug ces bya bar ni mi rung ste / rnam par rtog pa la dmigs pa ni rnam par mi rtog par mi srid pa'i phyir ro // ②-1 de las gzhan pa la[96] yang ma yin te / 'di ltar rnam par rtog pa de nyid kyi chos nyid la dmigs pa'i phyir te / chos nyid ni chos las de nyid dang gzhan nyid[97] du brjod du med pa'i phyir ro // ye shes kyang rnam rtog pa dang / rnam par mi rtog pa la dmigs pa nyid du brjod du med do // ③-1 sbyor ba las byung ba dang rjes la thob pa ltar shes pa yang ma yin te / rnam par mi rtog pa'i phyir ro // ④-1 mi shes pa yang ma yin te / sbyor ba las byung ba'i shes pa sngon du 'gro ba'i phyir ro //

shes bya dang ni khyad med pa'i //
shes gang de ni[98] mi rtog nyid //

ces bya ba ni gzung ba dang 'dzin par rnam par dbye bar yongs su chad pa med pa'i phyir 'di ni shes pa'o // 'di ni shes bya'o zhes khyad par med pa gang yin pa de ye shes de'i rnam par mi rtog pa nyid de / gang shes bya dang tha dad pa [D270a1] ma yin pa de ni nam mkha' dang snang ba bzhin no //

96) P omits la
97) P omits nyid
98) P, D: nyid ; N, MSBh: ni

라고 한 것 등에 의해 그에 대답한다.

[반론] ①-1 먼저 무분별이기 때문에, 분별인 의타라는 것에 있다는 것은 합리적이지 않다. 분별을 인식 대상으로 하는 것은 무분별일 수 없기 때문이다. ②-1 그것과 다른 것에 있는 것도 아니다. 그 분별의 法性을 인식 대상으로 하기 때문이다. 法性이 법과 다른 것이라고 말할 수 없기 때문이다. [마찬가지로] 智도 분별과 무분별을 인식 대상으로 하는 것이라고 말할 수 없다. ③-1 가행[무분별지] 및 후득[무분별지]와 같은 智는 아니다. 무분별이기 때문이다. ④-1 智가 아닌 것도 아니다. 가행으로부터 생한 智를 선행시키기 때문이다.

인식 대상과 구별이 없는
그 智는 무분별이다.

라고 한 것은 소취와 능취를 구별하고 변별할 수 없기 때문에 '이것은 智다. 이것은 인식 대상이다' 하는 차이가 없는 것이 그 智의 무분별성이다.30) 인식 대상과 구별이 없는 것은 허공과 빛[이 구별이 없는 것]과 같다.

---

30) 소연과 능연의 구별이 없는 지에 대해 <성문지>에서는 이미 가행도의 단계에서 발생하는 것으로 묘사하고 있다: sa nairyāṇika ity evam aparīkṣitamanaskāraparīkṣāyogena sūkṣmayā prajñayā na tāny ārysatyāny avatīrṇṇo bhavati / tasyaivam āsevanānvayād bhāvanānvayāt tasyāḥ samasamālambyālambaka(ā)jñānam utpadyate / yenāsyaudārikatvāsmimāno nirvvaṇābhirataye vibandhakaraḥ samudācarataḥ / prahīyate / nirvvāṇe cādhyāyataś cittaṃ pradadhataḥ praskandati / na pratyudāvartate(yati) (/) mānasaṃ / paritamanām upādāya / adhyāśyataś cābhiratiṃ gṛhṇāti / tathā bhūta(ā)syāsya mṛdukṣāntisahagataṃ samasamālambyālambakajñānaṃ tadūṣmagatam ity ucyate / ; ŚrBh. 499,4ff
한편 『섭대승론』 제3장 제9절에서도 다음과 같이 설한다. des na rnam par rig pa tsam du snang ba yang mi 'byuṅ ste / gang gi tshe don thams cad la rnam par mi rtog pa'i ming la nas shing / chos kyi dbyings la mngon sum gyi tshul gyis gnas pa de'i tshe / byang chub sems dpa' de'i dmigs par bya ba dang / dmigs par byed pa mnyam pas mnyam pa'i ye shes rnam par mi rtog pa 'byung ste / de ltar na byang chub sems dpaḥ' 'di yongs su grub pa'i ngo bo nyid la zhugs pa yin no //
그러나 <성문지>와 『섭대승론』의 소연능연평등평등지의 개념 및 『섭대승론』의 그것에 대한 세친과 무성의 주석 사이에는 미묘한 차이가 엿보인다. 이에 대해서는 본 연구 제2장 제1절 1) 참고.

텍스트

rnam par brtag bya med pas na //[99]

zhes bya bas ni mdo'i sde[100] gzhan[101] dag las chos thams cad rang bzhin gyis rnam par mi rtog pa'o[102] zhes gang 'byung ba de[103] ston te / gang gi phyir rnam par brtag bar bya ba kun brtags pa'i don med de'i phyir rang bzhin gyis rnam par mi rtog pa'o zhes mdo las 'byung ngo // gal te chos thams cad rang bzhin gyis rnam par mi rtog pa yin na de'i ched du 'bad mi dgos pas ci'i phyir srog chags thams cad ma grol zhe na / 'di ltar de dag la chos de dag ni 'di lta bu'o zhes mngon sum du rtogs pa'i ye shes ma skyes pa'i phyir ro // rnam par brtag [P327a1] par bya ba med pa'i phyir byang chub sems dpa' rnams la ni shes pa de skye ste / de'i phyir de dag nyid rnam par grol gyi / gzhan dag ni ma yin no //

99) P: omits //
100) P: mdo sde
101) P omits gzhan
102) P: pa
103) P omits de

역주

분별의 대상이 없기 때문에

라고 한 것은 다른 경에서 '일체법은 본성상 무분별이다' 하고 설한 것을 가리킨다. 변계소집된 대상으로서의 분별의 대상은 없기 때문에 '본성상 무분별이다' 하고 경에서 설한다.

만약 일체법이 본질적으로 무분별이라면 그것을 위해 노력이 필요 없기 때문에 [모든 중생들이 저절로 해탈해야 한다. 그런데] 무슨 이유로 모든 중생이 해탈하지 못하는가. 그들에게는 '저 법들이 이와 같다'고 직접적으로 인식하는 智가 발생하지 않기 때문이다. 분별의 대상이 없기 때문에 보살들에게는 그 智가 일어난다. 그 때문에 그들은 해탈하지만 다른 [중생]들은 [해탈하지] 않는다.

텍스트

19 종류(P Li 327a1; D Ri 270a3; HA 432b05)

(1) 3종의 가행무분별지

rgyu dang 'phen pa dang goms pa las byung bas rab tu dbye ba'i phyir ro[104] zhes bya bas ni sbyor ba las[105] byung ba la sogs pa re re la[106] yang rnam pa gsum du ston to //

① la la'i rigs ni 'di lta bu yin te / gang zhig rkyen rnyed nas myur du de la sbyor ba las byung ba skye ba de'i rigs las de 'byung ngo // rigs ni thog ma med pa'i dus kyi skye mched drug bye brag can sangs rgyas kyi snod du gyur pa'o //

② su la sngon gyi rgyu yod pa de la tshe rabs snga ma la sogs par byas pa'i 'phen pa'i stobs kyis 'byung bar 'gyur ro //

③ kha cig ni da ltar byung ba'i tshe la goms par byas pas skyes bu byed pa'i stobs kyis 'byung ngo //

---

104) P adds //
105) D: sbyor bas
106) P omits la

19 종류

(1) 3종의 가행무분별지

원인과 이끎과 수습으로부터 발생함에 의해 구별되기 때문이라고 한 것에 의해서는 가행에서 생한 것 등 [3종 무분별지] 하나하나에도 세 가지[혹은 다섯 가지][31]가 [있다고] 가르친다.

① 어떤 종성은 다음과 같다. [곧] 연을 얻고 나서 신속하게 그 사람에게 가행[무분별지]가 발생하는 것은 그의 종성으로부터 그것(가행무분별지)이 생하는 것이다. 종성이란 뛰어남을 가진 무시 이래의 6처[32]로서 붓다의 그릇이다.

② 이전의 원인이 있는 사람에게는 전생 등에서 수습한 이끎의 힘에 의해 발생하게 된다.

③ 어떤 사람은 현생에서 수습했기 때문에 그 노력에 의해 발생한다.

---

31) 현장역에 따라 삽입했다. 후득지의 경우 다섯 가지로 분류되기 때문이다.

32) 이와 같은 종성의 정의는 <보살지>에 유래하는 것이다. '그 중에서 선천적인 종성이란 보살이 가진 뛰어난 6처다. 그것은 그와 같이 무시 이래로 전해내려 온 것이고 법성을 획득한 것이다(tatra prakṛti-sthaṃ gotraṃ yad bodhisattvānāṃ ṣaḍ-āyatana-viśeṣaḥ. sa tādṛśaḥ parampar'āgato 'nādikāliko dharmatā-pratilabdhaḥ ; BoBh[W] 3,2-4)'

(2) 3종의 근본무분별지

① chog shes pa'i phyir rnam par mi rtog pa ni chog shes pas rnam par mi rtog pa ste / don nyung ngus chog par bzung nas gong ma'i khyad par la rnam par mi rtog pa'i phyir te / dper na 'jig rten pa rnams kyi thos pa dang / bsams pa las byung ba'i shes pa gnyis kyis don 'ga' zhig la dad par byas sam / nges par byas sam / bsgoms nas srid pa'i rtse mo'i bar du thob nas ldog pa lta bu ste / de nyid[107] thar pa snyam[108] du mngon par zhen pa'i phyir ro //

② phyin ci ma log pas rnam par mi rtog pa ni 'phags pa nyan thos rnams kyi ste / de dag ni bsgoms[109] pa las byung ba'i shes rab kyis sdug[110] bsngal[111] la sogs pa'i bden pa la mi rtag pa la sogs [D270b1] pa phyin ci ma log pa bzhis dmigs kyi / de phan chad mi rtag pa la sogs pa la ni phyin ci log tu rnam par mi rtog go //

③ spros pa med pas rnam par mi rtog pa ni byang chub sems dpa' rnams kyi ste / de dag ni mi rtag pa la sogs pas kyang rnam par mi rtog cing byang chub ces bya ba'i bar du yang spros par mi byed de / de kho na nyid ngag[112] gi lam [P327b1] las 'das pa dang / 'jig rten pa'i shes pa las 'das pa'i phyir ro // spros pa zhes bya ba[113] ni kun rdzob ste /[114] sgra dang 'jig rten pa'i shes pas bsdus pa ste / de med pa'i phyir spros pa med pa nyid do //

---

107) D: de nyid la
108) P: sgom
109) P: bsdoms
110) P: rdul
111) P omits bsngal
112) P, D: dag
113) D adds la sogs pa
114) D omits /

(2) 3종의 근본무분별지[33)]

① 만족을 알기 때문에 무분별인 것이 지족무분별이다. 작은 대상에 의해 만족을 얻고 나서 최상의 뛰어남에 대해 분별하지 않기 때문이다. 예를 들어 세간 사람들의 문과 사에서 생한 두 지에 의해 어떤 대상을 믿거나 결정하거나, 혹은 [세간 사람들의 수혜에 의해][34)] 수습하고 유정천에 도달한 후 멈추는 것과 같다. '이것이 궁극이다'하고 생각해서 집착하기 때문이다.

② 무전도무분별지는 성스러운 성문들의 [무분별지]이다. 그들은 수소성혜에 의해 고제 등을 무상 등 네 가지 무전도로써 인식하고, 더 이상 무상 등에 대해 전도되게 분별하지 않는다.[35)]

③ 무희론에 의해 무분별인 것은 보살들의 [무분별지]이다. 그들은 무상 등에 의해서도 무분별이고 [나아가] 보리라는 것에 이르기까지도 희론하지 않는다. 진실(tattva)은 언어의 길을 넘어섰고 세간지를 넘어섰기 때문이다. 희론이라고 한 것은 세속[과 동의어로서], 언어와 세간지에 포함된다. 그것이 없기 때문에 무희론이라 한다.

---

33) 이하는 『대승아비달마집론』(AS 102,8ff)에 나타난 3종 무분별성과 동일하다. 『대승아비달마집론』에서는 이 중 세 번째 무희론무분별 항목에서 무분별지의 5상을 다루고 있다.

34) 한역에 따라 보충했다.

35) 한역은 "무전도무분별이란 성스러운 제자들[의 무분별지다.] 그들은 수혜로 말미암아 고제 등에 대해 無常 등 네 가지 전도가 없는 행상을 일으키고, 常 등의 전도된 분별을 일으키지 않는다: 無顚倒無分別者 謂聖弟子等 彼由修慧於苦等諦起無常等四無倒行 不起常等顚倒分別(대정장31, p.432b20-22)"고 했다. 뒷 구절에서 상과 무상이라는 용어상의 차이는 있지만 의미는 동일하다.

(3) 5종의 후득무분별지

de'i rjes la thob pa ni rnam pa lnga ste / rtogs[115] *pa dang / rjes su dran pa dang / rnam par bzhag*[116] *pa* la sogs pa 'bras bu tha dad pa'i phyir ro // *dpyod pa* zhes bya ba'i sgra ni re re dang sbyar ro //

① de la *rtogs*[117] *pa la dpyod pa* zhes bya ba la rtogs pa[118] ni mngon par rtogs pa dang de kho na gtan la 'bebs[119] pa ste / ting nge 'dzin la de'i rjes la thob pas 'di ni de lta bu'o zhes so so rang[120] gi dpyod pa'o //

② de nyid *rjes su dran pa la dpyod pa* ni de'i 'og tu bdag gis 'di lta bu rtogs so[121] zhes rtogs[122] pa rjes su dran pa'i phyir ro //

③ *rnam par bzhag*[123] *pa la dpyod pa* ni langs nas gzhan dag la ji ltar rtogs pa bzhin du brjod pa'i phyir ro //

④ *'dres pa la dpyod pa* ni chos thams cad bzlums[124] nas dmigs pa'i phyir te / gang gis gnas 'gyur ba'o //

⑤ gnas gyur nas / *'byor par bya ba'i dpyod pa* ni ye shes mngon du gyur pa can gyis gang bsams pa de thams cad 'gyur bar 'gyur te / des sa la sogs pa yang gser la sogs pa nyid du 'gyur ro // *dpyod*[125] *pa* ni 'dir shes pa zhes bya ba'i sgrar 'dod do //

---

115) D: rtog
116) D: gzhag
117) D: rtog
118) D: rtog
119) P, D: phebs
120) D adds rang
121) P adds //
122) D: rtog
123) D: gzhag
124) P: bzlugs
125) D: dpyad

(3) 5종의 후득무분별지

그 후에 얻은 것은 다섯 가지다. 통달과 기억과 확립 등[이라고 한 것]은 결과가 다르기 때문이다. **숙고**라는 말과 각각 연결된다.

① 그 중에서 **통달**에 대한 숙고라고 한 것에서, 통달이란 현관 및 [그것을 통해] 진실을 결정하는 것이고, [통달에 대한 숙고란] 삼매 속에서 후득[지]에 의해 '이것은 그와 같다'고 [하는] 개별적인 사찰이다.

② 그것의 **기억**에 대한 숙고는 그 후에 '나는 이와 같이 통달했다'고 통달을 기억하기 때문이다.

③ **확립**에 대한 숙고는 [선정에서] 나온 후 다른 사람들에게 통달한 대로 말하기 때문이다.

④ **종합적인 것**[36]에 대한 숙고는 일체법을 하나로 모은 후 인식하기 때문이다. 그것에 의해서 전의한다.

⑤ 전의한 후[37], **자유자재에 대한 숙고**는 현전한 智에 의해 의도대로 모두가 변화하게 되는 것이다. 그것에 의해 땅 등도 금 등으로 되는 것이다. **숙고**란 여기서 智라는 말로 인정된다.

---

36) '종합적인 것'이란 『섭대승론』 제3장 제12절에서는 근본무분별지가 대상을 인식하는 양상으로서, 근본무분별지란 '종합적인 법을 인식 대상으로 하는 止觀의 智('dres pa'i chos la dmigs pa 'jig rten nas 'das pa'i zhi gnas dang / lhag mthong gi shes pa ; MS 65,7-8)'라고 한다. 무성은 이 구절을 다음과 같이 주석한다. '종합적인 법을 인식 대상으로 한다고 한 것은 진여를 본질로 하기 때문에 대승을 설하는 모든 법이 요약된 것이고 [그것이] 인식 대상인 것이다. 그렇지 않다면 오랜 시간 동안 무분별지가 생하지 않는다.('dres ba'i chos la dmigs pa zhes bya ba ni de bzhin nyid kyi rang bzhin yin pas theg pa chen po bstan pa'i chos thams cad bsdus te dmigs pa'o // gzhan du na(P omit na) ni dus rang mo zhig tu rnam par mi rtog pa'i ye shes skye bar mi 'gyur ro // ; P Li 302b5f; D Ri 246b7f) '종합적인 법을 인식하는 것(緣總法)'과 '개별적인 법을 인식하는 것(緣別法)'에 대한 정의는 『해심밀경』 제8장 제13절(SNS 94)에 보인다(이에 대한 자세한 논의는 長尾雅人[1987: 65, n.2] 참조)

37) 티벳역은 이 구절이 다섯 번째인 자유자재에 관한 숙고와 연결되어 있지만, 한역은 네 번째 종합적인 것에 관한 숙고와 연결시키고 있다. 그러나 한역에서 '전의한 후에' 이후에 해당하는 문장은 티벳역에서는 발견되지 않는다. 종합적인 것에 관한 숙고에 관한 한역은 다음과 같다: 和合思擇者 謂總相觀緣一切法 由此觀故進趣轉依 或轉依已重起此觀 是故說名和合思擇.

20 무분별지의 증명(P Li 327b6; D Ri 270b5; HA 432c29)

(1) 相違識相智(viruddhavijñānanimittatvajñāna)

rnam par brtag par bya ba med pa'i phyir rnam par mi rtog pa'o[126] zhes bshad pa ji ltar rnam par brtag par bya ba'i don[127] med ce na / de med par tshigs su bcad pa rnams kyis sgrub[128] ste /

yi dags dud 'gro mi rnams dang //[129]

zhes bya ba la sogs pa ste / gang la mi rnams chu'i blo 'byung ba de la yi dags rnams kyis thang bur mthong ngo // gang la mi rnams kyis[130] mi gtsang ba'i blo 'byung ba de la dud 'gro rnams kyis[131] kha zas kyi blo 'byung ngo // gang la yi dags rnams dang [P328a1] dud 'gro rnams gtsang ba'i blo 'byung ba de la mi rnams mi gtsang ba'i blo 'byung ngo // gang la mi rnams kha zas kyi blo [D271a1] 'byung ba de la lha rnams kyis mi gtsang bar mthong ste / 'gal ba rnams ni gcig la mi srid pas kun brtags pa'i don med do //

---

126) P adds //
127) D adds de
128) D: bsgrub
129) P: /
130) P omits kyis
131) P: kyi

20 무분별지의 증명

(1) 相違識相智(viruddhavijñānanimittatvajñāna)

분별의 대상이 없기 때문에 무분별이다[38] 하고 설한 것은, 어떻게 분별의 대상인 외경이 없다는 것인가. 그것(외경)이 없는 것을 게송들로써 증명한다.

아귀·짐승·사람들과

라고 한 것 등이다. 사람들에게 물이라는 인식이 생하는 그것을 아귀들은 고원으로 본다. 사람들은 더럽다고 인식하는 것을 축생들은 음식이라고 인식한다. 아귀들과 축생들은 깨끗하다고 인식하는 것을 사람들은 더럽다고 인식한다. 사람들이 음식이라고 인식하는 것을 신들은 더럽다고 본다. [그러나] 모순[된 인식]들이 하나[의 대상]에 대해 가능하지 않으므로 변계의 대상인 외경은 없다[는 것이 증명된다.]

38) 이 인용문은 제20절의 문장이 아니라 제18절의 두 번째 게송을 산문으로 재구성한 것이다. 제20절의 본문은 무분별지의 증명이라는 주제를 들고 있지만 무성은 이를 유식성의 증명과 동일한 내용이라고 이해하고 있다.

텍스트

(2) 無所緣識現可得智(anālambanavijñaptyupalabdhijñāna)

gal te don[132] med na dmigs pa med pa'i shes pa ji ltar kun tu 'byung zhe na / 'di la dri ba ci yod ce na / mdo sde pa khyod[133] kyi ltar na yang 'das pa dang ma 'ongs pa[134] dmigs pa med pa'i shes pa ji ltar 'jug //[135] *rmi lam na yang*[136] zhes bya ba ni khyim ngan ba chung ngu'i nang na nyal ba'i rmi lam gyi shes pa ri dang chu klung dang glang po che'i[137] shes pa dang / rang gi mgo gcod par mthong ba yang dmigs pa dang bcas pa[138] ma yin no //

gzugs brnyan rnam pa gnyis po la //[139]

zhes bya ba ni me long dang ting nge 'dzin gyi spyod yul[140] zhes bya ba la ste / rang gi sems kyi gzugs brnyan la dmigs pa'i phyir dmigs pa med pa'o //

de la dmigs pa[141] *ldan pa'i phyir* //[142]

---

132) D omits don
133) P: khyed
134) P, D adds la
135) D: /
136) MS(下): de bzhin rmi lam ; Skt: tathā svapne
137) D: che
138) D omits dang bcas pa
139) P: /
140) P adds la
141) D: dang
142) P, D omit //

(2) 無所緣識現可得智(anālambanavijñaptyupalabdhijñāna)

만약 대상이 없다면 인식 대상이 없는 인식이 어떻게 발생하는가. 여기에서 질문이 왜 있는가. 그대들 경량부[가 설하는 바]와 같이[39], 과거와 미래 등 인식 대상이 없는 智가 발생하는 것과 같다. 또 **꿈에서도** 라고 한 것은 작고 허름한 집 안에서 자는 사람의 꿈 속의 인식 [곧] 산과 강과 코끼리에 대한 인식과, 자기의 머리를 자르는 것을 보는 것은 인식 대상을 가진 것이 아니다.

두 가지의 영상에서

라고 한 것은 '거울과 삼매의 인식영역이라는 것에서' [라는 뜻]이다. 자기 마음의 영상을 인식 대상으로 하기 때문에 인식 대상이 없는 것이다.

그것(마음)을 인식 대상으로 가지기 때문에

39) 설일체유부는 근·경·식 삼사화합에 의해 인식이 성립한다는 전통적인 설에 근거해 인식 대상이 없는 식의 발생을 부정하고, 과거와 미래에 대한 인식이 있으므로 과거와 미래는 실재한다는 삼세실유설을 주장한다. 이에 대해 경량부는 삼세실유설에 반대해 과거와 미래의 실유성을 부정함에 따라 과거와 미래에 대한 인식은 인식 대상이 없는 인식이라는 주장, 곧 無所緣識을 긍정한다. 삼세실유설과 관련해 무소연식의 문제를 다룬 것으로 加藤純章[1991: 284-297] 참조.

zhes bya ba ni mjug sdud pa ste / 'das pa dang ma 'ongs pa la sogs pa la dmigs pa dang ldan pa'i phyir zhes bya ba'i tha tshig go //

(3) 應離功用無顚倒智(yatnam antareṇāpy aviparyāsatvajñāna)

don ni don du grub na ni //[143]
ye shes rtog pa med mi 'gyur //[144]

zhes bya ba ni gal te don ngo bo nyid kyis don du grub par gyur na rnam par mi rtog pa'i ye shes mi 'grub ste / rnam par brtag par bya ba yod pa'i phyir ro // rnam par mi rtog pa med pa'i phyir / sangs rgyas nyid med par 'gyur zhes bya ba ni rtsa ba la gnod pa'i skyon no // de lta bas na nges par don mi 'grub par shes par bya'o //

(4) 三種勝智隨轉妙智(trividhajñānānuvṛttitvajñāna)

① 自在智(vaśitājñāna)

'di'i phyir yang don med de /[145] 'di ltar

byang chub sems dpa' dbang thob dang //[146]

143) P: /
144) P omits //
145) P, D omit /
146) P, D omit //

라고 한 것은 결론을 지은 것이다. '과거와 미래 등은 [비록 존재하지 않지만 자신의 마음을][40] 인식 대상으로 가지기 때문에' 라는 뜻이다.

(3) 應離功用無顚倒智(yatnam antareṇāpy aviparyāsatvajñāna)

대상이 대상으로서 성립해 있다면
무분별지는 없게 된다.

라고 한 것은 만약 대상이 본성상 대상으로서 성립해 있다면 무분별지는 성립하지 않는[다는 뜻이다.] 분별의 대상이 있기 때문이다. 무분별이 없기 때문에 불과가 없게 된다고 하는 것은 [불교의] 근본을 파괴하는 오류다. 그러므로 명확히 대상은 성립하지 않는다고 알아야 한다.

(4) 三種勝智隨轉妙智(trividhajñānānuvṛttitvajñāna)

① 自在智(vaśitājñāna)

또 다음과 같은 이유로도 대상은 없다. 곧

자유자재를 얻은 보살과

---

40) 한역(總結過去未來等境, 雖非實有, 而於自心, 境相成就 ; 대정장31, p.433a12-13)에 따라 삽입했다. 이 구절에 대한 세친의 주석은 다음과 같다 ; '그 자체를(de nyid) 인식 대상으로 한다'는 것이 [본문에서] '그것(de)을 인식 대상으로 한다'고 한 것의 의미다. 자신의 영상을 인식 대상으로 한다는 뜻이다.(de nyid la dmigs pa ni de la dmigs pa ste/ rang gi gzugs brnyan la dmigs pa nyid do zhes bya ba'i tha tshig go // ; P. Li, 219b7, D. Ri, 180b6f) 곧 식이 자기 자신의 영상을 인식 대상으로 한다는 뜻이다. 그러므로 실재하는 외계의 대상이 없더라도 식은 자신의 영상을 인식 대상으로 해서 발생할 수 있다는 것이다.

zhes bya ba la sogs pa ste / dbang rnyed pa can zhes bya ba'i tha tshig go // *bsam gtan pa'i* zhes bya ba ni byang chub sems dpa' [P328b1] las gzhan pa nyan thos la sogs pa rnams te / de dag bsam gtan byed pa'i tshul can yin pas bsam gtan pa'o // *mos pa'i dbang gis* zhes[147] bya ba ni bsam[148] pa'i dbang gis so //

'di ltar sa la sog pa dag //
dngos po de ltar dmigs par 'gyur //[149]

zhes bya ba ni gser la sogs pa'i dngos por zhes bya ba'i tha tshig go //

② 觀察智(vipaśyanājñāna)

'di la rnam par 'byed grub pa //[150]

zhes bya ba ni shes rab grub pa zhes bya ba'i tha tshig go // *blo ldan* zhes bya ba ni blo grub pa dang ldan pa'i phyir te / byang chub sems dpa' nyid blo ldan no // *zhi ba thob pa'i* zhes bya ba ni ting nge 'dzin thob pa'o //

---

147) P: zhe
148) P: bsam gtan
149) P omits //
150) P omits //

라고 한 것 등이다. [이 게송은] '자유자재를 획득한 자'라는 뜻이다. **정려를 얻은 자의**라고 한 것은 보살을 제외한 다른 성문 등이다. 그들은 정려를 하는 양상을 갖고 있는 자이므로 정려를 얻은 자이다. **승해의 자재에 의해**라고 한 것은 '의도의 자재에 의해' [라는 뜻]이다.

이와 같은 地 등이
그와 같은 사물로 인식된다.

라고 한 것은 '금 등의 실재로' 라고 하는 뜻이다.

② 觀察智(vipaśyanājñāna)

이 세상에서 분석력을 완성한 자

라고 한 것은 혜를 완성한 자라는 뜻이다. **지성을 갖춘 자**라고 한 것은 완성된 지성을 갖추고 있기 때문이다. 보살이야말로 지성을 가진 자이다. **적정을 획득한 자의**라고 한 것은 삼매를 얻은 자이다.

텍스트

[D271b1] *chos kun yid la byed pa la* //[151]

zhes bya ba ni mdo'i sde dang dbyangs kyis bsnyad pa'i sde la sogs pa'i chos thams cad do //

de ltar don du snang[152] *phyir ro* //

zhes bya ba ni ji lta ji ltar mdo'i sde la sogs pa bdag med pa la sogs pa'i rnam par yid la byed pa de lta de ltar de dag gi don snang bar 'gyur ba'i phyir te / yid la byed pa nyid gzung ba dang 'dzin pa nyid du de la snang bar 'gyur gyi / phyi rol gyi don gang yang med par mngon no //

③ 無分別智(nirvikalpajñāna)

ye shes rgyu ba rtog med la //[153]

zhes bya ba la sogs pa ni *don du grub pa med* ces bya bar sbyar te / gang gi phyir rnam par mi rtog pa'i ye shes mngon du gyur pa la don thams cad mi snang bas de'i phyir yang don med par khong du chud par bya'o //

---

151) P omits la //
152) P adds ba'i
153) P omits //

모든 [교]법을 작의할 때

라고 한 것은 계경과 응송 등의 [12부경에 포함되는] 모든 [교]법 [을 작의할 때]이다.

대상처럼 나타나기 때문이다.

라고 한 것은 경전 등을 무아 등의 행상으로 작의하는 대로 그것들의 대상이 나타나게 되기 때문이다. 작의 그 자체는 소취와 능취 관계로 거기에 나타나게 되지만 외부의 대상이 없는 것은 명백하다.

③ 無分別智(nirvikalpajñāna)

智**의 활동이 무분별일 때**

라고 한 것 등은 '대상으로 성립됨이 없다'[41]고 한 [문장과] 연결된다. 무분별지가 명확해졌을 때 모든 외부 대상은 현현하지 않기 때문에 대상이 없다는 것을 명확히 알아야 한다.

41) 무분별지 논증 6게송 중 첫 게송의 마지막 행을 가리킨다.

텍스트

de med pas na rnam rig med //[154]

ces bya ba ni don med pa'i phyir te / de'i phyir rnam par rig pa yang med par khong du chud par bya'o // rnam par shes par bya ba'i don med na rnam par rig par mi rung ngo zhes shes[155] bya'i mtshan nyid bshad pa nyid du sngar legs par rnam par phye zin to //

---

154) P omits //
155) P omits shes

역주

그것이 없으므로 識(rnam rig, vijñapti)이 없다.

라고 한 것은 대상이 없기 때문에 識(rnam par rig pa, vijñapti)도 없다는 것을 알아야 한[다는 뜻이]다. 인식 대상이 없을 때 識(rnam par rig pa, vijñapti)이 있다는 것은 불합리하다고 앞서 「소지상분」에서 잘 변별했다.

텍스트

21 반야바라밀과 무분별지(P Li 328b8; D Ri 271b4; HA 433b14)

shes rab kyi pha rol tu phyin pa dang rnam par mi rtog pa'i ye shes ni khyad par med de zhes bya ba ni mtshungs pa ste / rnam par mi rtog pa'i ye shes gang yin pa de nyid shes rab kyi pha rol tu phyin pa ste / 'di ltar de nyid [P329a1] las kyang / *byang chub sems dpa' shes rab kyi pha rol tu phyin pa la mi gnas pa'i tshul gyis gnas nas de las gzhan pa'i pha rol tu phyin pa rnams bsgom*[156] *pas yongs su rdzogs par byed do*[157] zhes 'byung ngo // de ji lta bu zhe na / *gnas rnam pa lnga yongs su spong ba'i phyir* zhes bya ba smos te /

(1) *mu stegs can gyi ngar 'dzin pa'i gnas yongs su spong* zhes bya ba la sogs pas gnas lnga bstan to // 'di la gnas pas *gnas* te /[158] bdag cag[159] gi shes rab[160] bdag cag gis rab tu shes so zhes mu stegs can rnams ngar 'dzin pa la gnas[161] so // gnas de ni byang chub sems dpas yongs su spong ste / nga dang nga'i zhes bya ba shes rab la mi 'byung ngo // de yongs su spangs pa'i phyir mi gnas pa'i tshul gyis shes rab kyi pha rol tu phyin pa la gnas pa yin no //

---

156) P, D: bsgoms
157) P, D: 'gyur ro ; MS(下): byed do.
158) P: // ; D omits /
159) P omits cag
160) P, D add kyi ; HA 我能了知此是我慧
161) P: gas

21 반야바라밀과 무분별지

반야바라밀과 무분별지는 차이가 없다고 한 것은 같다는 뜻으로서 무분별지가 바로 반야바라밀이라는 것이다. 이와 같이 저 [『이만오천송반야경』]에서도 "**보살은 반야바라밀에 머물지 않는 방식으로 머문 후 그 외에 다른 바라밀들을 수습함으로써 완성한다**"하고 설한다. 그것은 어떤 것인가 하면 **다섯 가지 머묾을 잘 끊었기 때문**이라고 말했다.

(1) **외도가 아집에 머묾을 끊은 것**이라고 하는 등에 의해 다섯 가지 머묾을 설명했다. 이 중에서 머물기 때문에 **머묾**이라고 한 것이다. '우리의 혜를 우리는 안다'[42]하고 외도들은 아집에 머문다. 그 머묾을 보살은 끊는다. 아와 아소라는 것은 반야[바라밀][43]에서는 발생하지 않는다. 그것을 끊었기 때문에 머물지 않는 방식으로 반야바라밀에 머무는 것이다.

---

42) 현장역(我能了知此是我慧)을 참고해서 해석했다. 이 구절에 대한 주석은 세친석이 명료하다. 세친석에 따르면 외도는 '나는 혜에 머문다. 나의 혜는 이와 같다(bdag ni shes rab la gnas pa / bdag gi shes rab ni 'di lta bu)'고 생각한다. 이 때 '나'는 '아', '혜'는 '아소'에 해당하는 것이다.

43) 한역(대정31, p.433b23: 不計執我 及以我所 而起波若)에 따라 반야라는 음사어를 그대로 사용했다. 현장은 이 구절을 '아와 아소를 계탁하거나 집착하지 않고 반야를 일으킨다'로 해석했다. 현장은 이 구절의 반야를 반야바라밀이라는 의미로 이해한 듯하다.

(2) de kho na ma mthong ba'i byang chub sems dpa' ni shes rab kyi pha rol tu phyin pa rnam par mi rtog pa yin na shes rab [D272a1] kyi pha rol tu phyin pa zhes rnam par rtog pa la gnas pa lta bu ste / gnas de byang chub sems dpas yongs su spong ngo // de lta na mi gnas pa'i tshul gyis de la gnas pa yin te / ji skad du /

khyod nyid mthong ba 'ching ba ste //
ma mthong ba yang 'ching bar 'gyur //
khyod nyid mthong ba grol ba ste //
ma mthong ba yang grol bar 'gyur //[162]

zhes bshad pa lta bu'o //

(3) *'khor ba dang mya ngan las 'das pa'i mtha' gnyis kyi gnas yongs su spong ba* zhes bya ba ni ji ltar 'jig rten pa dag nga rgyal dang bcas pa'i phyir 'khor ba'i mtha' la gnas pa dang / ji ltar 'phags pa nyan thos dag nyon mongs pa spangs pa'i phyir mya ngan las 'das pa'i mtha' la gnas pa ltar / byang chub sems dpa' rnams ni de lta ma yin te / de lta bas na mtha' de gnyi ga'i gnas yongs su spangs pas mi gnas pa'i tshul du'o //

162) P omits //

(2) 진실을 보지 못한 보살이, 반야바라밀이 무분별임에도 불구하고, '[이것이] 반야바라밀이다'하고 분별에 머무는 것과 같다. 그 머묾을 보살은 끊는다. 그와 같다면 머물지 않는 방식으로 거기에 머무는 것이다. 다음과 같이 [『반야바라밀찬』에서]

그대(반야바라밀)를 보는 것은 속박이고,
보지 않아도 묶이게 된다
그대(반야바라밀)를 보는 것은 해탈이고,
보지 않아도 해탈하게 된다.[44)]

하고 설한 것과 같다.

(3) **윤회와 열반의 양 극단에 머묾을 끊은 것**이란 [다음과 같은 뜻이다.] 세간 사람들은 아만을 갖고 있기 때문에 윤회라는 극단에 머물고 성스러운 성문들이 번뇌를 끊었기 때문에 열반이라는 극단에 머문다. [하지만] 보살들은 그와 같이 있지 않다. 그러므로 그 양극단의 머묾을 완전히 끊었기 때문에 머물지 않는 방식으로 [머무는 것]이다.[45)]

---

44) 이 게송의 출전은 Rāhulabhadra의 『반야바라밀찬(Prajñāpāramitāstotra)』 제15송이다. 이 게송의 산스크리트 원문은 다음과 같다: tvām eva badhyate paśyann apaśyann api badhyate / tvām eva mucyate paśyann apaśyann api mucyate(Aṣṭasāhasrikā Prajñāpāramitā, edited by Vaidya 1960, BST 4, p.2) ; 티벳역은 산스크리트 원문과 일치하지만 한역(若有所見 汝爲彼(被?)縛 若無所見 便得解脫)은 a구와 d구만을 번역하고 있다. 『반야바라밀찬』은 『팔천송반야경』, 『이만오천송반야경』, 『선용맹반야경』의 산스크리트 사본 첫머리에 나타나고 티벳역도 있지만 독립된 작품으로 한역된 것은 없다. 다만 『대지도론』 권18에 '如讚般若波羅蜜偈說'로 인용되어 있는 20송이 『반야바라밀찬』과 동일한 것으로 확인되어 있다(이상은 『梵語佛典の研究』 185-188참조). 이 게송에 해당하는 『대지도론』(대정25, 190c13-16)의 번역은 다음과 같다: 若不見般若 是則爲被縛 若人見般若 是亦名被縛 若人見般若 是則得解脫 若不見般若 是亦得解脫. 이 번역은 산스크리트 원문과 잘 일치한다.

45) 이른바 무주처열반을 가리키는 것이다. 무주처열반은 제9장 彼果斷分의 주제이다.

(4) *nyon mongs pa'i sgrib pa spangs pa tsam gyis chog par 'dzin pa'i gnas* zhes bya ba ni nyan thos [P329b1] rnams kyi ste / de tsam gyis don byas pa'i[163] phyir ro // de ni sems can gyi don gyi[164] bar chad byed pas byang chub sems dpa' rnams kyis yongs su spong ste / ji skad du /[165]

dmyal bar 'gro ba byang chub la //
gtan du bgegs byed ma yin gyi //
rang sangs rgyas kyi sa dang ni //
nyan thos sa dag bgegs byed do //

zhes bshad pa lta bu ste / gnas de yongs su spangs pas mi gnas pa'i tshul du'o //

(5) *sems can gyi don la mi lta ba phung po'i lhag ma med pa'i mya ngan las 'das pa'i dbyings kyi gnas* zhes bya ba ni nyan thos rnams[166] sems can gyi don la mi lta bar phung po'i lhag ma med pa'i mya ngan las 'das pa la gnas ste / shing tshig pa'i me bzhin du mya ngan las 'das pa'o // de ni byang chub sems dpa' rnams kyis yongs su spong ste / shes rab dang snying rjes mi gnas pa'i mya ngan las 'das pa'i phyir ro // de yongs su bor bas mi gnas pa'i tshul du[167] bshad par bya'o //

---

163) P, D: byas par sems dpa'i ; HA 所作已辦 ; cf 22 (2) ii): … de tsam gyis don byas pa'i phyir ro // …
164) P omits don kyi
165) P omits /
166) P omits rnams
167) P omits du

(4) **번뇌장을 끊은 것만으로 만족한 머묾**이라는 것은 성문들의 [머묾]인데 그것만으로 의무를 다했기 때문이다. 그것은 중생의 이익에 대한 장애를 만들므로 보살들은 끊는다. 다음과 같이 [게송에서]

지옥에 가는 것은 보리에 대해
장애를 만드는 것이 아니지만
독각지(獨覺地)와 성문지(聲聞地) 둘은
[보리에 대해] 장애를 만든다.46)

하고 설한 것과 같다. 그 머묾을 끊었으므로 머물지 않는 방식으로 [머무는 것]이다.

(5) **중생의 이익을 보지 않는 무여의열반계의 머묾**이라고 한 것은 성문들이 중생의 이익을 보지 않고 무여의열반에 머무는 것[을 의미한다. [무여의열반은] 장작이 다 타 [꺼져버린] 불과 같은 열반이다. 그것을 보살들이 끊는다. 지혜와 자비가 무주열반이기 때문이다. 그것을 버렸으므로 머물지 않는 방식이라고 설해야 한다.

---

46) 출전미상.

텍스트

22 성문의 智와 보살의 智(P Li 329b4; D Ri 272a7; HA 433c27)

nyan thos kyi ye shes las byang chub sems dpa'i ye shes rnam pa lngas khyad par du[168] ston te /

(1) *rnam par mi rtog pa'i khyad par* zhes bya ba ni nyan thos rnams ni[169] phyin ci log bzhi la rnam par mi rtog go // byang chub sems dpa' [D 272b1] rnams ni byang chub ces bya ba'i bar du chos thams cad la rnam par mi rtog go //

(2) *nyi tshe ba ma yin pa'i khyad par ni* rnam pa gsum ste /

① de kho na rtogs pa nyi tshe ba ma yin pa ni nyan thos rnams de kho na'i phyogs gcig gang zag la bdag med par rtogs pa'o // byang chub sems dpa' rnams ni gang zag dang chos gnyi ga la bdag med par rtogs so //

② shes bya'i nyi tshe ba ma yin pa ni nyan thos rnams sdug bsngal la sogs pa'i bden pa tsam la shes pa bskyed[170] de / de tsam gyis don byas pa'i phyir ro // byang chub sems dpa' rnams ni shes bya thams cad la[171] shes pa bskyed do //[172]

---

168) P omits du
169) P omits ni
170) D: skyed
171) D: adds ni
172) D: de /

22 성문의 智와 보살의 智

성문의 智보다 보살의 智가 다섯 가지 측면에서 뛰어나다고 가르친다.

(1) **무분별의 뛰어남**이란 [다음과 같다.] 성문들은 4전도를 분별하지 않는다. 보살들은 보리에 이르기까지 모든 것에 대해 분별하지 않는다[47].

(2) **부분적이지 않다는 뛰어남**은 세 가지이다.

① 진실을 통달하는 것이 부분적이지 않은 것이란 성문들은 진실의 한 면인 인무아[만]을 아는 것이다. [이에 비해] 보살들은 인과 법 이무아를 아는 것이다.

② 인식 대상이 부분적이지 않은 것이란 성문들은 고 등의 [네 가지] 진리에 대해서만 인식을 발생시킨다. 그것만으로 해야 할 일을 다했기 때문이다. 보살들은 모든 인식 대상에 대해 인식을 발생시킨다.

---

47) 이 구절은 본문 및 세친석에 대해 무성석은 약간 의미를 달리하고 있다. 먼저 본문은 '[보살은] 5온 등의 법에 대해 분별하지 않기 때문'이라고 한다. 이에 대해 세친석은 '성문 등은 [5]온 등에 대해 분별식이 생하지만 보살의 지는 [5]온 등을 분별하는 것이 아니다' 하고 주석한다. 본문과 세친석은 성문은 5온 등에 대해 성문은 분별식을 발생시키지만 보살은 무분별지를 발생시키기 때문에 무분별의 뛰어남이라고 하는 것이다. 이에 비해 무성석은 성문은 4전도만 분별하지 않는 데 비해 보살은 일체법을 분별하지 않기 때문이라고 한다. 본문 및 세친석에 비해 무성석은 무분별의 범위 혹은 영역에 중점을 두고 있는 것으로 보인다.

③ sems can rnams la nyi tshe ba ma yin pa ni nyan thos rnams ni bdag gi don du zad pa dang mi skye ba shes pa[173] la [P330a1] sbyor ba'o[174] // byang chub sems dpa' rnams ni sems can thams cad kyi ched du byang chub chen por sbyor te / rnam pa 'di gsum ni nyan thos dang byang chub sems dpa' gnyis kyi nyi tshe ba ma yin pa'i khyad par ro //

(3) mi gnas pa nyid khyad par yin pas *mi gnas pa'i khyad par* te /[175] nyan thos rnams ni mya ngan las 'das pa la[176] gnas so // byang chub sems dpa' rnams ni snying rje dang ye shes kyi dbang gis mya ngan las 'das pa la mi gnas so //

(4) *gtan du ba'i khyad par* zhes bya ba ni nyan thos dang byang chub sems dpa'i mya ngan las 'das pa'i khyad par ston te / nyan thos rnams ni mar me'i 'od bzhin du phung po'i lhag ma med pa'i mya ngan las 'das par zad par 'gyur ro // byang chub sems dpa' rnams ni sangs rgyas su gyur nas gzugs med pa[177] bzhin du chos kyi skus 'khor ba ji srid par gnas so //

---

173) P adds ba
174) P: spyod pa'o
175) P omits /
176) P omits la
177) P omits pa

③ 중생들에 대해 부분적이지 않은 것이란 성문들은 자기를 위해 盡[智]와 無生智를 수행한다. 보살들은 모든 중생을 위해 대보리를 수행한다. 이 세 가지는 성문과 보살 양자의 부분적이지 않음의 차이다.

(3) 머물지 않음이 다르기 때문에 **머물지 않음의 뛰어남**이다. 성문들은 열반에 머문다. 보살들은 자비와 지혜의 힘으로 열반에 머물지 않는다.

(4) **궁극의 뛰어남**이라고 한 것은 성문과 보살의 열반의 차이를 가르친 것이다. 성문들은 등불의 빛[48]과 같이 무여의열반에서 소진된다. 보살들은 성불한 후 무색[계가 계속 이어져 무너지지 않는 것][49]과 같이 법신에 의해 [중생이] 윤회하는 한 머문다.[50]

---

48) 반야바라밀과 동일성을 논하는 것 중 다섯 번째인 무여의열반계의 머묾에서는 장작을 태우는 불의 비유를 들고 있다.

49) 한역(如無色界 相續不壞)에 따라 보충했다.

50) 궁극의 뛰어남을 설명하는 이 구절도 세친석과 무성석이 약간 이해를 달리한다. 세친석은 '성문 등은 무여의열반계에서 모든 것이 멸진하지만, 보살은 이 열반계에서 공덕이 무진하다. 그러므로 차이가 있다'고 주석한다. 무색계와 같은 법신이라는 설명은 세친석에 나타나지 않는다.

텍스트

(5) *gong na med pa'i khyad par* zhes bya ba'i khad par 'dis kyang de dag gi ye shes khad par du 'phag te / nyan thos rnams kyi gong na ni rang sangs rgyas kyi theg pa dang / theg pa chen po yang yod do //[178] byang chub sems dpa' rnams kyi sangs rgyas kyi theg pa'i gong na ni theg pa gzhan med pas rnam pa lnga po 'di dag ni nyan thos dang byang chub sems dpa'i ye shes kyi khyad par du rig par bya'o // don de nyid tshigs su bcad pas sdud de /

snying rje'i bdag nyid ye shes kyis //
rnam lnga khyad par 'phags pa rnams //[179]

zhes bya ba la[180] sogs pa ste / rnam [D273a1] pa lnga bshad zin to //

'jig rten 'jig rten 'das pa yi //[181]

zhes bya ba ni 'jig rten pa dang 'jig rten las 'das pa ste / 'jig rten pa'i phun sum tshogs pa ni bsam gtan dang gzugs med pa rnams so // 'jig rten las 'das pa ni mya ngan las 'das pa khyad par du 'phags pa'o //

---

178) P: yod /
179) P omits //
180) P omits la
181) P omits //

(5) 무상의 뛰어남이라고 한 이 차이에 의해서도 저 [보살]들의 智가 뛰어나다. 성문들 위에는 독각승과 대승도 있다. 보살의 불승 위에는 다른 승이 없기 때문이다. 이 다섯 가지를 성문과 보살의 智의 차이라고 알아야 한다. 그 뜻을 게송으로 요약한다.

비를 본질로 하고 지에 의해
다섯 가지가 뛰어난 자들은

라고 하는 등이다. 다섯 가지를 설했다.

세간 · 출세간의

라고 한 것은 세간과 출세간이다. 세간의 완전함이란 [4]정려와 [4]무색들이다. 출세간[의 완전함]은 뛰어난 열반이다.

텍스트

23 삼학 수습의 결과(P Li 330a8; D Ri 273a2; HA 434b06)

(1) *de'i bgegs su gyur pa'i las mthong ba'i phyir* zhes bya ba ni byang chub sems [P330b1] dpa' rnams la mthu mnga' yang ci'i phyir gzhan la nor la sogs pa mi sgrub pa de brjod de / *de'i* zhes bya ba ni longs spyod rnams dang sbyar ro // longs spyod rnams kyi bar du gcod pa'i las mthong nas spyad du med pa'i phyir sbyin pa 'bras bu med par 'gyur du 'ong zhes de dag la mi sbyin te / gal te de dag la longs spyod phun sum tshogs pa bsgrubs kyang longs spyod mi nus pas 'di bsgrubs kyang ci phan snyam mo // dper na /[182]

ma ni byis pa'i bu rnams[183] la //
nu zho blud par nus mod kyi //
kha yi bu ga zum[184] pa yi //
bu la mas ni ji ltar bya //[185]

zhes bshad pa lta bu'o //

---

182) P omits /
183) P: rnam bu
184) D: zums
185) P: /

23 삼학 수습의 결과

(1) **그것에 장애가 되는 업을 보기 때문**이라는 것은 보살들에게 능력이 있음에도 불구하고 왜 다른 사람에게 재산 등을 주지 않는가를 말하는 것이다. **그것에**라는 말은 '**재물들**'과 연결된다. [중생들이] 재물들[을 향수하는 것]을 방해하는 업을 본 후, 향수가 없기 때문에 보시의 과보가 없을 것이라고 [생각해서] 그들에게 보시하지 않는다. '만약 그들에게 완전한 재물을 준다 해도 향수할 수 없다면, 이것을 주어도 무슨 소용이 있겠는가'하고 [보살은] 생각한다. 예를 들어

> 실로 어머니가 아이들에게
> 젖을 줄 수는 있지만
> 입을 다문 아이에게
> 어머니는 어떻게 해야 하는가.[51)]

하고 설한 것과 같다.

---

51) 이 게송의 출전은 알려져 있지 않다. 한역 세친석은 강물을 마시지 못하는 아귀의 비유를 들어 동일한 취지를 설명하고 있다. 강물을 마시는 데 다른 아무런 장애가 없음에도 불구하고 아귀는 자신의 업 때문에 강물을 마시지 못하는 것과 같다는 것이다. 이미 『해심밀경』 제9장 제25절에는 아귀의 예를 들어 중생이 가진 업 때문에 재산을 향유하지 못한다는 것을 다루고 있다.

텍스트

(2) *longs spyod de nye bar sgrub na dge ba'i chos skye ba'i bar du gcod pa nyid du mthong ba'i phyir* zhes bya ba ni longs spyod bsgrubs pa la spyod pa'i bgegs su gyur pa'i las med du zin kyang / gal te 'di ltar de longs spyod phun sum tshogs pa rnyed nas bag med pas dge ba'i chos skye bar mi 'gyur bar mthong na mi sgrub ste / 'di ni mthong ba'i chos la dbul por gyur pa ni bla'i / 'di tshe rabs gzhan dag na yang longs spyod phun sum tshogs pa dang bral bar gyur na mi rung ngo zhes mi sgrub po //

(3) 'di lta bus kyang mi sgrub ste / *kun tu skyo ba mngon du gyur par mthong ba'i phyir*[186] zhes bya ba'o // bdag ni dbul po'o zhes gang zhig kun tu skyo ba mngon du gyur par mthong na de la yang mi sgrub ste / longs spyod bsgrubs pas *bde bar gyur na kun tu skyo ba mngon du gyur pa med par 'gyur te / des kyang dge ba'i chos rnams mi skye[187] bar gyur na mi rung ngo snyam mo //

(4) *mi dge ba'i chos sogs pa'i rgyu nyid du mthong ba'i phyir* zhes bya ba ni gang longs spyod chen po bsgrubs na*[188] [P331a1] phun sum tshogs pa des rgyags nas mi dge pa'i chos[189] sogs par mthong ba de la yang mi sgrub[190] ste / dper na

---

186) D adds //
187) D: se
188) P duplicates: * … *
189) D adds la
190) P: bsgrub

(2) **그 재물을 준다면 선법이 생하는 데 대한 장애를 보기 때문**이라고 한 것은 재물을 주었을 때 향수를 방해하는 업이 없더라도, 만약 이와 같이 저 [중생이] 완전한 재부를 얻은 후 방일로 말미암아 선법이 발생하지 않게 되는 것을 본다면 주지 않는다[는 뜻이다]. '이 [중생이] 현법(=현세)에 가난하게 된 것이 낫지 이 [중생이] 다른 생들에서도 완벽한 재부를 얻지 못하는 것은 합리적이지 않다'고 [생각해서] 주지 않는 것이다.

(3) 다음과 같이도 [생각해서] 주지 않는다. **[세간을] 혐오하는 것이 명백해지는 것을 보기 때문**이라고 한 것이다. '나는 가난하다'하고 어떤 사람이 [세간을] 혐오하는 것이 명백해진 것을 본다면 그에게도 주지 않는다. '재물을 줌으로써 행복해졌을 때는, [세간에 대한] 혐오가 명백하게 된 것이 없어질 것이다. 그 때문에 선법들이 생하지 않는다면 합리적이지 않다'고 보살은 생각한다.

(4) **불선법을 모으는 원인인 것을 보기 때문**이라는 것은 많은 재부를 주었을 때, 그 완전함에 의해 거만해져서 불선법을 모으는 자를 보면, 그에게도 주지 않는다[는 뜻이다]. 예를 들면,

blo gros yangs pa rnams la nor med dger [D273b1] 'gyur te //
nyes[191] na dbul bar gyur nyid bla yi sdig spyod de lta min //
ma rabs sems rgyags gyur na dbang po'i rta 'khrul te //
rigs pa min dang phongs pa kun gyi snod du 'gyur //[192]

zhes bshad pa lta bu'o //

(5) *sems can ches mang ba dag la gnod pa'i rgyu nyid du mthong ba'i*[193] *phyir* zhes bya ba ni su dbang phyug thob nas sems can shin tu mang po dag la gnod par byed pa de la yang mi sgrub ste / 'di gcig bu dbul ba'i sdug bsngal myong ba ni bla'i / 'dis gzhan mang po la gnod pa byas na mi rung ngo[194] snyam mo // don de nyid tshigs su bcad pas sdud de /

las dang[195] *sgrib dang mngon*[196] *gyur dang* //[197]

zhes bya ba la sogs pa'o // lhag pa'i shes rab kyi bslab pa bshad zin to //

---

191) D: nyis
192) P omits //
193) D: ma thob pa'i
194) D: nge
195) MS(下): kyi
196) P adds du
197) P: /

많은 지혜를 가진 자가 재산이 없는 것은 선이 된다.
[재산으로 인해] 죄를 짓는다면, 가난하게 된 것이 낫지 죄를 짓는 것과 같지 않다.
하열한 중생이 거만해진다면 감관의 혼란이 있다.
[그것은] 합리적이지 않고 모든 가난의 그릇이 된다.[52)]

하고 설한 것과 같다.

(5) **많은 중생들에게 해를 끼치는 원인인 것을 보기 때문**이라고 한 것은 자재가 주어진 후 많은 중생들에 대해 해를 끼칠 자에게도 주지 않는다[는 뜻이다]. '이 한 사람만이 가난의 고통을 맛보는 것이 낫지, 이 사람이 다른 많은 사람에게 해를 끼친다면 합리적이지 않다' 하고 생각한다. 이 의미를 게송으로 요약한다.

업과 장애[53)]와 명백함과

라고 한 것 등이다.
증상혜학[분]을 설했다.

---

52) 출전미상.

53) 『섭대승론』 본문 제23절-①에서는 '장애가 되는 업(bgegs su gyur pa'i las)'을, 제23절-②에서는 '선법이 생하는 데 대한 장애(dge ba'i chos skye ba'i bar du gcod pa)'를 설명하고 있으므로 내용상 '업과 장애'라고 하는 것이 타당하다. 무성석도 이에 따라 'las kyi sgrib'가 아니라 'las dang sgrib'이라고 하고 있다. 長尾雅人본, 사역대조본, 山口본, 티벳역 본문의 P와 D는 모두 kyi로 되어 있지만 무성석의 P와 D는 모두 dang으로 되어 있어 이에 따른다. 세친석은 결락되어 있어 확인할 수 없다. 長尾雅人도 번역은 '업과 [선에 대한] 장애와'라고 해서 원문과는 달리 무성석을 따랐다.

참고문헌

『雜阿含經』 求那跋陀羅 譯, 大正2, No.99.
『發智論』 迦多衍尼子 造, 玄奘 譯, 大正26, No.1544.
『大毘婆沙論』 五百阿羅漢 造, 玄奘 譯, 大正27, No.1545.
『倶舍論』 世親 造, 玄奘 譯, 大正29, No.1558.
『順正理論』 衆賢 造, 玄奘 譯, 大正29, No.1562.
『瑜伽師地論』 彌勒 造, 玄奘 譯, 大正30, No.1579.
『成唯識論』 護法等 造, 玄奘 譯, 大正31, No.1585.
『攝大乘論本』 無着 造 玄奘 譯, 大正31, No.1594.
『攝大乘論釋』 世親 造 玄奘 譯, 大正31, No.1597.
『攝大乘論釋』 無性 造 玄奘 譯, 大正31, No.1598.
『顯揚聖教論』 無著 造, 玄奘 譯, 大正31, No.1602.

강성용
2004 「Pramāna와 Pratyakṣa에 대하여」, 『印度哲學』 13-2.

안명희
2000 「瑜伽唯識의 修行體系 硏究」, 동국대 박사학위 청구논문.

안성두
2002 「유가행파에 있어 견도(darśana-mārga)설(1)」, 『인도철학』 제12-1호, 146-171.
2003 「<禪經>에 나타난 유가행 유식파의 단초」, 『불교학연구』 6, 249-280.
2004 「'唯識性'(vijñaptimātratā) 개념의 유래에 대한 최근의 논의의 검토」, 『佛敎硏究』 20, 159-181.
2004a 「유가행파의 견도(darśana-mārga)설(Ⅱ)」, 『보조사상』 22, 73-105.

이종철
1995 「와수반두의 언어관」, 『철학연구』, 제23집, pp23-62.
2001 『世親思想の硏究 -『釋軌論』を中心として -』, BIB 9, Tokyo, Sankibo.

이지수
1987 「實在의 本性 : 中邊分別論 第一 辯相品에 대하여」, 『불교연구』 3, 서울, 한국불교 연구원, 65-95.

1988 「實存에 대한 認識 : 無着의 (菩薩地) I (4) 'Tattvartha'(眞實義品)」, 『석림』 22, 서울, 동국대학교석림회, 11-17.

1994 「『中邊分別論』 第三 眞實品에 대해 : 安慧의 '疏'를 중심으로」, 『불교학보』 31, 277-299

1998 「『大乘莊嚴經論』 第九 「菩提品」의 대승사상」, 『동국사상』 29, 서울, 동국대학교불교대학, 19-62.

2002 「유가행파의 수행법」, 『가산학보』 9, 가산불교문화연구원.

최정규

1996 『무착(Asanga) 유식철학의 연구』, 고려대 박사학위 청구논문.

황욱

2000 『무착(Asanga)의 유식학설 연구』, 동국대 박사학위 청구논문.

荒牧 典俊(Aramaki, Noritoshi)

1983 「十地思想の成立と展開」, 『講座 大乘佛教 3 華嚴思想』, 春秋社, 79-120.

2000 Toward an Understanding of the Vijñaptimātratā, *Wisdom, Compassion, and the Search for Understanding* - The Buddhist Studies Legacy of Gadjin M. Nagao. ed., by Jonathan A. Silk, Univ. of Hawaii Press, Honolulu, 39-60.

2002 「彌勒論書における「虛妄分別」の起源について」, 『佛教學セミナー』 75, 1-29.

池田 道浩(Ikeda, Michio)

1996 「三性説の構造的變化(1)」, 『駒澤大學大學院佛教學研究會年報』 29, 244-230.

1996a 「『菩薩地』「眞實義品」における二つのvastu」, 『印度學佛教學研究』 45-1, 372-370.

1999 「瑜伽行派における自性分別と無分別智」, 『駒擇短期大學佛教論集』, 5, 252-238.

岩本 明美(Iwamoto, Akemi)

1995 「『大乘莊嚴經論』第14章世親釋Skt.テキスト」, 『禪文化研究所紀要』 21, 1-29.

1996 「『大乘莊嚴經論』第6章第6-10偈について-テキストの訂正及び「

五道」に對する疑問」,『印度學佛教學研究』44-2.
1996a　「『大乘莊嚴經論』第14章「教授教誡章」の背景Ⅰ」,『禪文化研究所紀要』22, 45-99.

江島 慧敎(Ejima, Yasunori)
1980　「中觀學派における對論の意義-特にチャンドラキールチィの場合」,『佛敎思想史』3 <佛敎內部における對論>インド, 京都, 平樂社書店.
1990　「Bhāvaviveka / Bhavya / Bhāviveka」,『印度學佛教學研究』38-2, 98-106.

沖本 克己(Okimoto, Katsumi)
1973　「菩薩善戒經について」,『印度學佛教學研究』, 22-1,

小谷 信千代(Odani, Nobuchiyo)
1980　「『大乘莊嚴經論』第19章(功德品)第50偈について」,『印度學佛教學研究』29-1.
1984　『大乘莊嚴經論の研究』, 文榮堂, 京都.
2000　『法と行の思想としての佛教』, 文榮堂, 京都.
2001　「唯識思想における意識とことば」,『佛教學セミナー』73, 大谷大學佛教學會, 1-24.

片野 道雄(Katano, Michio)
1975　『唯識思想の研究』, 京都, 文榮堂
1998　『インド唯識說の研究』, 京都, 文榮堂

加藤 順章(Kato Junsho)
1989　『經量部の研究』, 東京, 春秋社.

合田 秀行(Goda, Hideyuki)
1993　「無著における實踐構造の一時点」,『佛教學』35, 41-60.

櫻部 建(Sakurabe, Hajime)
1969　『俱舍論の研究 -界・根品』, 京都, 法藏館(3rd print, 1979).

勝呂 信靜(Suguro, Shinjo)
1976　「唯識說における眞理概念」,『法華文化研究』2.
1985　「『瑜伽論』攝決擇分における五事-三性說」,『大正大學大學院紀要』第1號, 1-20.

1987　「『瑜伽論』攝決擇分における五事·三性説」(續編),『野村耀昌博士古稀記念論集』, 441-469.
1989　『初期唯識思想の研究』, 東京, 春秋社.

相馬 一意(Soma, Kazui)
1986　「「菩薩地」眞實義章試譯」,『南都佛教』55, 南都佛教研究會, 105-126.

高橋 晃一(Takahashi, Koichi)
1999　「『菩薩地』と『二萬五天頌般若』におけるnir-/anabhilāpyatā」,『印度學佛教學研究』47-2, 909-907.
2001　「『菩薩地』のおける「分別(vikalpa)から生じるvastu」の解釋の展開について」,『佛教文化研究論集』5, 東京大學佛教青年會, 51-73.
2003　「初期瑜伽行派における名稱とその對象に關する三つの論理」,『印度學佛教學研究』, 51-2.
2005　『菩薩地』「眞實義品」から「攝決擇分中菩薩地」への思想展開 - vastu概念を中心として-, 山喜房, 東京.

竹村 牧男(Takemura, Makio)
1986　「唯識説における言語の問題-三性説をめぐって」,『佛教學』20, 佛教思想學會, 21-42.

長尾 雅人(Nagao Gadjin)
1938　「成唯識論に於ける造論意趣に就いて」,『東方學報』, 197-217.
1882　『攝大乘論 和譯と注解』(上), 講談社, 東京(repr. 2001).
1987　『攝大乘論 和譯と注解』(下), 講談社, 東京(repr. 2001).

西 義雄(Nishi, Giyu)
1957　「止觀と智」,『印度學佛教學研究』5-2, 329-340.

武内 紹晃(Takeuchi, Shoko)
1963　「唯識修道における意言と無分別智」,『密教文化』64-65, 38-49.
1966　「唯識修道の於ける虛妄分別と意言」,『佛教學研究』23, 29-43.

三穗野 英彦(Mihono, Hidehiko)
2001　「『解深密經』における止觀修習と三性説の關係について」,『印度學佛教學研究』49-2, 916-914.
2002　「Madhyāntavibhāgaにおける三性説の構造」,『印度學佛教學研究』

50-2, 863-860.

2002a 「Madhyāntavibhāgaにおける緣起說」, 『印度學佛教學硏究』 51-1, 401-399.

向井 亮(Mukai, Akira)

1981 「『瑜伽論』の成立とアサンガの年代」, 『印度學佛教學硏究』 29-2, 680-686.

1989 「法の聽聞と思惟」, 『藤田宏達博士還曆記念論集-インド哲學と佛教』, 597-516.

毛利 俊英(Mori, Toshihide)

1987 「『聲聞地』の修行道」, 『龍谷大學大學院紀要』, 17-33

1989 「『聲聞地』の止觀」, 『龍谷大學大學院硏究紀要』, 10.

袴谷 憲昭(Hakamaya, Noriaki)

1974 On a Verse Quoted in the Tibetan Translation of the Mahāyānasaṃgrahaopanibandhana, 『印度學佛教學硏究』 22-2, 1111-1107.

1985 「唯識文獻における無分別智」, 『驅澤大學佛教學部硏究紀要』 43, 252-215.

1982 「瑜伽行派の文獻」, 『講座大乘佛教8 唯識思想』, 東京, 春秋社.

1991 「離言(nirabhilāpya)の思想背景」, 『駒澤大學佛教學部硏究紀要』 49, 169-125

早島 理(Hayashima, Osamu)

1973 「菩薩道の哲學」, 『南都佛教』 30, 1-29.

1974 「喩伽行唯識學派における入無相方便相の思想」, 『印度學佛教學硏究』 22-2, 1020-1011.

1982 *Cittasya nāmni sthānāt*, 『印度學佛教學硏究』, 30-1, 460-455.

鳥島 理・毛利 俊英(Hayashima, Osamu & Mori, Toshihide)

1990 「『顯揚聖教論』の科文」, 『長崎大學教育學社會科學論集』 40, 51-88.

阿 理生(Hotori, Risho)

1980 「瑜伽行と唯識說」, 『日本佛教學會年報』 45, 73-85.

1982 「瑜伽行派(Yogācārāḥ)の問題點」, 『哲學年報』 41, 25-53.

1984 「瑜伽行派の空性と實踐」, 『哲學年報』 43, 55-90.

1984a 「三昧の一側面-除遣について」, 『印度學佛教學硏究』 32-2, 1034-1030.

1988 「初期喩伽行派の入無相方便相」, 『印度學佛教學硏究』 36-2, 901-809.

兵藤 一夫(Hyodo, Kazuo)

1995 「喩伽行と唯識觀-入無相方便の確立-」,『大谷大學硏究年報』47, 1-53.

舟橋 尙哉(Funahashi, Naoya)

1989 「唯識思想の成立について」,『佛教學セミナー』49, 1-19.

1991 「『大乘阿毘達磨集論』と初期唯識論書との先後について」,『佛教學セミナー』54, 15-37.

2000 「『大乘莊嚴經論』の諸問題並びに第11章求法品のテキスト校訂」,『大谷大學硏究年報』52, 1-69.

矢板 秀臣(Yaita, Hideomi)

1989 「四種道理についての一資料」,『大正大學綜合佛教硏究所年報』11, 277-260.

安井 廣濟(Yasui, Kosai)

1976 『梵文和譯入楞伽經』, 京都, 法藏舘.

山口 益(Yamaguchi, Susumu)

1965 『世親唯識の原典解明』, 京都, 法藏舘(2nd edition)

1972 『山口益佛教學論集』(上) 東京, 春秋社.

1975 『佛教のおける無と有との對論』東京, 山喜房.

横山 紘一(Yokoyama, Koitsu)

1970 「彌勒論書の著者問題-中邊分別論の五思想に基づいて-」,『印度學佛教學硏究』19-1, 132-133.

1979 『唯識の哲學』, 京都, 平樂社書店.

1980 「ヨーガの心と眞如」,『佛教と心の問題』, 東京, 山喜房佛書林.

吉水 千鶴子(Yoshimizu, Chizuko)

1996 「Saṃdhinirmocanasūtra Xにおける四種のyuktiについて」,『成田山佛教硏究所年報』19, 123-168.

釋 惠敏(Bhikkhu Hui-Min)

1994 『「聲聞地における所緣の硏究』, 東京, 山喜房.

Bareau, Andre

1963, *Recherches sur la biographie du Buddha dans les Sūtrapiṭaka et les*

Vinayapiṭaka anciens: De la quête de l'éveil à la conversin de Maudgalyāyana. Paris: École Française d'Extrême-Orient.(Publications de l'École Française d'Extrême-Orient, Volume LIII)

1970-71 *Recherches sur la biographie du Buddha dans les Sūtrapiṭaka et les Vinayapiṭaka anciens*: II. Les derniers mois, le parinirvāṇa et le funérailles. Tome I-II. Paris: École Française d'Extrême-Orient.(Publications de l'École Française d'Extrême-Orient, Volume LXXVII)

Bronkhorst, Johannes

1985 Dharma and Abhidharma, *Bulletin of the School of Oriental and African Studies*, XLVIII. 2, Univ. of London, 305-320.

1986 *The Two Traditions of Meditation in Ancient India*, Alt- Und Neu-Indische Studien No. 28, Stuttgart.

Cousin, L. S.

1973 Buddhist Jhāna: Its Nature and Attainment according to the Pāli sources, *Religion* 3, 115-131.

1984 Samatha-yāna and Vipassanā-yāna, *Buddhist Studies in Honour of Hammalava Saddhātissa*, ed., by Gatare Dhammapala, R. Gombrich, K. R. Norman, Sri Lanka, 56-68.

Cox, Collette

1992 Attainment through Abandonment: The Sarvāstivādin Path of Removing Defilements, *Paths to Liberation*, ed. by Robert E. Buswell and Robert M. Gimello, Honolulu, 63-105.

Frauwallner, Erich

1951 *On the Date of the Buddhist Master of the Law Vasubandhu*, Roma.

1953 *Geschichte der indischen Philosophie*, Band 1, Salzburg.(*History of Indian Philosophy*, trans. by V. M. Bedekar, 1973.)

1995 *Studies in Abhidharma Literature and the Origins of Buddhist Philosophical Systems*, tr. by Sophie Francis. Kidd, SUNY.

Kritzer, Robert

1999 *Rebirth and Causation in the Yogacāra Abhidharma*, Wien.

2005 *Vasubandhu and the Yogācārabhūmi*, Tokyo.

Harrison, Paul

1990 *The Samādhi of Direct Encounter with the Buddhas of the Present*, Tokyo.

Hattori, Masaaki

1987 Yogācāra, *The Encyclopedia of Religion*, ed., by Mircea Eliade, New York, 15:523-529.

Griffiths, Paul John

1981 Concentration or Insight: The Problematic of Theravāda Buddhist Meditation-Theory, *The Journal of the American Academy of Religion* 59, 605-624.

1983 Buddhist jhāna: a Form-critical study, *Religion* 13, 55-68.

1986 *On Being Mindless: Buddhist Meditation and the Mind-Body Problem*, Open Court, La Salle(USA).

Lamotte, Étienne

1973 *La somme du Grand Véhicule d'Asaṅga*, Instituté de Louvain.

La Vallée Poussin, Louis de

1928-29 *Vijñāptimātratāsiddhi* - La Siddhi de Hiuan-Tsang, tome Ⅰ, Ⅱ, Paris.

1936-37 Musīla et Nārada: le chemin du nirvāṇa, *Mélanges Chinois et Buddhiques*, 5, 189-222.

Rahula, Walpola

19871 *Le Compendium de la Super-doctrine(Philosophie)(Abhidharma-samuccaya) d'Asaṅga*, Publications de l'École Française d'Extrême-Orient 78, Paris (2nd edition)(English translation by Sara Boin-Webb, *Abhidhamasamuccaya The Compendium of the Higher Teaching(Philosophy)*, Asian Humanities Press, Fremong, California, 2000.)

Sakuma, Hidenori

1996 *Sanskṛt Word-Index to the Abhidharmasamuccayabhāṣyam ed., by N. Tatia with the Corrigenda*, Sankibo, Tokyo.

Schmithausen, Lambert

1969 Zur Literaturgeschichte der älteren Yogācāra-Schule, *Zeitschrift der*

Deutschen Morgenländischen Gesellschaft, Supplenenta 3, 811-823.

1972 The Definition of Pratyakṣam in The Abhidharmasamuccyaḥ, *Wiener Zeitschrift für die Kunde Südasiens* 16, 1972, 153-163.

1973 Spirituelle Praxis und philosophische Theorie im Buddhismus, *Zeitschrift für Missionswissenschaft und Religionswissenschaft*, Heft 3, p.161ff.

1976 On the Problem of the Relation of Spiritual Practice and Philosophical Theory in Buddhism, *German Scholars on India*, New Delhi, 235-250.

1981 On Some Aspects of Descriptions or Theories of 'Liberating Insight' and 'Enlightenment', *Studien zum Jainismus und Buddhismus, Gedenkschritf für L. Asldorf*, Wiesbaden, 199-250.

1982 Versenkungspraxis und erlösende Erfahrung in der Śrāvakabhūmi, *Epiphanie des Heils - Zur Heilsgegenwart in indischer und christilicher Religion* ed. by G. Oberhammer, Wien, 59-85.

1983 The Darśanamārga Section of The Abhidharmasamuccaya and Its Intepretation by Tibetan Commentators(With special Reference to Bu sTon Rin Chen Grub), *Contribution on Tibetan and Buddhist Religion and Philosophy*, Wien, 259-274.

1984 On The Vijñaptimātra Passage in Saṃdhinirmocanasūtra Ⅷ. 7, *Acta Indologica* Ⅵ, 433-455.

1987 *Ālayavijñāna, On the Origin and the Early Development of a Central Concenpt of Yogācāra Philosophy*, Part Ⅰ,Ⅱ, Tokyo, The Internaitonal Institute for Buddhist Studies.

Vetter, Tilmann

1985 Recent Research on the Most Ancient Form of Buddhism; A Possible Approach and its Results, 『佛教と異宗教』(雲井昭善博士古稀記念論文集), 67-85.

1988 *The Ideas and Meditative Practices of Early Buddhism*, Leiden.

Wayman

1961 *Analysis of the Śrāvakabhūmi Manuscript*, University of California Publications in Classical Philology 17, Berkeley.

약 호

P *The Tibetan Tripiṭaka*, Peking edition

D *The Tibetan Tripiṭaka*, Sde dge edition

AAĀ *Abhisamayālaṃkārāloka Prajñāpāramitāvyakhyā*, ed by U. Wogihara, Tokyo, the Toyo Bunko, 1932(repr. 1973).

AAV *Abhisamayālaṃkārakārikāśāstravivṛti, Haribhadra's Commentary on the Abhi samayālaṃkārakārikāśāstra Edited for the first time from a Sanskrit Manuscript*, Koei H. Amano, Kyoto, Heirakujishoten, 2000.

AKBh[E] *Abhidharmakośabhāṣya of Vasubandhu Chap.1: Dhātunirdeśa.* ed., by Y. Ejima, BIB 1, Tokyo, 1989.

AKBh[P] *Abhidharmakośabhāṣya*, ed., by P. Pradhan, Tibetan Sanskrit Work Series 8, Patna, 1967(repr. 1975)

AKVy *Sphuṭārthā Abhidharmakośavyākhyā by Yaśomitra.* ed., by U. Wogihara, Tokyo, 1932-1936(repr. Tokyo, The Sankibo Press, 1971)

AN *AṅguttaraNikāya*, ed. by Morris & Hardy, PTS, 1885-1910.

AS[G] *Fragments From the Abhidharmasamuccaya of Asaṅga*, JRAS, *Bombay Branch*, New Series 23, 1947, 13-38.

AS[P] *Abhidharmasamuccaya*, ed., by P. Pradhan, Visva-Bharati Series 12, Santiniketan, 1950.

ASBh *Abhidharmasamuccaya-bhāṣya*, ed., by N. Tatia, Tibetan Sanskrit Work Series 17, K. P. Jayaswal Research Institute, Patna, 1976.(P)

BoBh[D] *Bodhisattvabhūmi*, ed., by N. Dutt, K. P. Jayaswal Research Institute, Patna, 1978.

BoBh[W] *Bodhisattvabhūmi*, ed., by U. Wogihara, Tokyo, 1930-1936(repr. Tokyo, 1971)

DN *DīghaNikāya*, ed. by Rhys Davids & Carpenter, PTS, 1890-1911.

DhDhv	The Dharmadharmatāvibhaṅga and the Dharmadharmatāvibhaṅga-vṛtti, 『山口博士還曆記念 印度學佛教學論集』, 1955, 9-49.
DśBh	*Daśabhūmīśvaro nāma mahāyānasūtra*(梵文大方廣佛華嚴經十地品), ed., by Kondo, Rinsen Book, Kyoto, 1983.
Laṅk	*The Laṅkāvatāra Sūtra*, ed., by Bunyu Nanjio, Kyoto, 1923.
MAV	*Madhyāntavibhāgabhāṣya*, by Gadjin M. Nagao, Suzuki Research Foundation, 1964.
MAVṬ	*Madhyāntavibhāgaṭīkā*, par S. Yamaguchi, Nagoya, 1934(repr. Tokyo, 1941).
MMK	*Mūlamadhyamakakārikās de Nāgārjuna avec la Prasannapadā Commentaire de Candrakīrti*, Louis de la Vallée Poussin, 1903.
MN	*MajjhimaNikāya*, ed. by Trenchner & Chalmers & Mrs. Rhys Davids, PTS, 1888-1925.
MS	長尾雅人, 『攝大乘論 和譯と注解』(上, 下), 講談社, 東京, 1982-1987 (repr. 2001)
MSA	*Mahāyānasūtrālaṃkāra*, tome Ⅰ texte, éd., par Sylvain Lévi, Bibliothèque de l'Ecole des Hauts études, Paris, 1907.
MSAṬ	*Mahāyānasūtrālaṃkāraṭīkā*, P. No.5530, D. No.4029.
MSBh	*Mahāyānasaṃgrahabhāṣya*, P. No.5551, D. No.4050.
MSU	*Mahāyānasaṃgrahopanibandhana*, P. No.5552, D. No.4051.
Nc	Nepal-German Manuscript Preservation Project Ms.No.4-6; Bṛhatsūcīpatram II kramāṅkaḥ ca291.
Ns	Nepal-German Manuscript Preservation Project Ms.No.3-291; Bṛhatsūcīpatram II kramāṅkaḥ tṛ291.
Otani A, B	『梵文大乘莊嚴經論寫本』, 龍谷大學善本叢書14, 武內紹晃 外, 法藏館, 1995.
PrBSS	*The Tibetan Text of The PratyutpannaBuddhaSaṃmukhāvasthita-samādhiSūtra*, ed., by M. Harrison, Tokyo, The Reiyukai Library, 1978.
SAVBh	*Sūtrālaṃkāravṛttibhāṣya*, P. No.5531, D. No.4034.

SN *Saṃyutta Nikāya*, ed., by Feer, PTS, 1884-1904.

SNS *Saṃdhinirmocanasūtra*, éd., par Étienne Lamotte, 1935.

ŚrBh *Śrāvakabhūmi of Ācārya Asaṅga*, ed., by Karunesha Shukla, J. P. Jayaswal Research Institute, Patna, 1973.

TrBh *Triṃśikā-Bhāṣya*, ed., by S. Levi, Paris, 1925.

TṬ *Triṃśika-ṭīkā*, P. No.5571. D. No.4070.

Vin *Vinayapiṭaka*, ed., by H. Oldenberg, London, PTS, 1969.

ViSg *Yogācārabhūmau Viniścayasaṃgrahaṇī*, P. No.5539. D. No.4038.

YBh[Bh] *The Yogācārabhūmi of Ācārya Asaṅga*, Part 1, ed., by V. Bhattacharya, University of Calcutta, 1975.

梵文聲聞地(14) 「梵文聲聞地(十四)-第二瑜伽處(2) 和譯・科文」, 『大正大學綜合佛教研究 所年報』 17, 1995, 348-296.

『互照錄』 『漢巴四部四阿含互照錄』, 赤沼智善, 名古屋, 1929.

찾아보기

지은이 소개

김성철

1968년 생
동국대 인도철학과 졸업
동대학원에서 박사학위 취득
동국대, 금강대, 전남대 강사 역임
일본 류코쿠대학 불교문화연구소 외국인 연구원 역임
고려대 민족문화연구원 연구교수 역임
현재 금강대학교 불교문화연구소 인문한국 연구센터 연구교수

논문 및 저역서
[초기유가행파의 무분별지 연구](박사학위청구논문)
[붓다의 심리학](공역)
[공입문](번역)

저자와의
협의하에
인지생략

섭대승론 증상혜학분 연구

초판인쇄 2008년 3월 27일
초판발행 2008년 4월 3일

지 은 이 김성철
펴 낸 이 김성배
펴 낸 곳 도서출판 씨·아이·알

편 집 장 박현주
디 자 인 이미라, 윤정선
제작책임 안명일

등록번호 제 2-3285호
등 록 일 2001년 3월 19일
주 소 100-250 서울특별시 중구 예장동 1-151
전화번호 02-2275-8603(대표) 팩스번호 02-2265-9394
홈페이지 www.circom.co.kr

ISBN 978-89-92259-12-5 93220
정가 20,000원